고문과 처형의 역사

다카히라 나루미 지음 | 김효진 옮김

AK TRIVIA BOOK

■고문 · 처형 지식 검정시험 문제

독자 여러분께: 꽤 어려우므로, 이 책을 다 읽고 나서 도전하기 바란다.
정답 수에 따른 칭호는 본문 228P에 있다.

Q1. 중세 유럽에서 널리 사용된 신장형 고문대의 명칭은? 다음 보기 중 하나를 고르시오(Q8까지 동일).
 a. 필러리　　　　b. 랙　　　c. 언랙

Q2. '철의 처녀'란 일반적으로 어떤 형벌 기구인가?
 a. 내부에 가시가 박혀 있는 여인상
 b. 함정이 숨겨져 있는 성모상
 c. 금속제 반바지

Q3. 목을 옭아매는 나사가 달린 고문 · 처형용 의자의 명칭은?
 a. 심문 의자　　　b. 지벳　　c. 가롯

Q4. 일본의 '새우 고문'과 '매달기 고문' 중 어느 쪽이 더 가혹한 고문일까?
 a. 새우 고문　　　　b. 매달기 고문

Q5. 다음 중 실재하지 않는 고문 기구(속칭)의 명칭은?
 a. 고양이 발
 b. 고양이 채찍
 c. 고양이 수염

Q6. 유럽에서 이루어진 수레바퀴형에 대해, 틀린 방법을 고르시오.
 a. 수레바퀴에 사지를 묶어 부러뜨린다.
 b. 수레바퀴로 머리를 짓이겨 즉사시킨다.
 c. 수레바퀴를 떨어뜨려 사지를 부러뜨린다.

Q7. '단두대'를 설계한 사람은? 다음 중에서 고르시오.
 a. 루이 박사
 b. 기요탱 박사
 c. 토비아스 슈미트

Q8. '고뇌의 배'는 원래 어떤 목적으로 사용된 고문 기구였을까?
 a. 마녀 혐의를 받은 여성에 대한 고문
 b. 이단자의 입안에 밀어 넣어 고문하는 도구
 c. 동성애자에 대한 처벌

Q9. 영국에서 유럽으로 전파되었으며 『테레지아 형법』에도 설계도가 실린 소형 고문 기구의 명칭은?

Q10. 다양한 재질을 조합해 만든 도구로, 러시아에서 즐겨 사용한 채찍의 명칭은?

Q11. 불 고문을 좋아해, 접이식 고문 의자를 가지고 다녔던 1784년에 태어난 스페인 왕의 이름은?

Q12. 다음 그림과 같은 금속제 고문 기구의 명칭은?

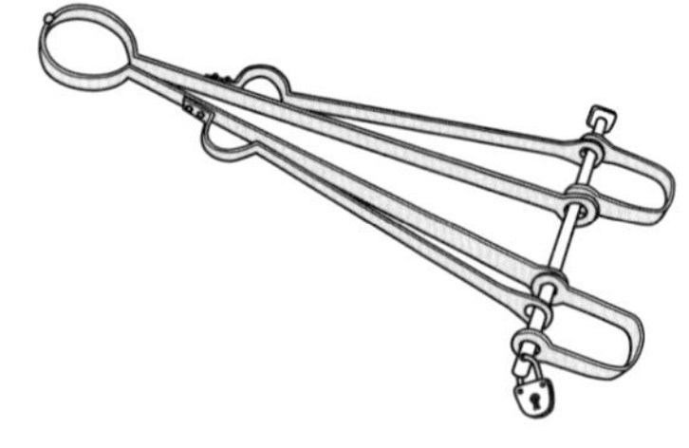

고문과 처형에 관해 그림을 곁들여 해설한 이 책을 쓰면서 주의한 점이 몇 가지 있다.

고문이나 처형 자체보다는 고문 및 처형 기구의 세부적인 내용을 소개하고자 자료를 모으고 집필에 임했다.

고문이나 처형에 쓰이면서 유명해진 것들은 보기에도 무시무시하고 엄청난 고통이 오랫동안 지속되며 쉽게 죽지 않는다는 등의 특징이 있다. 그것이 우수한 고문 기구이자 처형법의 조건이라고 해도 좋을 것이다.

과거에도 같은 주제를 다룬 책을 발표한 바 있지만, 최근 발견된 정보를 더해 대폭 개정했다. 문자만으로는 전달하기 어려웠던 고문 기구의 실체도, 그림을 곁들여 이해하기 쉽게 해설했다고 자부한다.

또한 고대 세계부터 중세, 근대, 현대에 이르는 폭넓은 시대를 아우르는 과정에서 실재했던 것인지 의심되거나 전설처럼 전해지던 유물들도 다수 발견했다. 사실 불과 한 세기 전, 아니 수십 년 전의 고문 기록조차 공식적으로 삭제되어 자세한 내용을 알 수 없는 경우도 있다. 특히 요즘 시대에는 사회 분위기에 따라 과거의 사실조차 없었던 일이 되어버리는 경향이 있다. 이 책에서는 정체가 분명치 않은 고문·처형 기구라도 가능한 한 처음부터 그 실재를 부정하지 않는 방향으로 서술하였다. 그런 이유로 본문에는 필자의 추측과 상상이 포함되어 있음을 미리 양해해주기 바란다. 삽화는 일러스트레이터 후쿠치 씨에게 많은 도움을 받았다.

처형 분야는 지면의 제약으로, 참수나 교수처럼 전문적인 기구를 사용하지 않는 단순한 처형은 간략한 설명에 그치거나 생략할 수밖에 없었다. 고문 및 형벌 기구의 일부도 마찬가지이다.

다른 곳에서도 언급하고 있지만, 공개 처형은 과거 오락거리가 부족한 민중에게 있어 일종의 레저와도 같았다. 이는 세계 공통의 현상으로, 현대라 불리는 시대로 이어지는 가운데에서도 그런 경향은 계속되었다. 현재 처형은 세계적으로 줄어들고 있지만 만약 시부야 역 앞에서 공개적인 단두대 처형이 행해진다면 수천, 수만의 군중들이 스마트폰의 셔터를 눌러댈 것이 분명하다. 우리가 중세인의 저속한 도덕관을 비웃을 수만은 없는 일이다.

다카히라 나루미

목차

이 책에서는 각 장의 제목과 일러스트 페이지에서 다음과 같은 약호를 사용한다.

● 효과의 약호

어떤 효과를 통해 고통을 주는지 혹은 어떤 기능이 있는지를 나타낸다.

압(壓) : 압박한다.
음(飮) : 물 등을 마시게 한다.
궤(潰) : 으깨거나 부순다.
확(擴) : 벌리거나 넓힌다.
기(飢) : 굶긴다.
굴(屈) : 구부린다.
훈(燻) : 연기로 그을린다.
혈(血) : 피를 고이게 한다.
현(眩) : 현기증을 일으킨다.
교(絞) : 목을 조른다.
쇄(碎) : 뼈나 관절을 부순다.
쇄(晒) : 공개적으로 수치심을 준다.
삭(削) : 신체 부위를 칼로 도려낸다.
자(刺) : 찌른다.
여(茹) : 뜨거운 물에 담가 삶는다.
소(燒) : 불로 태운다.
소(笑) : 간지럽힌다.
식(食) : 동물에게 먹인다.
욕(辱) : 망신을 준다.
신(伸) : 강제로 늘인다.
침(浸) : 물에 담근다.
절(切) : 칼로 벤다.
타(打) : 몽둥이 등으로 때린다.

적(摘) : 살점을 떼어낸다.
질(窒) : 질식시킨다.
조(吊) : 신체를 매단다.
체(締) : 신체 부위를 단단히 조인다.
익(溺) : 물에 빠트린다.
전(轉) : 신체를 굴린다.
전(電) : 전기 충격을 가한다.
동(動) : 억지로 움직이게 해 쇠약하게 만든다.
독(毒) : 독의 효과를 이용한다.
열(熱) : 열을 가한다.
파(破) : 피부나 살점을 찢는다.
박(剝) : 피부나 살점을 벗겨낸다.
표(標) : 범죄자라는 표식을 새긴다.
부(腐) : 신체를 부패시킨다.
불면(不眠) : 잠을 재우지 않는다.
폐(閉) : 공간에 가둔다.
포(抱) : 단단히 조인다.
방(妨) : 행동이나 행위를 가로막는다.
묵(默) : 입을 막는다.
양(痒) : 가렵게 한다.
열(裂) : 신체를 찢는다.

● 용도의 약호

주로 어떤 목적으로 사용했는지를 나타낸다.

협(脅) : 위협해 굴종시키기 위해 사용했다.

고(拷) : 자백을 강요하거나 고통을 주는 등의 고문에 사용했다.

사(死) : 사형의 수단으로 사용했다.

형(刑) : 사형 이외의 형벌에 사용했다.

기타 : 그 외의 용도

제1장
압·타·신·굴·조

두개골 분쇄기

신체의 각 부위를 압박해 부수는 방식의 고문 기구는 서양에서 다수 고안되었는데 , 그중에서도 두개골 분쇄기는 특히 정교하고 복잡한 구조를 가지고 있었다 .

●죽음을 부르는 두통

중세 독일에서 고안된 이 기구의 원리는 헬멧 형태의 고정 기구로 머리를 조이는 것이다. 뇌 손상 가능성 및 후유 장애를 생각하면, 상당히 위험한 기구이다. 의학이 발달하지 않았던 당시에도 두부(뇌)를 고문하는 것은 가혹한 방식으로 여겨졌다. 자백하기 전에 폐인이 되거나 사망할 확률이 높았던 것이다. 이단 심문 때는 고문 중 사망하면 재산을 몰수하지 못했기 때문에 기구를 보여주며 위협하는 용도로만 사용했을 가능성도 있다.

독일에서 처음 등장해, 완강한 이단자에 대한 최후의 수단으로 사용되었으며 이탈리아와 영국에서도 비슷한 기구와 방식이 사용되었다. 현대에도 중남미 등에서 은밀히 사용되고 있다는 소문이 있다. 이 경우, 기구와 두부 간에 부드러운 천을 끼워 외상(고문의 흔적)이 남지 않도록 한 듯하다.

철제 덮개 혹은 원뿔 모양의 본체 그리고 좌우 양쪽 끝과 중앙에 철제 굴대가 있다. 양끝의 막대 아래에는 철판이 부착되어 있다. 헬멧 형태의 덮개를 희생자의 머리에 씌우고, 턱을 철판 위에 얹는다. 두부가 기구 위아래에 끼인 상태로, 중앙의 굴대에 달린 나사를 서서히 조인다. 밀리미터 단위의 정밀한 조절이 가능하며, 조작에 힘도 필요 없다. 압박한 채 방치해두는 것도 가능하다.

헬멧 부분은 두개골에 밀착되어 있으며, 머리 위쪽에 균등한 힘이 가해질 경우에는 뇌 손상에 이르지 않는다. 그러나 위아래로 압력이 가해지면 두개골보다 먼저 턱뼈가 부서진다. 이가 부러지고, 머리가 쪼개지는 듯한 고통을 느낀다. 만약 한계까지 나사를 조이면, 두개골과 뇌 사이에 가득 찬 수액의 수압에 의해 뇌가 파괴되고 두개골이 부서지기 전에 희생자는 절명한다.

또 압박한 상태로 헬멧을 두드리면, 충격이 뇌에 직접 전달된다. 손가락으로 가볍게 두드리는 것만으로도 그 충격이 온몸으로 전달되었다고 한다.

실제로는 두개골이 아닌 턱뼈 분쇄기?

효 과	압(壓) 체(締) 쇄(碎)
용 도	협(脅) 고(拷) 사(死)
시대와 지역	중세 유럽~현대 중남미

두개골 분쇄기 Head Crusher

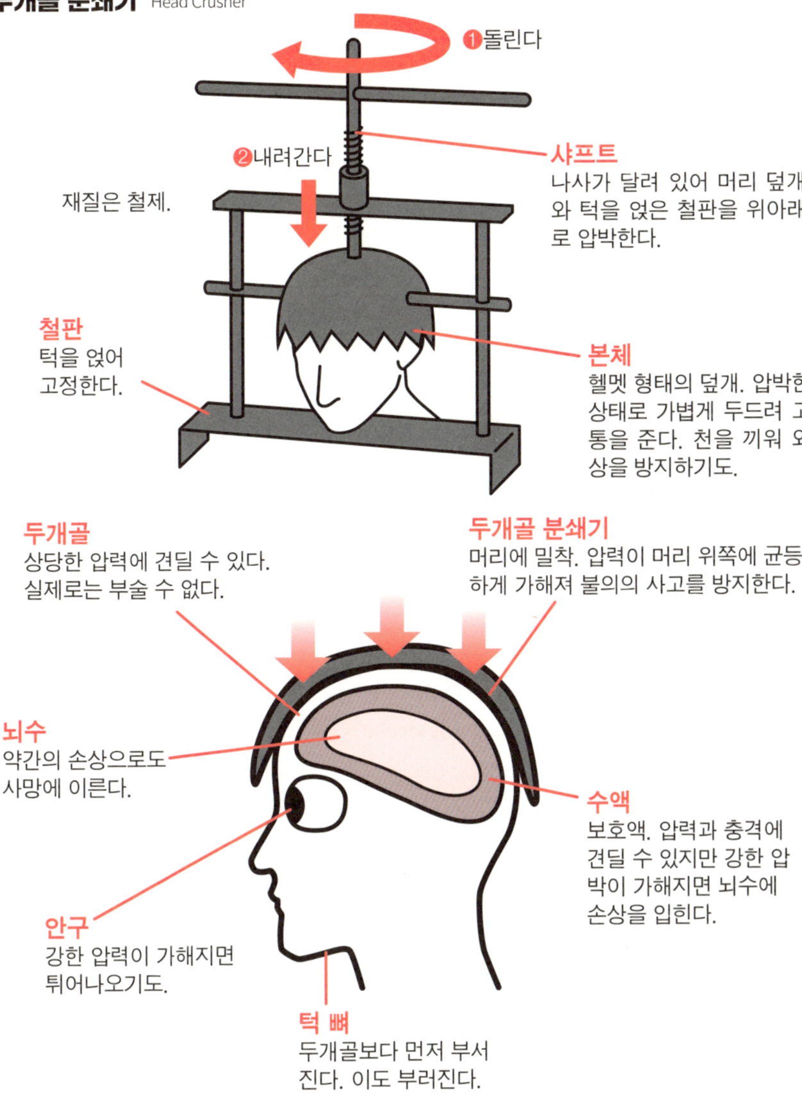

두개골 분쇄기의 기원과 발전

머리를 고문하는 기구는 유럽의 12 세기 무렵부터 존재했으며, 그것이 진화하여 정교한 두개골 분쇄기가 만들어졌다. 또 머리를 앞뒤로 압박하는 기구도 고안되었다.

● 이마 압박기 / 두개골 압박 고리/ 가면형 분쇄기

널리 알려진 독일의 **두개골 분쇄기**의 기원은 영국의 존 왕(1167~1216)이 즐겨 사용한 **이마 압박기**일 것이다.

사용 방식은 단순하다. 여러 개의 매듭을 묶은 가죽 끈을 이마에 감는 것이다. 효과를 높이기 위해 끈을 물에 적셔 사용했다. 끈을 서서히 조이면 희생자는 극심한 두통을 느꼈다고 한다.

이런 유형으로, 18세기 이탈리아에서는 **두개골 압박 고리**가 이용되었다. 외형은 머리에 두르는 띠처럼 생겼으며, 두 개의 반원형 철제 고리를 나사로 연결했다. 혹은 철제 띠를 둥글게 구부려 끝부분을 나사로 고정한 형태도 있다. 손오공의 금고(金箍)처럼 희생자의 머리를 조여 압박하는 기구이다.

압박 고리 안쪽에 여러 개의 뾰족한 돌기가 박혀 있는 것은 간소한 만큼 폭력적으로 보인다. 이 압박 고리는 10분의 1㎜의 미세한 조정이 가능했다. 사실, 압박 고리의 돌기는 희생자를 죽이지 않기 위해 고안된 장치이다. 고리 전체에 균등한 압력이 가해지면 뜻하지 않게 두개골이 부서지는 사례가 있었다. 하지만 돌기가 깊이 박히면 위험하다는 것을 집행인이 판단할 수 있었다.

보기에는 단순하지만 유명한 두개골 분쇄기보다 뛰어난 고문 기구였다고 평할 수 있다. 참고로, 이 기구에는 희생자의 머리를 흔들거나 비틀 때 사용할 수 있는 손잡이나 매달 때 필요한 밧줄을 연결할 고리가 딸려 있는 경우도 있었다.

가면형 분쇄기는 앞뒤 2개의 철제 가면으로 머리를 덮어 압박하는 기구이다. 헬멧과 철판으로 위아래로 압박하는 타입만큼 유명하진 않지만, 비교해보면 더 무시무시하다. 겉에서 보면 가면 앞면, 양쪽 눈에 해당하는 부분이 안쪽으로 움푹 패여 있는데 압박하면 안쪽으로 돌출된 부분이 두 눈을 짓이긴다.

머리를 고문하는 중세 유럽의 고문 기구

효 과	압(壓) 체(締) 쇄(碎)
용 도	협(脅) 고(拷) 사(死)
시대와 지역	중세 유럽

이마 압박기

물에 적신 가죽 끈으로 머리를 단단히
조인다. 매듭으로 고통을 더한다.

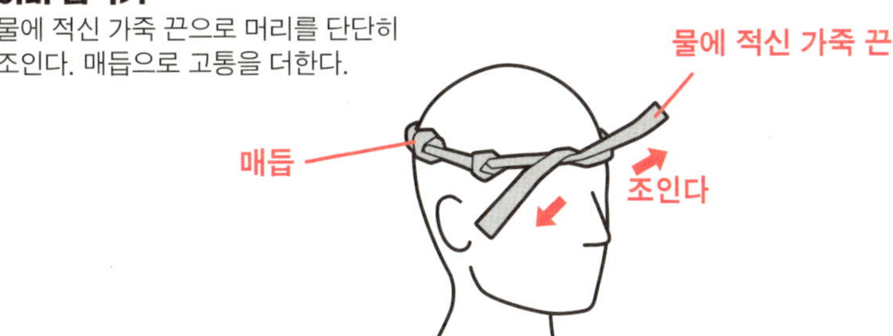

두개골 압박 고리

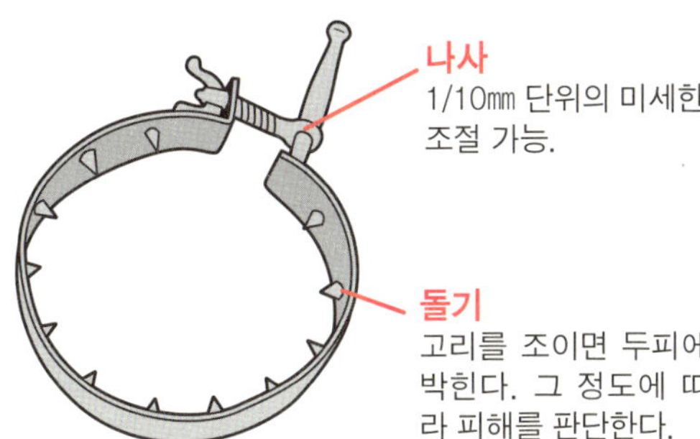

가면형 분쇄기

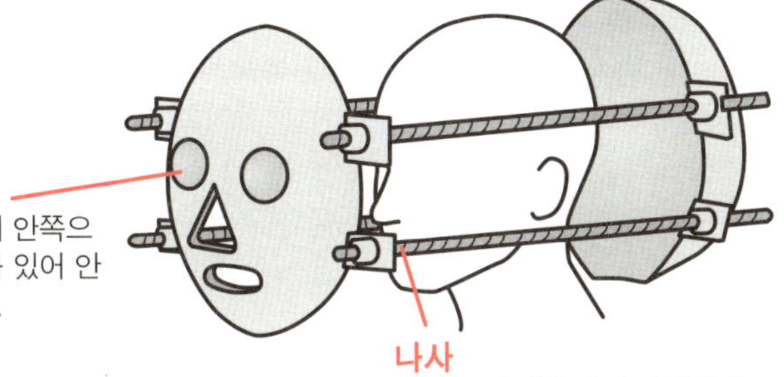

관련 항목

● 두개골 분쇄기→No.001

엄지손가락 분쇄기

손가락을 끼워 고통을 주는 정도의 소형 도구이지만, 18세기 오스트리아에서 공식적인 형구로 인정받아 유럽 각국에서도 채택된 고문 기구이다.

●경범죄자부터 중죄수까지 체험한 고문

크기에는 다소 차이가 있지만, 기본적인 구조와 기능은 같다. 2장의 막대형 철판 양쪽 끝에 나사골을 낸 굴대가 끼워져 있으며, 철판 사이에 양손의 엄지손가락을 넣고 굴대 한쪽에 달린 손잡이를 돌려 나사를 조인다.

한계까지 조이면 엄지손가락을 뼈째 으스러뜨릴 수 있다. 주변 여러 나라에서도 사용되었는데, 예컨대 독일에서는 철판 안쪽에 돌기가 아닌 못을 박거나 손톱을 벗긴 희생자의 손가락을 끼워 조이기도 했지만 보통 그렇게까지 과격한 고문은 하지 않았다.

일반적으로, 손가락을 충분히 조인 후 철판을 가볍게 두드리는 정도였지만 희생자는 그것만으로도 고통을 느꼈다. 압박된 손가락 끝의 신경은 작은 자극에도 극심한 통증을 느끼기 때문이다. 또는 조이고 풀기를 여러 번 반복하는 방식도 있었다.

공식 문서인 『테레지아 형법』(다음 페이지의 용어 해설 참조)에, 자세한 그림과 사용법이 기록되어 있다. 공식적인 기구는 위아래 2장의 철판 안쪽에 미끄럼 방지와 고통을 극대화하는 역할을 하는 15개씩 총 30개의 돌기가 주사위의 다섯 번째 면과 같은 배열로 세 줄로 나란히 배치되어 있다.

얼핏 보면 장난감처럼 보이지만 **엄지손가락 분쇄기**(Thumbscrew)는 충분한 위력을 갖춘 고문 기구였다. 이 도구로 자백한 경우 『테레지아 형법』 속 법정 기록에는 '고문이 아닌 자발적인 자백'으로 기록된다. 막 심문실에 들어온 모든 용의자에게 사용되었으며 목숨을 잃을 위험도 없어 고문 기구로 분류되지 않았던 것이다. 엄지손가락 분쇄기를 경험한 후에도 자백하지 않은 자만이 다음 단계의 진짜 고문을 받았다고 한다.

또는 더 가혹한 고문을 할 때, 엄지손가락 분쇄기를 함께 사용하기도 했다. 수갑 대신 사용하는 경우도 있었기 때문에 끈을 달아 휴대하기 편하게 만든 모델도 존재한다.

고문실에 들어서면 만나는 작은 악마

효과	압(壓) 체(締) 쇄(碎)
용도	고(拷)
시대와 지역	14세기 러시아(?)~18세기 유럽

『테레지아 형법』에 기록된 엄지손가락 분쇄기

『테레지아 형법』에는 엄지손가락 분쇄기에 관련된 그림
및 설명이 함께 기록되어 있다.

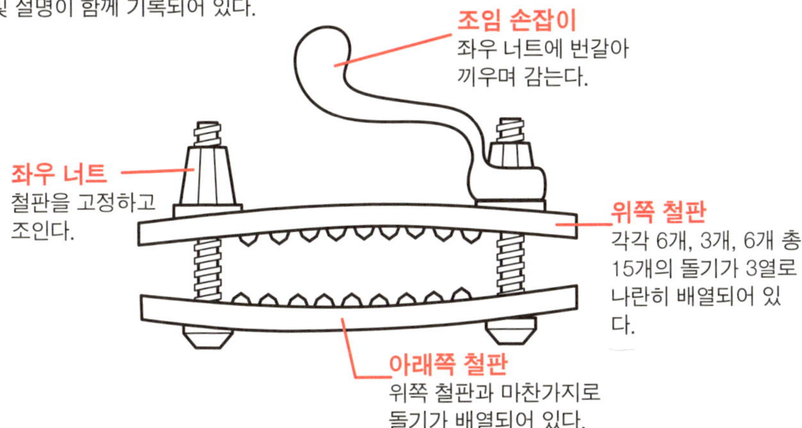

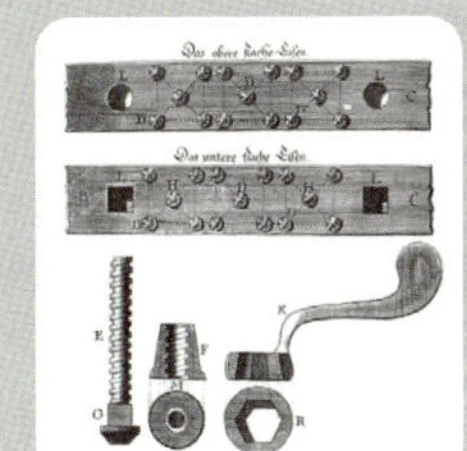

부품과 설계도

국내 각지에서 제작할
수 있도록 상세한 그림
이 실려 있었다.

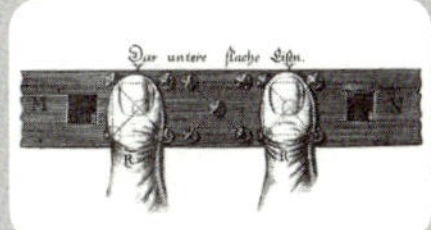

사용법 해설

양손 엄지손가락을 넣
는 위치를 설명하고 있
다.

희생자를 붙잡고 집행 중

용어 해설

●『테레지아 형법』→오스트리아의 여제 마리아 테레지아(1717~1780)가 제정했다. 용의자에 대한 고문 절차
와 단계를 세세히 규정하고 있으며, 근대 국가에서 사라졌던 과거의 고문이나 기구들도 부활했다.

관련 항목

●엄지손가락 분쇄기→No.004/005/006

러시아에서 탄생해 ,
영국에 정착한 엄지손가락 압박기

엄지손가락 압박기는 18 세기 오스트리아에서 널리 사용된 것으로 알려졌지만 실제로는 러시아
➡영국➡서유럽의 여러 국가를 거치며 확산되었다 .

●윌리엄 '내가 그였다면, 모든 것을 자백했을 것이다'

엄지손가락을 고문하는 기구가 역사에 등장한 것은 1397년으로, 당시에는 필리윙크스
(Pilliwinks) 또는 섬킨(Thumbkin)이라고 불리었다.

러시아에서 탄생한 것으로 추정되는데, 1660년 스코틀랜드 출신의 토머스 데일이라는 인물이 망명지였던 러시아에서 **엄지손가락 압박기**를 가지고 돌아왔기 때문이다. 그 실물이 지금도 박물관에 보존되어 있다. 필리윙크스는 전통적인 호두까기 기계와 유사한 형태로, 이후 개량을 거쳐 **엄지손가락 분쇄기**로 발전한 것으로 보인다.

직접 취조에 사용해보고 그 효과를 알게 된 데일이 주변에 널리 퍼뜨렸다.

한편 1682년, 스코틀랜드의 성직자 윌리엄 커티스는 음모에 가담한 혐의로 체포되어 1시간 반 동안 엄지손가락 분쇄기에 의한 고문을 받았다. 의식을 잃을 뻔한 고통을 참아낸 그는 결국 석방되었다. 후에 그는 자신을 고문했던 엄지손가락 분쇄기를 손에 넣었다.

이것을 커티스의 지인이었던 오렌지공 윌리엄(훗날 국왕 윌리엄 3세, 1650~1702)이 호기심에 빌려 자신의 손가락을 직접 조여 보았다고 한다. 고통을 맛본 그는 수일 후, 반역자 헨리 네빌 페인이 체포되었을 때 이 도구를 사용하도록 명령했다. 이런 유명인들과의 일화가 퍼지면서 엄지손가락 분쇄기 역시 유명해졌다. 참고로, 반역자 페인은 아무것도 자백하지 않았다.

그럼에도 엄지손가락 분쇄기는 효과가 확실하고 주머니에 들어갈 정도로 휴대성이 뛰어나다는 장점이 있다. 거창한 준비가 필요 없고, 상대를 필요 이상으로 다치게 하지 않으면서도 고통은 다른 고문에 뒤지지 않는다. 영국은 물론 독일이나 프랑스에까지 보급된 것도 당연한 일이다.

『테레지아 형법』 속 모델과는 다른 엄지손가락 분쇄기

효 과	압(壓) 체(締) 쇄(碎)
용 도	고(拷)
시대와 지역	14세기 러시아(?)~18세기 영국

전통적인 호두까기 기계

굴대 아래에 호두를 놓고 손잡이를
돌려 부순다.

필리윙크스(14~15세기)

초기의 엄지손가락 압박기. W자처럼 생긴
부분에 손가락을 넣고, 위에서 철판을 눌
러 고정한 후 손잡이를 돌려 압박한다.

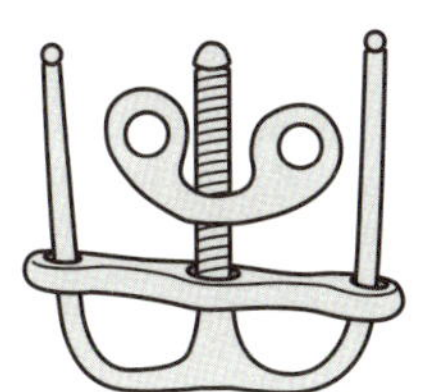

삼발형 엄지손가락 분쇄기(17세기)

영국에서 개량된 형태. 양산형의 단순한 테레
지아식과는 다른 구조이다.

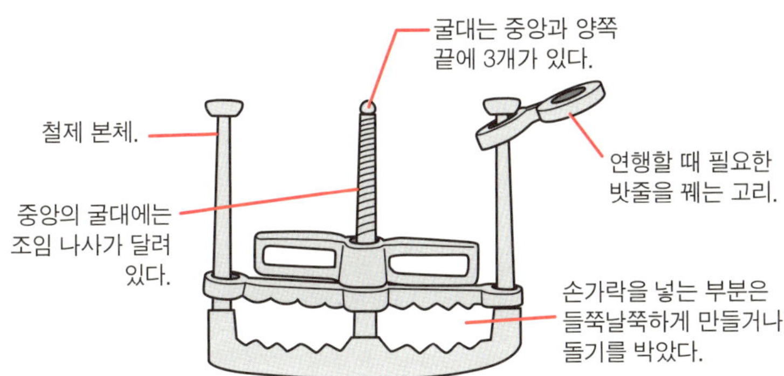

사슬이 달린 엄지손가락 분쇄기

관련 항목

●엄지손가락 분쇄기→No.003/005

『테레지아 형법』에 규정된 고문

18 세기 말까지 서구 사회에서는 고문이 야만적이고 불법적인 것으로 여겨져 폐지되었으나 1769년 반포된『테레지아 형법』은 이를 뒤엎었다.

●무자비한 시대의 부활

오스트리아의 여제 마리아 테레지아는『테레지아 형법』에서 '어떤 죄상에 대해서든, 피고가 빠르게 죄를 인정하지 않으면', '반드시 고통이 따르는 심문'을 하도록 규정했다. **엄지손가락 분쇄기**를 시작으로 단계별 심문과 고문의 방법, 기구의 상세한 설계 등이 명문화되었다.

예를 들어, 엄지손가락 분쇄기의 사용례로 오스트리아 근교 바이에른 선제후령의 형법에는 3단계로 실시하도록 정해져 있었다.

제1단계에서는 이 형구(刑具)를 용의자에게 보여주고, 장착한다. 이 위협으로 자백하지 않으면 제2단계로 넘어가 실제로 기구를 조여 고통을 준다. 고통에 몸부림치지 않으면 제3단계로 기구를 풀었다 다시 조이기를 반복한다. 고통에 익숙해지지 않도록 감각을 되살리는 것이다. 또는 조여진 철판을 가볍게 두드린다. 그와 동시에 몽둥이나 마편으로 때렸다. 여러 부위에 고통을 주어 저항하지 못하도록 하는 것이다. 그래도 효과가 없으면 엄지손가락 분쇄기의 역할은 끝나고 더 가혹한 고문이 시작된다.

『테레지아 형법』에는 다양한 고문 방식이 명시되어 있다.

결박 고문에는 여러 방식이 있는데 예를 들면, 희생자의 양팔을 수평으로 벌린 후 새끼줄로 손목부터 팔꿈치까지 같은 간격으로 14회 감아 묶는다. 집행 중 계속 팔을 들고 있어야 하므로 고통이 크다.

사다리 매달기와 **양초를 이용한 불 고문**은 함께 사용된다. 손을 등 뒤로 묶은 희생자를 **오스트리아식 사다리** 위쪽에 매달고, 같은 방식으로 결박한 발목도 사다리에 고정해 잡아당긴 상태로 장시간 방치한다. 여기에 규정된 크기의 양초 다발 2개를 이용해 양쪽 겨드랑이를 불에 그슬린다.

천장 매달기는 설계도에 따라 만든 커다란 도르래 장치를 이용해 희생자를 천장에 매단다. 10~20kg의 추를 함께 매달기도 했다. 관절 등이 손상되며 풀려나더라도 장애가 남는 경우가 많았다.

여제 테레지아의 추천 고문 메뉴

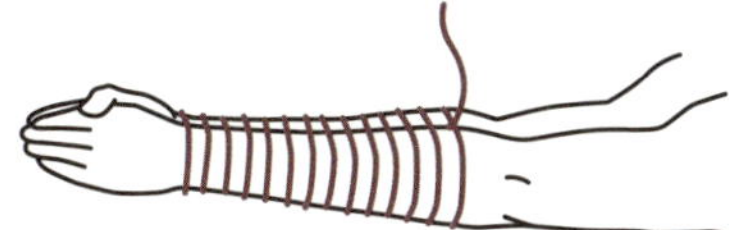

효 과	압(壓) 체(締) 쇄(碎) 조(吊) 신(伸) 열(熱)
용 도	고(拷) 사(死)
시대와 지역	18세기 오스트리아

결박 고문

그림과 같이, 양손을 모아 손목부터 팔꿈치까지 같은 간격으로 14회 감아 묶는다. 양팔을 수평으로 뻗게 한 후 집행. 팔을 든 상태로 고정한다.

사다리 매달기와 양초를 이용한 불 고문

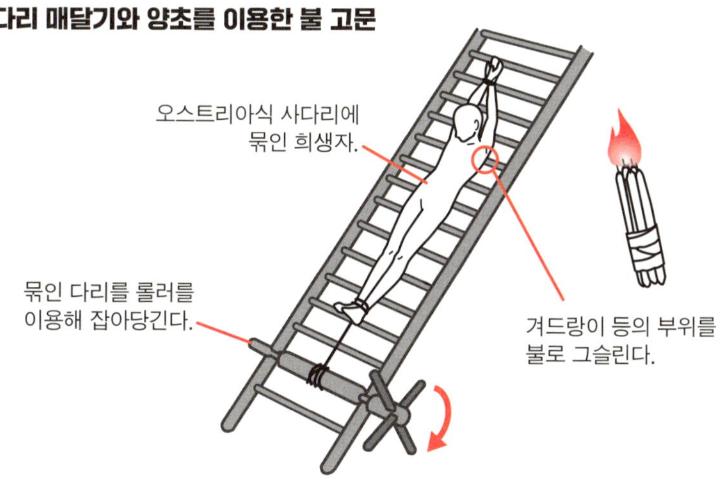

천장 매달기

지상에 설치한 도르래 장치를 이용해 희생자를 천장에 매단다. 매달린 채 바닥에 내리찍는 지역도 있었지만 『테레지아 형법』에서는 금지되어 있었다. 도르래 장치의 제작 방법이나 기타 자재도 법률로 규정되어 있었다.

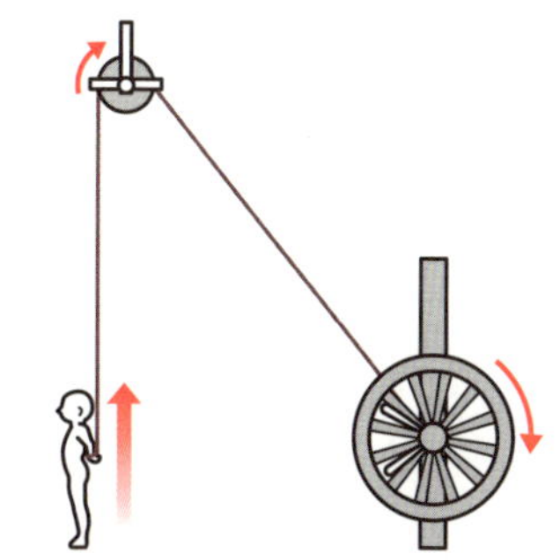

관련 항목

- 엄지손가락 분쇄기→No.003/004/006
- 엄지손가락 압박기→No.004
- 팔 분쇄기→No.006

무릎 분쇄기 / 팔 분쇄기

무릎 분쇄기는 엄지손가락 분쇄기와 발상 면에서 유사하다고 볼 수 있다. 여기서 소개하는 여러 형구들 모두 비슷한 구조를 가지고 있으며, 주로 팔이나 다리를 고문하는 기구이다.

●팔과 다리를 끼워 압박하는 고문 기구

투박한 철판 2장 혹은 목판을 맞댄 구조로, 맞닿는 면 안쪽에는 뾰족한 돌기가 박혀 있다. 여기에 다리를 끼워 압박하면 돌기가 살에 박히며 뼈까지 파고든다. 무릎 관절에 사용하면 특히 효과적이며, 팔꿈치에도 사용되었다. 대개의 경우, 관절 부위가 파열된다.

18세기『테레지아 형법』에 따라 제작된 **정강이 분쇄기**는 구조가 동일하지만 더 정교하게 만들어졌다. 앞뒤 2장의 철판 안쪽에는 각각 30개의 못이 일정 간격으로 박혀 있고 손잡이가 달린 나사를 조여 한쪽 다리를 압박할 수 있게 되어 있다.

무릎 분쇄기와 달리 미세한 조정이 가능하고, 사용 부위도 법률로 엄격히 정해져 있었는데 15분가량 집행하면 대부분 고통이 너무 심해 정신을 잃었다고 한다. 60세가 넘은 여성이 12시간이나 계속된 고문 끝에 사망했다는 기록도 남아 있다.

간틀릿(gauntlet, 장갑의 의미)은 영국 **런던탑**에서 이루어진 팔 고문 도구로 유명하다. 희생자의 양손에 철제 장갑을 끼우고, 나사로 조여 압박하는 구조이다. **오스트리아식 사다리**에 희생자를 묶어 놓고, 천장에 매단 간틀릿을 끼워 고문했다는 기록도 남아 있다.

『테레지아 형법』에는 이와 유사한 **팔 분쇄기**라는 형구도 규정되어 있었다. **엄지손가락 분쇄기**를 팔에 사용할 수 있게 크게 만든 듯한 기구로, 팔을 끼우기 위해 한쪽 철판이 U자 모양으로 구부러져 있다는 차이가 있다. 철판 안쪽에는 미끄러지지 않도록 골이 패여 있고 2개의 굴대로 철판을 고정한 후 손잡이가 달린 나사를 조여 압박한다. 다리에도 사용할 수 있어, 정강이 분쇄기와 구별하지 않는 경우도 있다.

팔다리 고문용으로 제작된 무시무시한 기구

효 과	압(壓) 체(締) 쇄(碎)
용 도	고(拷)
시대와 지역	유럽

무릎 분쇄기

엄지손가락 분쇄기 등과 유사하지만 더 투박한 형태.

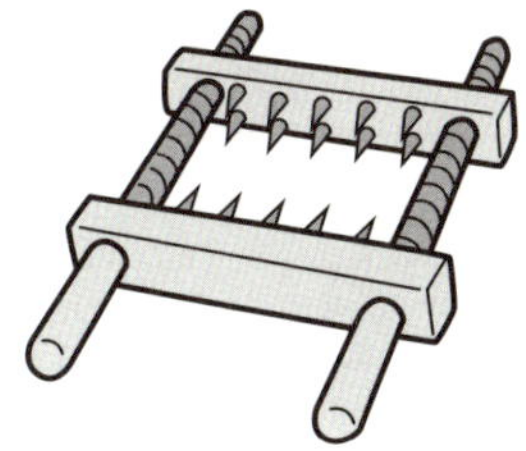

정강이 분쇄기

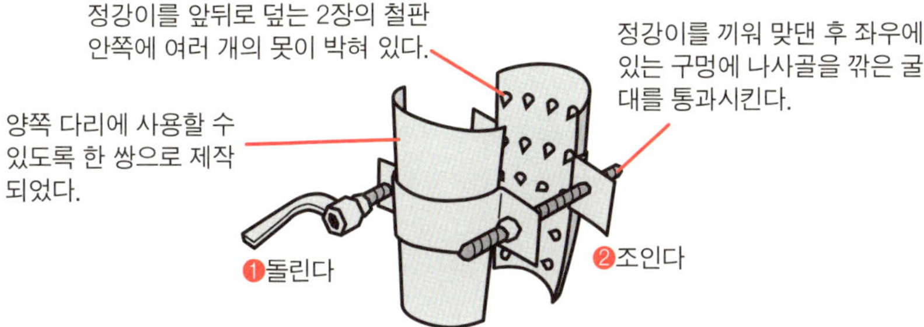

팔 분쇄기

형태와 원리는 엄지손가락 분쇄기와 같다.

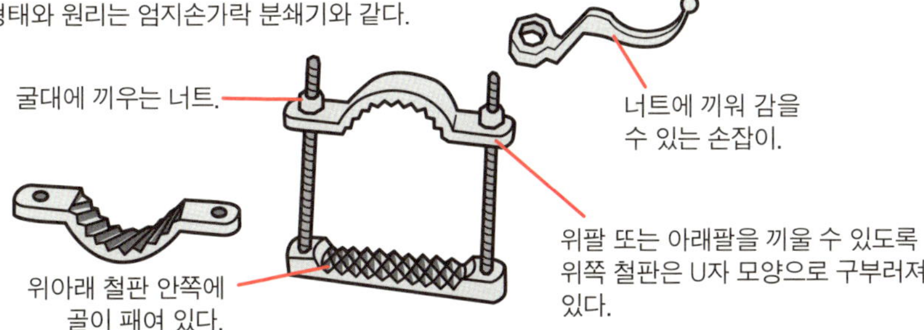

용어 해설

● 정강이 분쇄기→이 기구는 다수의 문헌에서 스페인 장화로 기록되어 있지만 실제 스페인 장화와는 구조는 물론 외형도 다르기 때문에 이 책에서는 정강이 분쇄기라는 명칭을 사용했다.
● 런던탑→엘리자베스 1세 시대에는 처형장으로 사용되었으나 후대인 제임스 1세 시대에는 고문장이 되었다.

관련 항목

● 엄지손가락 분쇄기→No.003/004/005
● 오스트리아식 사다리→No.005/031

장화 고문

장화 고문은 너무나 끔찍해서 아무도 정면으로 보지 못하고 고문실을 뛰쳐나갔을 정도라는 평을 받았다. 영화에 등장했을 때는 다수의 관객들이 불쾌감을 느꼈다고 한다.

● 양다리를 부수는 상자

유럽 각국에서 사용된 이 장화형 압박 형구는 가장 원시적이면서도 무시무시한 고문 기구로, 다수의 기록과 삽화에 남아 있다.

가장 일반적인 형태는 나무 상자형으로, 정확히는 나무 상자처럼 조립한 기구에 희생자의 양다리를 넣고 고정하는 방식이다. 양다리 안팎으로 목판을 끼워 결박한 후 끝부분을 쐐기나 쇠고리 혹은 끈 등으로 고정한다. 그러면 다리는 상자 안에서 꼼짝할 수 없게 된다.

계속해서 집행인은 망치로 나무나 쇠로 된 쐐기 2개를 박아 넣는다. 하나는 목판 안쪽과 양다리 사이에, 다른 하나는 목판 바깥쪽과 목판을 고정한 틀 사이에 박는다. 보통은 고문이 끝날 때까지 4개, 상대가 완강한 경우에는 8개까지 박아 넣기도 했다.

상자 안에 고정된 다리는 점점 강하게 조여지다 결국 살이 찢어지고 뼈가 부러지거나 부서지기도 한다. 대부분 뼈가 산산조각 나 두 번 다시 걷지 못하게 된다.

극심한 고통을 주는 반면, 사망에 이르는 경우는 드물었기 때문에 빈번히 쓰였다. 생명의 위험은 없지만 심각한 장애가 남는 고문이었다.

다만, 실제 이 고문으로 희생자에게 자백을 받아내는 경우는 거의 없었다. 장화 고문을 받기 전에 이미 대부분의 정보를 털어놓았기 때문이다. 하지만 집행인은 여전히 은닉 재산 등의 비밀을 감추고 있다고 의심해 고문을 계속했다고 한다.

한편, 중국 당나라의 측천무후(624~705)는 다리가 아니라 머리를 이와 유사한 방식으로 고문했다고 한다. 죄수의 머리에 딱 맞는 금속 덮개를 씌우고 그 사이로 쐐기를 박아 넣는 고문이다. 극히 잔혹한 고문이었기 때문에 일종의 처형 수단으로도 여겨진다. 이 외에도 측천무후는 서양에서 유래한 헬멧형 **두개골 분쇄기**도 사용했다고 전해진다.

다리에 대한 압박 고문

효 과	압(壓) 체(締) 쇄(碎)
용 도	고(拷)
시대와 지역	11세기 영국~16세기 스페인~19세기 유럽

나무 상자 타입의 장화형 압박 형구

결박한 상태로 위를 향해 눕히거나 의자에 앉힌다. 나무 상자에 다리를
끼워 넣는 것을 '장화를 신겼다'고 표현했다.

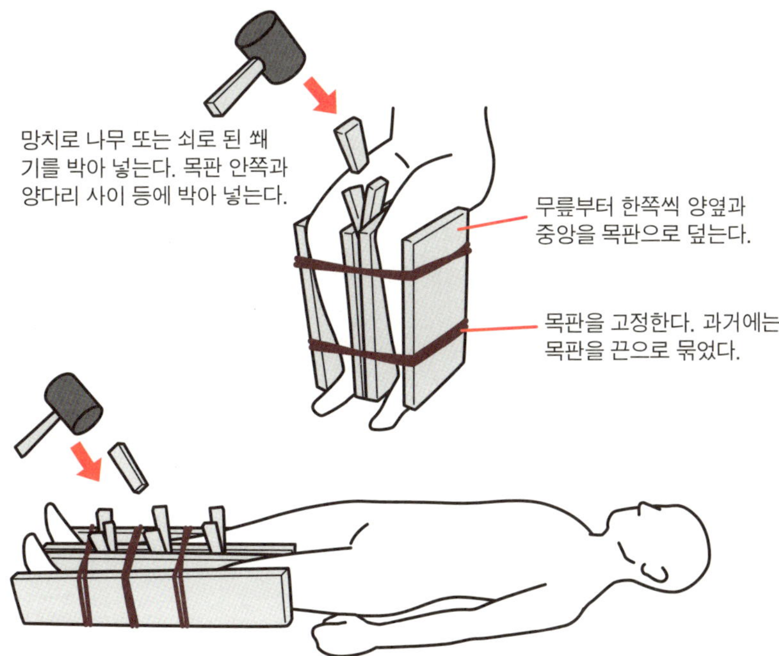

◆장화 고문을 머리에 적용한 중국의 고안자

측천무후의 총애를 받던 형리 색원례(索元禮)가 고안했다. 전과가 있던 그는 관리가 된
이후에도 다수의 악행을 일삼다 붙잡혀 자신이 고안한 이 고문에 처해질 위기에 놓이
자 공포에 질려 모든 죄를 자백했다고 한다.

관련 항목

스페인 장화

'장화' 고문은 중세에 성행했으며, 프랑스와 스페인을 중심으로 전파되었는데 그 중에서도 스페인 장화는 진짜 장화형 고문 기구였다.

●철제 족쇄 장화

중세 이후, 장화형 압박 형구를 이용한 고문은 한동안 모습을 감추었지만 18세기 오스트리아에서『테레지아 형법』이 반포되며 공식적인 고문 기구의 하나로 부활했다.

그 기원은 11세기 초의 스코틀랜드이다. 당시에는 **버스킨**(Buskin, 연극용 장화)으로 불리었으며 2장의 목판과 이를 고정하는 가죽 끈으로 구성되어 있었다. 사용법은 후세의 개량판과 마찬가지로, 목판을 끈으로 고정한 후 쐐기를 박아 넣어 압박한다.

프랑스에서는 나무 상자 형태가 아니라 장화형 모델도 만들어졌다. **브로드캉**(Brodequin)이라고 불린 이 형구는 양다리를 전부 감쌀 정도로 크고 양다리, 양 무릎 사이에 쐐기를 박아 넣을 수 있게 되어 있다.

프랑스의 오퇭에서 사용된 장화는 부드러운 가죽으로 만들어졌으며 압박이 아니라 뜨거운 물을 부어 고문하는 기구였다. 이와 유사한 것으로 양피지로 만든 양말을 신긴 후 물에 적시는 고문도 있었다. 그 상태로 희생자를 불 앞으로 데려가면, 양피지가 마르면서 줄어들어 발 전체를 압박한다.

한편, 스페인에서는 스코틀랜드에서 전해진 것이었기 때문에 국내에서는 **스코틀랜드 장화**, 국외에서는 **스페인 장화**(Spanish Boots)라고 불리었다. 이단 심문에 활용된, 끔찍한 고문 도구의 결정판이었다.

장화라고는 해도 양다리를 함께 넣는 구조이기 때문에 신은 채로 걷는 것은 불가능했다. 장딴지 부분에는 나사를 이용해 강하게 조일 수 있게 만든 장치가 있었다. 약간의 빈틈만 있어도 위에서 망치로 목판을 박아 넣기도 했다. 나사를 강하게 조인 상태에서 펄펄 끓는 물이나 기름 또는 끈끈한 콜타르를 붓기도 했다. 장화를 숯불에 올려 열을 가하는 경우도 있었다.

가장 끔찍한 장화

효 과	압(壓) 체(締) 쇄(碎)
용 도	고(拷)
시대와 지역	11세기 영국~16세기 스페인~19세기 유럽

장화

장화형 고문 기구의 나라별 명칭

영 국 : 버스킨

프랑스 : 브로드캉

스페인 : 스코틀랜드 장화(국내) / 스페인 장화(국외)

관련 항목

- 『테레지아 형법』→No.003/005/006
- 장화형 압박 형구→No.007

협곤과 압박 고문

'협(夾)'은 중국의 고문으로, 스페인 장화와 비슷한 압박 고문으로 알려져 있다. 여기에 사용되는 것이 '협곤(夾棍)'이라는 특수한 도구이다.

●간단한 막대기와 끈을 이용한 지렛대의 힘

허리나 가슴 높이 정도의 나무 막대 1개와 같은 길이의 막대 2개를 좌우에 배치하고 각각의 끝부분에 구멍을 뚫어 끈으로 연결한다. 이런 막대를 중국에서는 **곤**(棍)이라고 부르며, 좌우 곤에 끼운 끈은 느슨하게 늘어뜨린다.

이렇게 만들어진 도구 사이에 피해자를 눕히거나 의자에 앉힌 후 양다리(허벅지나 복사뼈 혹은 발목)를 끼우고 좌우로 늘어뜨린 끈을 잡아당긴다. **협곤**이라는 이름 그대로 '곤(棍)'을 '끼우는(夾)' 것이다. 끈을 당기면 양다리가 좌우로 조여 고통스럽다.

명나라와 청나라 시대에 성행했으며 **삼목**(三木)이라는 속칭이 있었다. 명대에는 환관이 장악한 진무사(鎭撫司, 비밀경찰)에서 자주 사용되었다. 청대에는 개량이 진행되며 막대라기보다는 3장의 두꺼운 목판을 연결해 위쪽에 끈을 끼우고 끈 끝에 각각 대나무 막대를 묶었다. 주로 발목을 고문하는 용도로 쓰였으며, 가운데 목판을 망치로 땅에 박아 넣어 효과를 높였다.

1813년 팔괘교도의 반란 당시, 지도자 중 한 명이었던 이문성(李文成)이 이 고문으로 자백을 강요당했다. 기록에 따르면, 피부가 벗겨지고 뼈가 드러날 때까지 고문이 계속되었다고 한다. 결국에는 골막까지 벗겨지고 목판이 뼈에 박혔다고 한다.

희생자에게 극심한 고통을 주는 고문이지만 두세 명의 집행인이 필요할 만큼 힘이 들고 강도를 조절하기도 어렵다.

일본에서는 17세기경, 규슈 지역의 기독교도 박해에 사용된 **압박 고문**이 이와 유사하다. 막부 말기의 지사 오카다 이조(岡田以蔵, 1838~1865)가 받은 고문으로도 유명하다. 여기에 사용된 **조임목**이라는 기구가 이문성이 고문을 당했던 기구와 거의 같은 원리와 구조였기 때문에 중국에서 전해졌거나 그것을 개량한 것이라고도 여겨진다. 그 외에도 무릎에 송곳을 대고 문지르는 일본 특유의 고문도 있었다.

시대를 거치며 개량이 거듭된 압박 고문 기구

효 과 압(壓) 체(締)
용 도 고(拷)
시대와 지역 명·청 시대의 중국 / 17~19세기 일본

청대의 협곤

원래는 막대 3개를 끈으로 엮은 단순한 구조였지만 개량이 거듭
되며 각목 3개로 구성된 형태가 되었다.

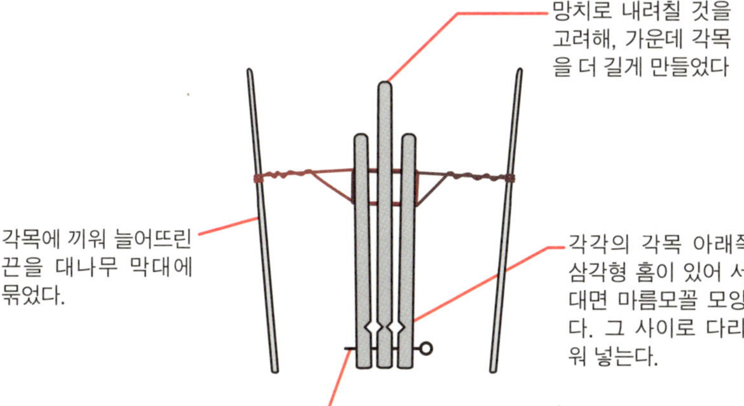

3개의 각목은 아래쪽에서 나사골을 깎은 굴대를 끼워
연결했으며, 이를 조이면 틈이 좁아지면서 다리를 압
박한다. 나사 머리는 손으로 잡고 돌리기 쉽게 고리
모양으로 되어 있다.

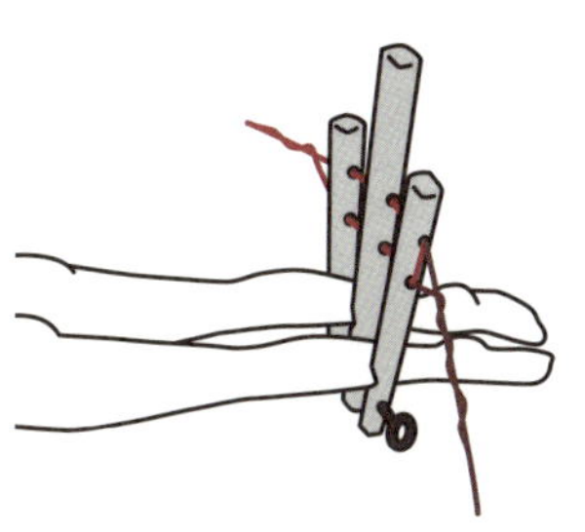
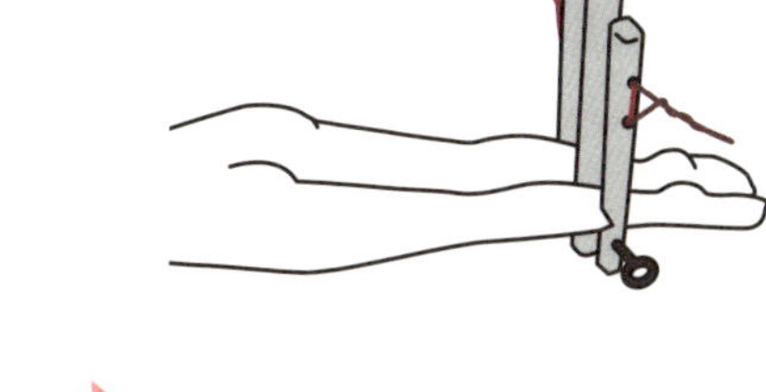

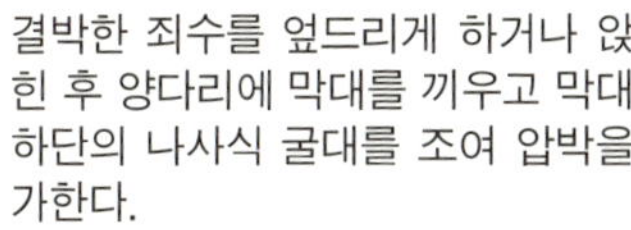

결박한 죄수를 엎드리게 하거나 앉
힌 후 양다리에 막대를 끼우고 막대
하단의 나사식 굴대를 조여 압박을
가한다.

양다리에 끼운 막대를 위에서
망치로 두들겨 압박한다.

관련 항목

● 석판 고문 →No.103

찰자 / 주리

널리 알려진 서양의 장화 고문이나 엄지손가락 분쇄기처럼 동양에도 유사한 기법의 고문이 존재했다. 협곤도 고대에는 주리와 동일한 방식으로 사용되었을 것이라 추정된다.

●찰자

중국의 명나라 시대에는 서양의 것보다 간소한 구조의 손가락 분쇄기가 존재했다. **찰자**(拶子)라고 불린 이 기구는 '손가락용 **협곤**'이라고 사전에 설명되어 있으며 주로 여성 죄수를 대상으로 사용되었다.

손가락 분쇄기라기보다는 **손가락 비틀기**에 가깝다. 길이 20㎝ 정도의 나무 막대 5개에 4개의 구멍을 뚫고 끈을 꿰어 엮은 것이다. 이것을 손가락 사이에 끼운 후 조이는 것이다. 손가락 사이에 연필이라도 끼워 시험해보면 알겠지만 결코 가볍게 볼 수 있는 도구가 아니다.

2장의 목판에 구멍을 뚫고 끈을 꿰어 엮은 후 그 사이에 손가락을 넣고 조이는 서양의 **엄지손가락 분쇄기**와 거의 동일한 모델도 있다. 이것을 크게 만들어 대퇴부나 복사뼈를 끼우고 조이는 용도로 사용하기도 했다.

●주리

조선 시대에는 중국의 협곤과 유사한 고문 기구인 **주리**(周牢)가 확인되었다. 세 가지 방식이 알려져 있는데 그 중 **가위형 주리**와 **끈 주리**가 막대로 다리를 압박하는 고문이다. 가위형 주리는 양 무릎과 발목을 묶고 그 사이에 굵은 나무 막대 2개를 교차시켜 끼운 후 뼈가 활처럼 휠 때까지 반대 방향으로 당겼다가 원래 자세로 되돌리는 동작을 반복한다. 끈 주리는 양 발목은 한데 묶고, 무릎은 각각 따로 묶은 후 끈을 늘어뜨려 둔다. 다리 사이에 막대를 끼운 후 무릎에 늘어뜨린 끈을 반대 방향으로 당기면 양 무릎이 붙으며 조여지는 것이다.

프랑스 선교사 클로드 샤를 달레(Claude Charles Dallet, 1829~1878)의 『조선 교회사』에 따르면, 주리는 천주교 박해에 사용되었다고 한다. 경험 많은 집행인은 뼈가 휠 정도로 막대를 비틀었지만 경험이 많지 않으면 쉽게 뼈가 부러지고 피와 골수가 사방으로 튀었다고 한다.

전통적인 손가락 고문 기구와 중국에서 전래된 다리 고문

효 과	압(壓) 체(締)
용 도	고(拷)
시대와 지역	중국 / 조선

찰자

중국판 엄지손가락 분쇄기.

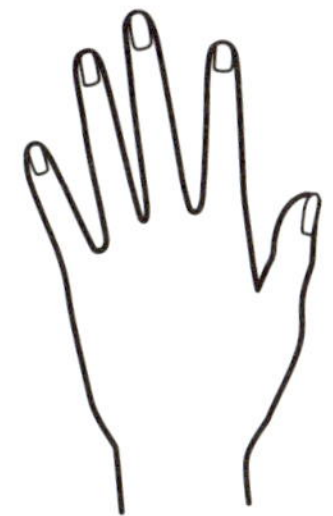

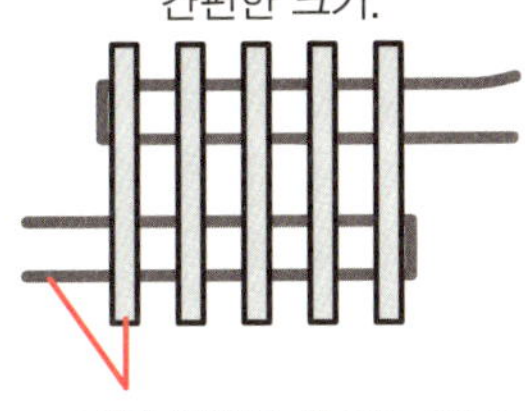

나무 막대를 끈으로 꿰어 엮는다.
〈옆에서 본 모습〉

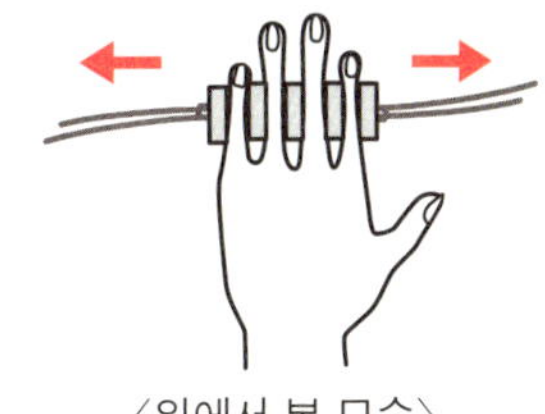

〈위에서 본 모습〉

가위형 주리

조선 시대에 사용된 협곤의 일종으로, 특별한 기구는 사용하지 않는다.

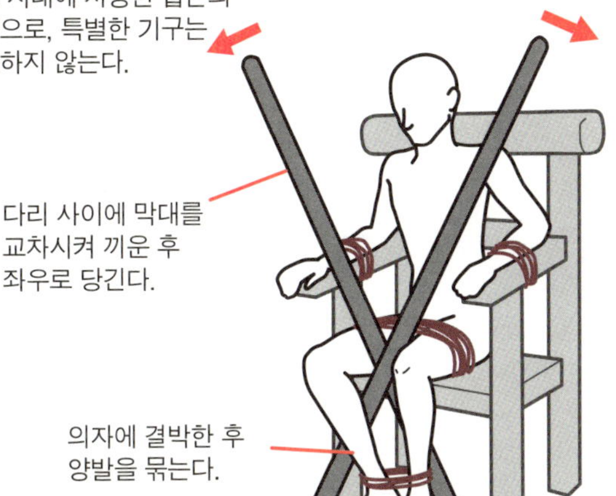

다리 사이에 막대를 교차시켜 끼운 후 좌우로 당긴다.

의자에 결박한 후 양발을 묶는다.

눕힌 상태로 집행하기도 했다.

용어 해설

● 『조선 교회사』→1874년 출판. 일본에서는 『조선 사정』이라는 제목으로 출간되었다.

관련 항목

● 엄지손가락 분쇄기→No.003/004/005 　　● 협곤→No.009

프레스 야드

희생자를 압박·분쇄하는 방식의 처형은 대규모 장비나 전문 도구가 필요해 준비도 쉽지 않았다. 이런 방식은 가압 분쇄형 고문으로 분류한다.

● 영국에서 특히 선호한 가압 고문 장치

15세기 영국의 감옥에는 거의 예외 없이 설치되어 있던 **가압 고문실**이 바로 **프레스 야드**(Press-yard)이다. 석조로 된 정사각형 방의 네 모서리에는 천장까지 닿는 나무 기둥이 세워져 있었다. 그 기둥에는 도르래로 올렸다 내렸다 할 수 있는 나무배가 달려 있다. 바닥에는 희생자의 사지를 고정하기 위한 쇠고리가 부착되어 있었다.

바닥에 눕힌 희생자의 가슴 위로 나무배를 내려 고통을 주는 방식이다. 배에는 50파운드(약 23kg)와 100파운드(약 45kg) 2종류의 추를 실을 수 있게 되어 있다. 이를 조합해 배에 싣는 것이다. 집행인은 추의 무게와 배를 올렸다 내리는 횟수로 고문의 강약을 조절했다.

자백을 받아내기 위한 수단이었기 때문에 압사할 정도의 무게를 실지는 않았다. 배도 천천히 내려온다. 하지만 오랫동안 방치하면 무게와 굶주림으로 고통 받았다.

보통은 200파운드(약 90kg) 정도까지 견딘다고 하지만 그때까지 아무렇지 않던 사람도 고작 50파운드를 더 얹었을 뿐인데 눈과 귀 그리고 입에서 피를 뿜어내는 경우가 있다. 이런 상태의 희생자는 약간의 무게만 더해져도 사망한다고 한다.

고문이 아닌 처형에 사용되기도 했는데, 이 경우에는 죄수의 등 밑에 삼각형 나무판을 놓았다. 그리고 최대 무게를 실은 배를 내리면 압사하기 전에 척추나 갈비뼈가 부러져 사망한다.

중국에도 이와 유사한 장치가 있었는데, 쇠나 나무로 된 널빤지를 얹어 사용했다. 일본의 **석판 고문**도 유사한 원리의 고문이었다.

매달린 천장과 같은 장치

효 과	압(壓) 쇄(碎)
용 도	고(拷) 사(死)
시대와 지역	15~18세기 유럽 / 중국

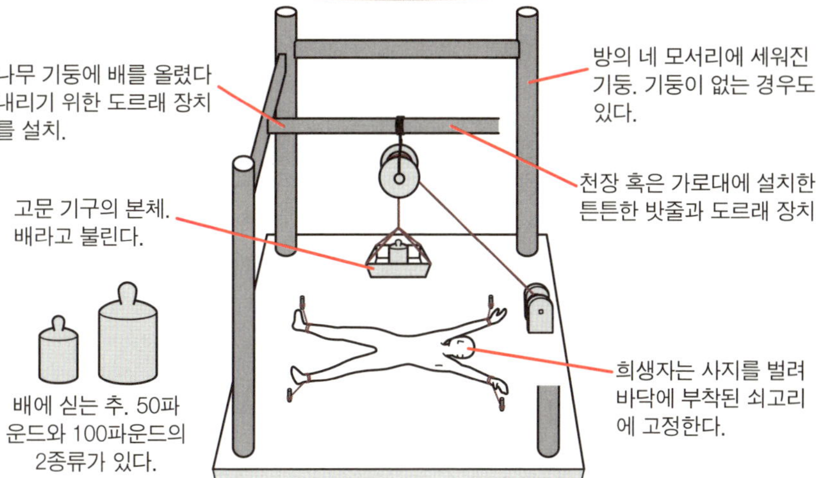

처형에 사용하는 경우

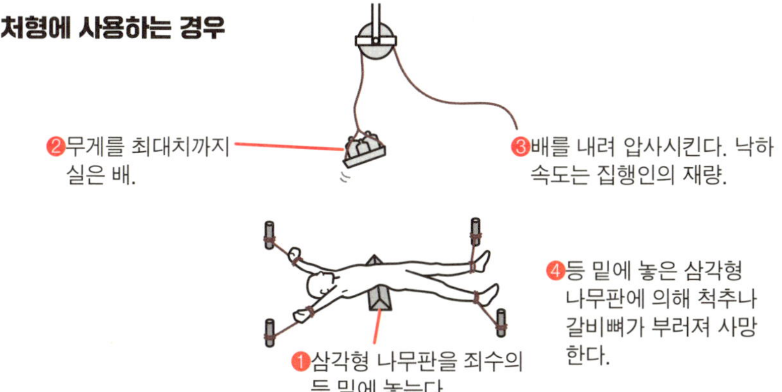

관련 항목

●석판 고문→No.103

리사의 철관

중세 유럽에서 사용된 리사의 철관(鐵棺)은 정교하게 만들어진 가압 분쇄형 고문 장치이다. 이 기구는 인간을 밀폐된 상자에 가둬 압박하는 용도로 쓰였다.

●덮쳐오는 악마의 벽

이 기구는 한 사람이 몸을 움츠려야 간신히 들어갈 수 있을 정도의 철제 상자로, 이탈리아의 리사에서 사용되었다고 전해져 **리사의 철관**이라고 불린다.

나사로 올리고 내릴 수 있는 덮개를 이용해 안에 갇힌 희생자를 압박하거나 압사시키는 구조이다.

주로 처형에 사용되었으며, 수일에 걸쳐 집행되었다고 한다. 희생자는 어둠 속에서 꼼짝도 하지 못하는 상태로 서서히 압박받으며 배고픔과 탈수에 시달리다 끝내 죽음을 맞이했다. 이외에도 시뻘겋게 달군 숯을 상자 주위에 쌓아놓고 고온으로 고통을 더하기도 했다.

고문에 사용할 수도 있지만 그 공포는 처형과 크게 다르지 않았을 것이다. 결국 죽느냐 사느냐의 문제일 뿐, 압사 직전에 살아남는다고 해도 신체의 손상 없이 상자에서 나올 수 있을지는 미지수였다. 고문 도중 사망하는 경우도 많았기 때문에 고문 기구로 사용되는 일은 적었을 것으로 보인다.

16세기 무렵의 처형 기구로, 기록이 많지 않아 실재했는지조차 의심받고 있다.

고대로 거슬러 올라가면, 그 원형처럼 보이는 대규모 압박 고문 장치로 로마 시대의 프레스 머신을 들 수 있다. 한 사람이 누울 수 있을 정도의 판자 두 장을 나사식 기둥으로 올리고 내릴 수 있게 만든 장치이다. 판자 사이에 희생자를 눕힌 후 위쪽 판자를 내려 압박한다. 나사로 고정되기 때문에 희생자를 압박한 상태로 방치할 수 있다. 이것이 중세 유럽에서 가압, 압축. 분쇄를 제어할 수 있는 **프레스 야드** 등으로 발전한 것이다.

중세부터 근대에 걸쳐, **엄지손가락 분쇄기** 등의 신체 부위를 표적으로 하는 기구들도 다수 등장했다. 이들도 같은 가압 분쇄형이지만, 이런 기구에 대해서는 별도로 소개한다.

철제 관 속에서 닥쳐오는 죽음

효 과	압(壓) 쇄(碎) 궤(潰) 폐(閉)
용 도	고(拷) 사(死)
시대와 지역	16세기 이탈리아?

리사의 철관의 구조

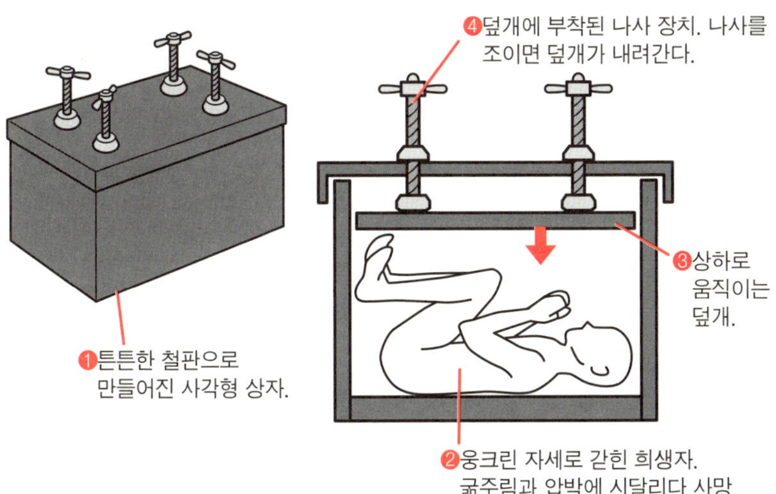

로마 시대 프레스 머신의 구조

관련 항목

- 엄지손가락 분쇄기→No.003/004/005
- 프레스 야드→No.011

고뇌의 배

'고뇌의 배'도 세계적으로 유명한 고문 기구일 것이다. 입 안에 밀어 넣고 내부에서 확장되도록 만든 기구로, 유례를 찾아보기 힘든 독특한 기능과 형태가 특징이다.

●과일을 닮은 기묘한 기계 장치

이 작은 기계 안에는 인간의 어두운 일면과 악용된 지식 그리고 대단한 노력이 집약되어 있다.

전체가 금속으로 만들어졌으며, 서양 배 혹은 가지 모양의 외형에 꼭지 부분에는 손잡이가 달려 있다. 이런 독특한 형태로 인해 **배**라고 불리게 된 것이다.

배 모양 본체는 꽃봉오리와 같은 구조로, 꽃잎처럼 생긴 3~4장의 금속판이 장착되어 있는데 닫혀 있을 때는 서양 배처럼 보인다. 손잡이를 이용해 꽃잎 모양의 금속판을 펼칠 수 있으며, 안에는 조절 나사와 용수철이 내장되어 있어 원하는 각도로 고정할 수 있다.

입 안에 넣고 확장하면 빠지지 않게 된다. 그대로 방치해 굶어 죽게 하는 것을 '배를 먹고 아사했다'고 표현하기도 했다. 기본적인 사용법은 배를 입에 넣은 희생자의 눈앞에서 식사를 하며 정신적 고통을 가하는 것이었다. 때로는 희생자가 혀를 깨물어 자해하지 않도록 배를 입에 넣기도 했다.

고문의 세계에서 아사형(餓死刑)은 흔한 방식이었다. **고뇌의 배**도 희생자의 입을 막는 재갈로서 처음 등장했다.

이전부터 존재했던 **기아의 가면**도 아사형 고문 기구의 일종으로, 얼굴에 밀착되게 씌우는 방식이었다. 질식하지 않도록 입에는 혀 모양의 쇠 주걱이 강제로 밀어 넣어지는 구조였다. 가면은 머리 뒤쪽에서 고정한 후 기둥이나 벽 혹은 우리에 묶었다. 다만, 희생자의 표정을 읽기 어렵다보니 뜻하지 않게 아사에 이르게 하는 경우도 적지 않았다.

고뇌의 배는 가면을 씌우지 않고 입 안에 고정할 수 있기 때문에 이런 실수가 없다.

이 고문의 장점으로 외상이 생기지 않는다 즉, 고문의 흔적이 남지 않는다는 점을 들 수 있다. 이런 이유로 현대에도 인권 의식이 낮은 중동, 아시아, 아프리카, 중남미 등의 지역에서 사용되고 있을 가능성이 있다.

인체의 내부에서 파괴하는 드물고도 정교한 고문 기구

효 과	압(壓) 확(擴) 열(裂)
용 도	협(脅) 고(拷)
시대와 지역	16세기 프랑스~18세기 유럽

배 모양 확장 고문기 the Oral, Rectal and Vaginal Pear
열린 상태에서는 꽃잎 안의 지주와 같은 내부 구조가 보인다.

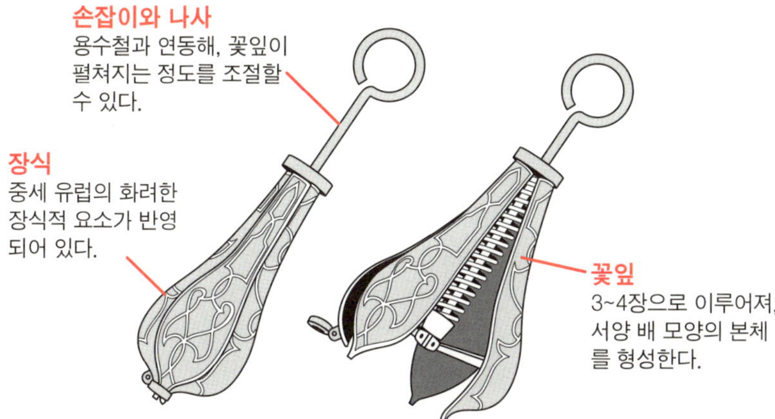

확장 방식

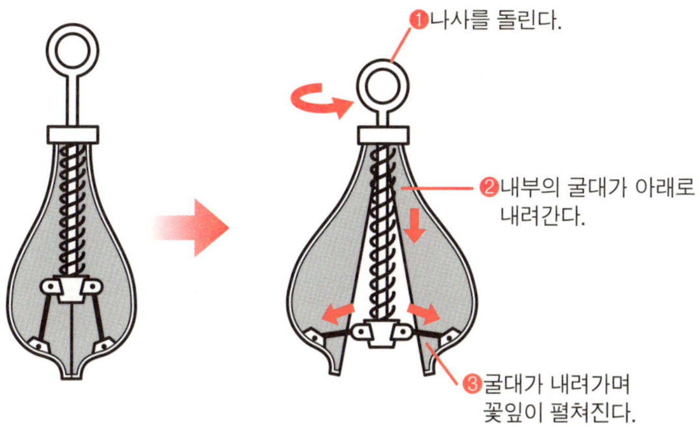

관련 항목
● 고뇌의 배→No.014/015

부위별로 준비된 배

이단 심문 당시 입에 사용되었던 '배'는 후에 질이나 항문을 고문하는 기구로 재설계되었다. 하지만 실제로 사용되었는지는 불분명하다.

●음란 마귀의 선물

가운데서 바늘이 튀어나오거나 펼쳐진 꽃잎 바깥쪽에 가시가 박혀 있는 '**배**'도 일부 존재했던 것으로 보인다.

구강 고문이 주목적이었지만, 꽃잎이 확장되는 구조를 보면 성기나 항문 고문에 사용되지 않았을 리 없다. 깊이 밀어 넣으면 장기에도 손상을 줄 수 있다.

이 기구는 이단자나 신성모독죄를 지은 자와 같은 교회의 적에게 사용되어야 한다고 여겨졌다. 종교적 범죄에 대해서는 '입이 악의 원천'이라는 의식이 있었기 때문에 그 입을 고문하는 기구로 배가 선택된 것이다.

스페인의 펠리페 2세(1527~1598)는 속국 네덜란드의 신교도 박해 당시 '**고뇌의 배**'를 대량으로 이용했다고 한다. 1573년부터 1586년에 걸쳐 배 고문으로 변명조차 할 수 없는 상태의 신교도 약 1만 8,000명이 처형되었다.

그 밖에도 과거에는 혼인 전의 성행위를 범죄로 여겼기 때문에 음란한 여성, 근친상간, 동성애자도 배 고문의 대상으로 간주했다.

이후 신체를 부위별로 고문하는 배가 등장했다. 구강·항문용은 길이가 약 15㎝ 정도, 질용은 크기가 더 컸다. 공통점은 꽃잎이 닫힌 상태로 강제로 밀어 넣는다는 것이다.

신체 부위에 밀어 넣은 후 꽃잎을 확장하는데, 항문이나 질의 경우 그 정도에 따라 내부 기관이 파열된다. 당시에는 내부 기관에 대한 치료가 발달하지 못했기 때문에 치명적인 손상을 입으면 목숨을 잃는 경우가 많았다.

현존하는 배의 변형

효 과	압(壓) 확(擴) 열(裂)
용 도	협(脅) 고(拷)
시대와 지역	16세기 프랑스~18세기 유럽

고뇌의 배

열린 상태에서는 꽃잎 안의 지주와
같은 내부 구조가 보인다.

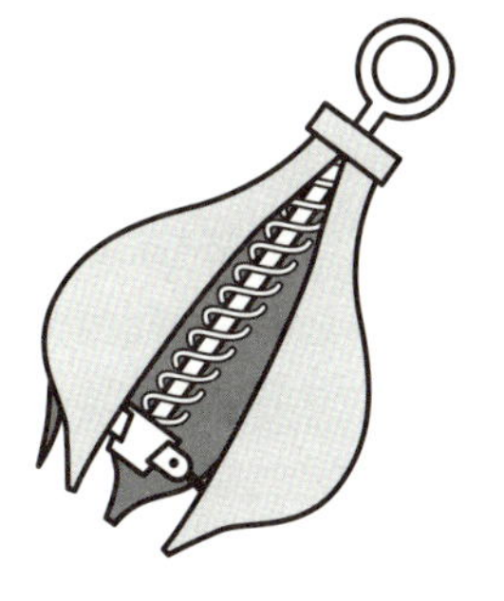

신교도 박해에 사용된 배

확장되면 내부에서 바늘이 튀어나와
혀를 찌르도록 설계되어 있다. 말을
하지 못하게 된 이단자가 다수 나왔
다.

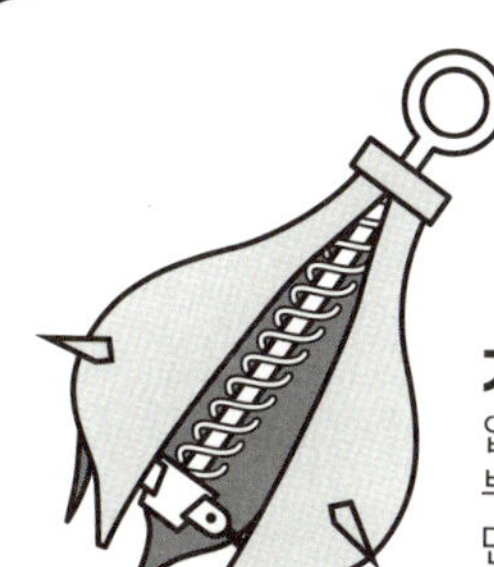

가시가 박혀 있는 배

입이나 항문 또는 질에 삽입되면 내
부 기관을 손상시키며, 안에서 펼치
면 더욱 심하게 파열된다.

다양한 종류의 고뇌의 배

처음에는 구강용으로 만들어졌지만 이후
항문용, 질용 등의 크기에 맞게 변형된 것
이 등장했다.

관련 항목

●배→No.013/015

●고뇌의 배→No.013/015

고뇌의 배의 기원과 일화

'고뇌의 배'는 스페인의 이단 심문이나 마녀 재판에서 사용되었다고 전해지며 '참회의 배', '교황의 배' 등의 별명으로 불리기도 했다. 천벌을 내리는 고문 기구였던 것이다.

●수술용 기구가 고문 기구로?

정교한 구조와 아름다운 장식적 요소로 오늘날 골동품으로서의 가치도 높다. 유독 아름다운 장식은 희생자에게 공포를 주는 효과는 물론 미끄럼 방지 역할도 했다. 덩굴이 휘감고 있는 손잡이 디자인, 수염을 기른 노인의 모습이 새겨진 본체 등 당시의 문화와 관습 혹은 종교적 의미 등을 엿볼 수 있다.

정밀 기계와 같이 미세한 조정이 가능한 이런 형구가 어떻게 만들어진 것일까.

실은 수술용 기구 중 고뇌의 배와 거의 같은 기능을 가진 것이 있었다.

당시의 총은 지금과 달리 둥근 납탄을 사용했는데 이 총알이 살에 박히면 상처 부위에 고뇌의 배와 같은 기능을 가진 기구를 밀어 넣고 내부에서 확장해 총알을 끄집어내는 처치가 이루어졌다. 마취 없이는 고문 수준의 고통이었겠지만 어쨌든 그것이 당시의 의료 행위였다. 여기서 영감을 얻어 만들었거나 수술용 기구를 그대로 고문 기구로 이용했을 가능성이 있다.

고뇌의 배를 누가 만들었으며, 어떻게 처음 사용되었는지에 대해서는 여러 설이 있는데 그중에는 비현실적인 일화도 섞여 있다.

프랑스의 서적 『도둑의 역사에 관한 모든 것』(1639년 간행)에 따르면, 툴루즈의 강도 파리올리가 애용했다고 한다. 민가에 침입했을 때 거주자의 입에 재갈을 물리듯 쑤셔 넣었다는 것이다. 발명한 것은 파리올리가 아니다. 같은 툴루즈에 사는 경찰관 고세였다. 우수한 경찰관이었던 그는 체포한 범인을 고문할 용도로 고뇌의 배를 만들었다고 한다. 음식을 먹지 못하게 입을 막는 재갈과 같이 사용했다.

다른 책에는 19세기 네덜란드의 강도가 **배**를 사용했다는 기록이 남아 있다.

고뇌의 배는 어디에서 왔을까?

효 과	압(壓) 확(擴) 열(裂) 묵(默)
용 도	협(脅) 고(拷)
시대와 지역	16세기 프랑스~18세기 유럽

총알을 꺼내는 수술용 기구에서 유래?
살 속 깊이 박힌 둥근 납탄을 끄집어내기 위한 의료 기구.

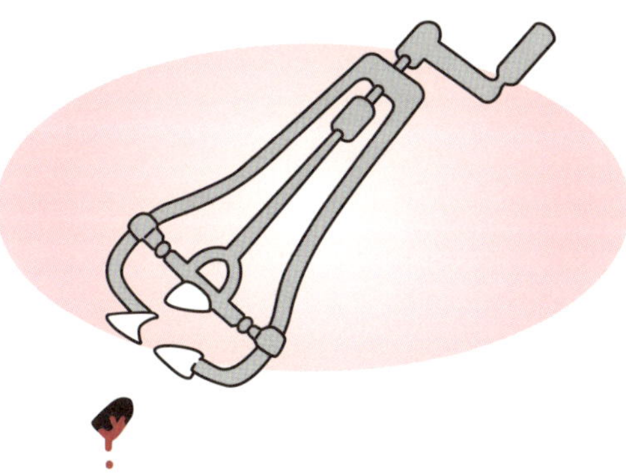

프랑스의 강도가 처음 사용?

입수한 배를, 침입한 민가의 주인에게 사용했다고 한다.

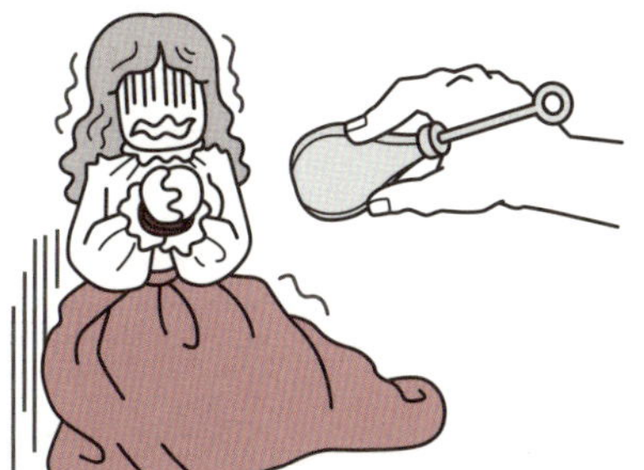

프랑스의 경찰관이 발명자?

용의자를 고문할 용도로 고뇌의 배를 제작하게 했다는 설이 있다.

모든 진실은 베일에 가려져 있다

관련 항목

● 고뇌의 배→No.013/014　　　● 배→No.013/014

유방 압박기 / 진실의 수레바퀴

판자로 신체 부위를 압박하는 고문 기구나 수레바퀴에 희생자를 묶어 고통을 주는 기구는 널리 알려져 있지만, 그와 비슷하면서도 다른 도구도 있었다.

● 유방 압박기

신체 부위를 압박하는 고문 기구는 대개 **뼈**나 관절에 손상을 입힌다. **유방 압박기**는 **엄지 손가락 분쇄기** 등과 비슷하지만 관절이 아닌 부드러운 부위를 압박한다는 점에서 이례적인 고문 기구이다.

단순히 **'터키식 고문 기구'**라고 불리기도 한다. 이름 그대로 이슬람권 중에서도 터키 그리고 중국 등지에서 널리 쓰였던 기구이다. 터키와 중국 간에 전래된 것이 아니라 양국에서 개별적으로 발명된 것으로 보인다.

2장의 나무 또는 철제 판자의 양끝을 나사나 볼트로 고정한다. 그 사이에 유방을 넣고 조이는 것이다. 조이는 강도를 조절해 희생자에게 고통과 굴욕감을 주었다. 판자 안쪽에 뾰족한 가시를 박아 넣기도 했다.

남성 시점의 발상에서 기인한 유치한 기구로, 실제 효과가 있었는지는 의문이다. 고통과 수치를 느낀다는 점에서는 효과가 있겠지만 유방의 통각 신경이 신체의 다른 부위에 비해 특별히 많다고는 할 수 없다. 오히려 더 민감한 유두를 고문하는 편이 효과적이었을지 모른다. 애초에 유방이 일정 크기 이상이 아니면 집행하지 못하는 것도 문제이다.

● 진실의 수레바퀴

스페인의 이단 심문에 사용된 수레바퀴 고문의 일종이다. 회전하는 수레바퀴를 이용한 고문 중에서도 **처녀의 키스**와 매우 유사하다.

이 기구는 회전하는 드럼통 모양의 본체와 기둥으로 구성되어 있으며 간혹 상점가에서 볼 수 있는 추첨 기계처럼 보이기도 한다. 내부에 뾰족한 가시가 박혀 있는 통 속에 희생자를 넣고 회전시켜 고문한다(언덕에서 통을 굴려 떨어뜨리는 처형과도 비슷하다).

나무나 쇠로 만들었으며, 철제 수레바퀴의 경우 아래에서 불을 피워 뜨겁게 달구는 경우도 있었다.

유방을 압박하는 이빨과 회전하는 맹수

효 과	압(壓) 궤(潰) 현(眩) 자(刺)
용 도	고(拷)
시대와 지역	터키/중국/중세 스페인

유방 압박기

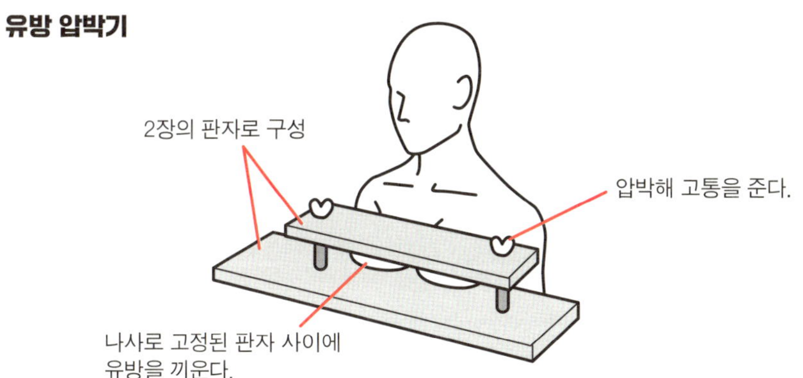

진실의 수레바퀴

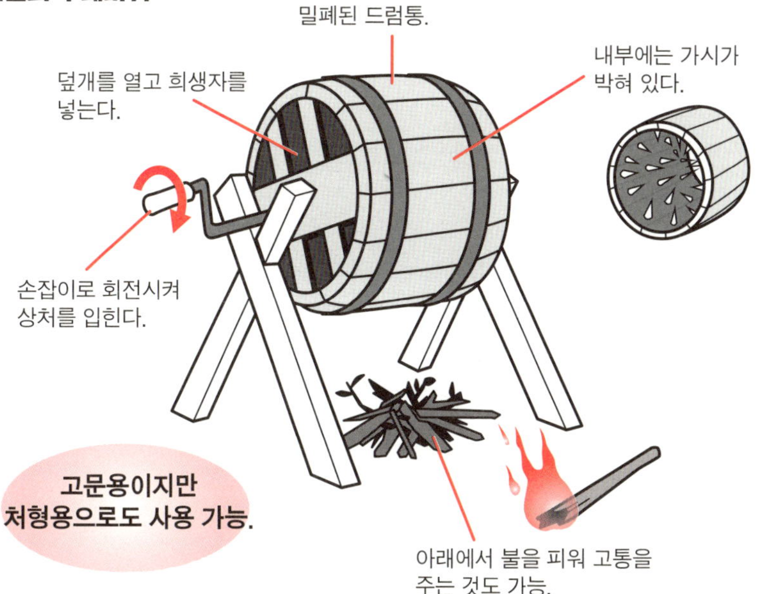

관련 항목

- 엄지손가락 분쇄기→No.003/004/005
- 처녀의 키스→No.020

수레바퀴형

수레바퀴형은 고대에는 의식으로, 중세에는 엄벌로 인식되었으며 이단 심문에서는 고문에도 사용되었다. 유럽의 역사와 함께 오랫동안 사용된 형벌이었다.

● 뼈와 살을 으깨는 수레바퀴

당시에는 **수레바퀴형**(Breaking with the Wheel) 또는 '뼈를 으깨는 침대'라고 불리기도 했다.

고대부터 중세에 걸쳐 독일을 중심으로 프랑스, 네덜란드, 오스트리아, 스위스, 덴마크, 스웨덴, 스페인, 포르투갈 등 매우 넓은 지역에서 시행되었다. 고대 게르만의 프랑크 왕국에서 처음 이 수레바퀴로 희생자를 고문했다고 전해진다. 이후에도 기록은 다수 남아 있지만 세부적인 방법이 정해져 있던 것은 아니었다. 전통적인 처형 방식이지만, 19세기까지 집행된 사례가 있다.

잔혹하고 수고스러운 처형 방식으로, 중요한 것은 '거대한 목제 수레바퀴'로 '팔다리를 부수는 것'이었다. 이 방식이 암시하는 것은 태양 숭배 신앙이다. 수레바퀴는 하늘의 태양과 동일시되었으며 바퀴의 중심축은 태양의 본체, 기둥과 바퀴살은 눈부신 태양 빛을 상징했다. 고대 사회에서는 이와 같은 방식으로 태양신에게 산 제물을 바쳤다. 즉, 이 형벌은 고대에는 의식으로 행해졌던 것이다.

팔다리가 부서진 희생자는 새로 준비된 대형 수레바퀴에 사지가 묶였다. 바퀴의 중심축에 기둥을 세우고 태양을 향하게 하거나 수직으로 세워 백골이 될 때까지 방치했다. 10세기 무렵까지는 사흘 넘게 살아남으면 '신의 뜻'이라 여겨 목숨을 구할 수 있었다.

시대가 흐르면서, 죄의 경중에 따라 수레바퀴를 내리치는 부위와 횟수가 규정되기도 했다. 반대로, 금방 죽을 수 있는 은사(恩赦)를 베풀기도 했다. 프랑스에서는 '레탕템(lettentem)'이라 하여 교수형 이후 수레바퀴형에 처하기도 했다. 다른 나라에서는 '은혜로운 일격'으로 불린, 머리나 가슴 등을 맞아 빠르게 죽음을 맞는 방식도 있었다. 하지만 사체를 공개적으로 방치하는 것만은 피하지 못했다.

처절하고 기묘한 형벌

효 과	압(壓) 체(締)
용 도	고(拷) 사(死)
시대와 지역	고대 게르만~중세~근대 유럽

수레바퀴형

팔다리가 부서진 희생자를 수레바퀴에 매달아 공개 처형.

무사한 관절이나 부러진 부분을 대형 수레바퀴에 매단다.

수레바퀴에 묶어 팔다리를 부수는 방식일 때는 →그대로 수레바퀴를 이용.

고대에는 태양신에게 산 제물을 바치던 의식.

살았든 죽었든 수레바퀴에 묶었다. 사체 방치도 명예를 손상시키는 형벌.

수레바퀴 = 원은 완전한 형태 = 신성한 상징으로 여겼다.

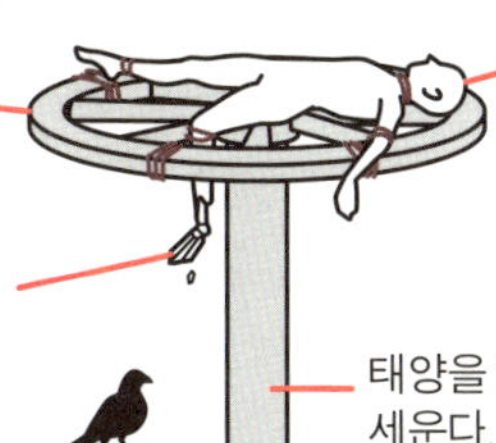

바퀴가 돌아가도록 설치.

고통을 연장시키기 위해 음식을 제공하기도 했다.

바퀴에 묶어 백골이 될 때까지 방치한다.

태양을 향하거나 수직으로 세운다.

은혜로운 일격이란

형이 시작되자마자 머리나 가슴을 내리쳐 즉사시키는 일격.

혹은

• 수레바퀴형을 집행하기 전에 목을 베거나 옭아매 죽인다.

그러나 이단 심문에서는

• 자백을 받아내기 위해 팔다리를 으깬다.
• 죽지 않은 상태로 형을 집행한다.
• 회개할 시간을 주기 위해 최후의 일격을 늦추거나 죽이지 않고 방치한다.

관련 항목

●수레바퀴형→No.018/085   ●환형→No.090/095

두 가지 방식의 수레바퀴형

수레바퀴형은 공개적으로 집행되었다. 화형 다음으로 엄중한 형벌로 여겨졌으며 불명예스럽고 굴욕적인 형벌로 알려졌다. 하지만 팔다리가 으깨져도 형은 끝나지 않았다.

●수레바퀴로 부수거나, 수레바퀴에 묶거나

팔다리를 절단하거나 분쇄하는 고문 처형 방식은 세계적으로 드물지 않지만 **수레바퀴형**은 독특하다. 그 집행 방식에는 두 가지 유형이 있다. '집행인이 수레바퀴로 희생자의 팔다리를 부수는' 게르만식, '희생자를 수레바퀴에 묶고 둔기로 때리는' 받침대식이다. 처음에는 적당한 크기의 바퀴를 이용했으나 점차 전용 형구나 새로운 바퀴가 준비되었다.

게르만식은 희생자의 사지를 벌려 눕힌 후 말뚝에 묶고 몸 아래에 삼각형 모양의 각목을 놓았다. 지름 약 1미터 정도의 바퀴로 내리치면 신체를 쉽게 으깰 수 있었다. 부수는 부위도 정해져 있었는데 처음에는 허벅지 그 다음에는 무릎이나 정강이 그리고 팔뼈를 으깨는 식이었다. 도주를 방지하고 고통을 오래 지속시키기 위해서였다.

받침대식은 지름 1.5미터 이상의 수레바퀴에 희생자를 대자로 묶은 후 나무나 쇠막대기로 팔다리를 때린다.

프랑스에서는 1534년경부터 프랑수아 1세(1494~1547)의 칙령으로 공식적인 형벌로 집행되었으며 바퀴가 아닌 X자 모양의 받침대 위에 희생자를 묶었다. 흔히 '성 안드레아의 십자가'라고 불리었지만 앙리 4세(1553~1610) 시대가 되면서 **십자가형**이라는 명칭이 정착했다. X자 모양의 받침대는 뼈를 부수기 쉽게 팔다리를 고정하는 부분이 움푹 패어 있었다. 그러나 이후 '희생자의 팔다리를 수레바퀴에 매달기 위해서는' 관절을 부수거나 팔다리가 떨어져 나가는 것은 피해야 했다. 팔다리 관절 위아래 뼈만 부수는 것이 중요했다.

게르만식이든 받침대식이든 사지를 부순 후, 마지막으로 가슴이나 머리에 일격을 가해 사망에 이르게 한다. 지역이나 상황에 따라서는 죽이지 않고 형벌을 끝내기도 했다. 이단 심문 시기에는 희생자를 처형하지 않았다.

전통적인 게르만식과 효율적인 받침대식

효 과	압(壓) 타(打) 쇄(碎)
용 도	고(拷) 사(死)
시대와 지역	고대 게르만~중세~근대 유럽

게르만식 수레바퀴형

받침대식 수레바퀴형

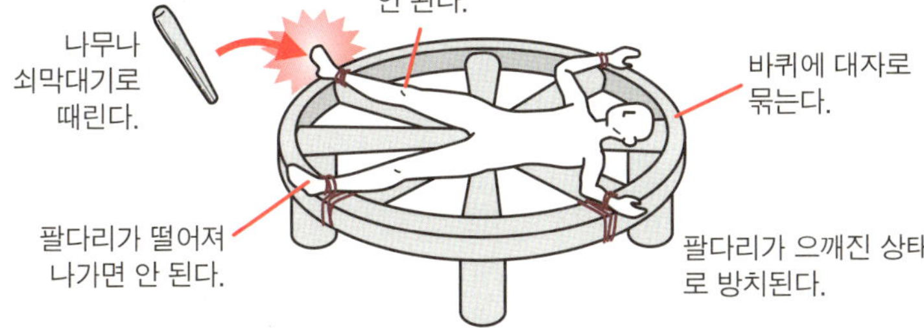

프랑스의 성 안드레아의 십자가형

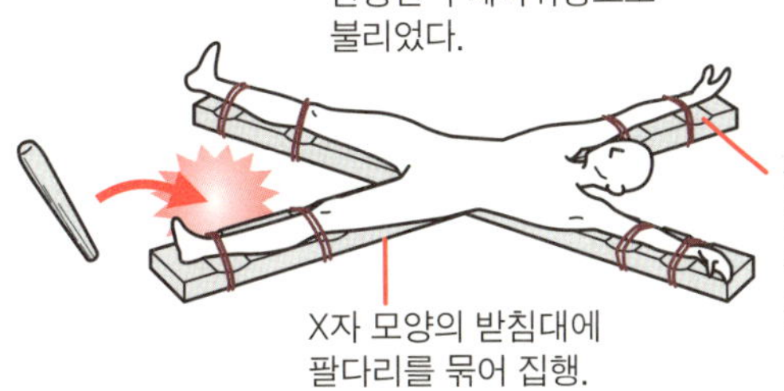

관련 항목

● 수레바퀴형→No.017/085

고대부터 존재했던 다양한 가압 분쇄형 처형법

육체에 압력을 가해 분쇄하는 처형 방식은 고대부터 수없이 존재했다. 그 중에서도 중량 분쇄형으로 분류할 수 있는 방식을 중심으로 소개한다.

●원시적이기 때문에 오히려 이해하기 쉬운 처형법

이런 방식의 처형은 중량으로 압박해 죽이는 것, 짓누르는 것, 서서히 압력을 가하는 세 가지로 나눌 수 있다. 기계 문명이 발달하지 않았던 고대에는 정밀한 조정이 가능한 장치가 없었기 때문에 중량 분쇄형 이른바, 거대한 중량물로 인체를 누르는 방식이 사용되었다. 희생자를 눕힌 후 돌이나 돌기둥 혹은 대리석 등을 떨어뜨려 처형한 기록이 다수 남아 있다.

그리스의 역사가 테오폼푸스는 기둥에 묶여 8명이 간신히 움직일 수 있을 정도의 바위에 눌려 사망했다. 내장이 파열되었을 것이다.

로마와 이집트에서는 희생자에게 가시가 있는 식물을 감고 돌의 무게와 가시가 파고드는 고통 속에서 죽게 했다.

다윗 왕 치하의 히브리인들은 죄수를 원형 극장에 세워놓고 바위를 떨어뜨려 죽이는 처형을 구경거리로 삼았다. 기독교 신자들도 다수 분쇄형에 처해졌다.

또 타르페이우스의 딸 타르페이아는 사비니인과 내통해 카피톨리노 요새를 넘기는 대가로 '사비니인이 왼손에 든 것'을 받기로 했다. 결국 그녀는 사비니인 전원이 왼손에 들고 있던 방패에 짓눌리고 말았다. 배신자가 침략자에게 속은 결과였다.

아프리카에서는 19세기까지도 많은 부족들이 분쇄형을 시행했다. 다호메이 왕국에서는 긴 의자처럼 만든 2장의 커다란 석판 사이에 넣고 짓누르는 방식이 있었다. 고대 카르타고, 인도, 실론(스리랑카의 옛 이름)에서 시행된 코끼리로 짓밟아 죽이는 방식도 분쇄형의 일종이다. 앞발로 머리만 짓밟거나 전신을 마구 짓밟는 두 가지 방식이 있었다.

고대 스칸디나비아에는 시멘트 안에 희생자를 던져 넣는 독특한 방식의 가압 분쇄형도 있었다. 시멘트가 굳으면서 온몸의 뼈가 부서지는 것이다. 숨이 끊어지기 전에 꺼낼 수는 있었다.

눈에 띄게 잔혹한 3종의 가압 분쇄형 처형법

효 과	압(壓) 쇄(碎) 궤(潰)
용 도	사(死)
시대와 지역	고대~근대 세계

1. 중량으로 압박한다

그리스/로마/이집트
쐐기풀로 온몸을 감고, 무거운 돌 기둥으로 눌러 죽인다.

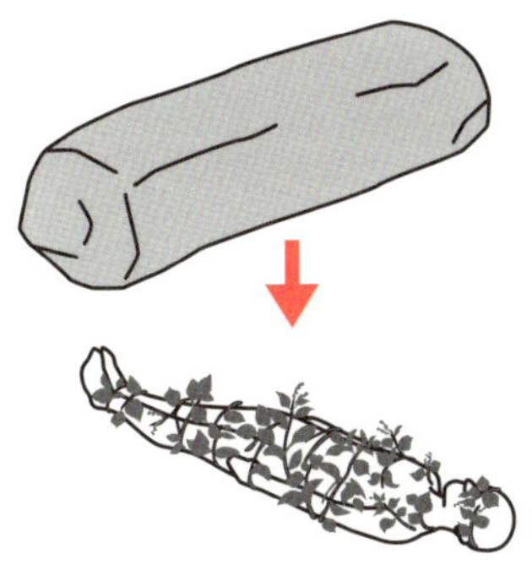

인도/실론(지금의 스리랑카)/ 카르타고
훈련된 코끼리로 머리를 짓밟 는다.

2. 기계 등으로 짓누른다

로마/오리엔트
무거운 롤러를 이용해 죄 수를 깔아뭉갠다. 말이 끄 는 전차로 시행하는 경우 도 있다.

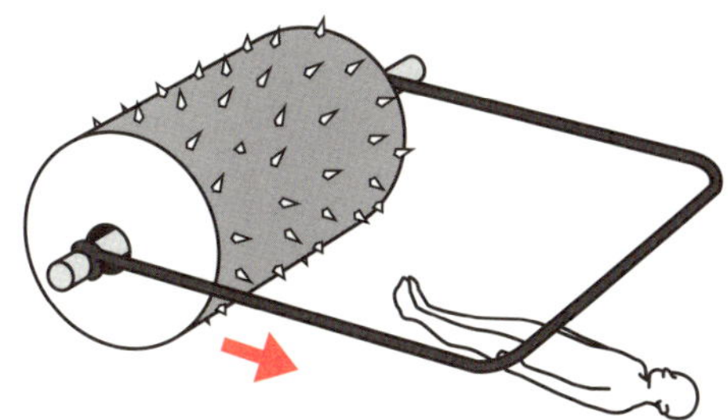

3. 서서히 압력을 가한다

북유럽
굳어가는 시멘트에 죄수를 던져 넣는다.

처녀의 키스 / 맷돌식 처형 장치

가압 분쇄형 형벌은 다양하게 변형되었다. 그 중 하나인 으깨는 방식은 일찍이 그리스, 로마, 게르만 등지에서 선호되던 형벌이다.

● 고깃덩어리가 될 때까지 멈추지 않는다

땅에 눕힌 희생자를 치어 죽이는 형벌에는 기구를 사용했다. 거대한 통나무에 뾰족한 돌이나 쇳조각을 박아 넣고 말 따위에 묶어 끌도록 했다. 이 살인 롤러로 희생자를 깔아뭉개는 것이다.

로마에서는 전용 전차까지 만들어졌다고 한다. 표면에 갈고리 모양의 돌기나 칼날을 박아 넣은 무겁고 폭이 넓은 바퀴를 달았다. 이 처형 전차의 마부는 바퀴가 희생자를 밀어내지 않도록 주의하며 천천히 전차를 선회하거나 앞뒤로 몰아 고통을 주었다. 이 전차는 사실 로마인이 아닌 시리아인이 고안한 것이라고 전해진다.

반대로, 바퀴에 희생자를 묶고 굴려 분쇄하는 형벌도 있었다. 중세 독일의 **처녀의 키스**라는 형을 보면 이해가 쉽다. 못이 잔뜩 박힌 거대한 바퀴이다. 바퀴가 아니라 세트로 사용되는 받침대에 못을 박아 넣은 물레방아처럼 생긴 기구도 있다. 죄수를 바퀴에 묶어 굴리면 온몸이 갈기갈기 찢어진다. **산토끼 고문**이라고도 불리었다.

신체를 으깨는 형벌의 또 다른 유형은 희생자를 기구에 넣고 짓이기는 방식이다. 이집트에서는 커다란 절구 모양의 용기에 희생자를 넣고 고깃덩어리가 될 때까지 공이로 내리쳤다. 마찬가지로 페르시아에서는 희생자를 포도나 올리브를 압착하는 기계에 넣어 짓이겼다고 한다.

중세 독일에는 **맷돌식 처형** 장치가 있었다. 2장의 거대한 원형 석판 사이에 죄수를 넣고 맷돌처럼 돌려 짓이긴다. 석판 중앙에 꽂은 굴대에 연결된 봉을 움직이면 위쪽 석판이 역방향으로 돌아가고 봉 끝에 매단 줄을 위아래로 움직이면 압박 강도를 조절할 수 있었다. 잔혹함을 강조한 이런 방식은 집행 직전까지 희생자를 위협하는 효과가 있었다.

중세 독일에서 완성된 2종의 가압 분쇄형 장치

효 과	압(壓) 쇄(碎) 열(裂) 궤(潰)
용 도	협(脅) 사(死)
시대와 지역	고대~근대 세계

처녀의 키스

맷돌식 처형 장치

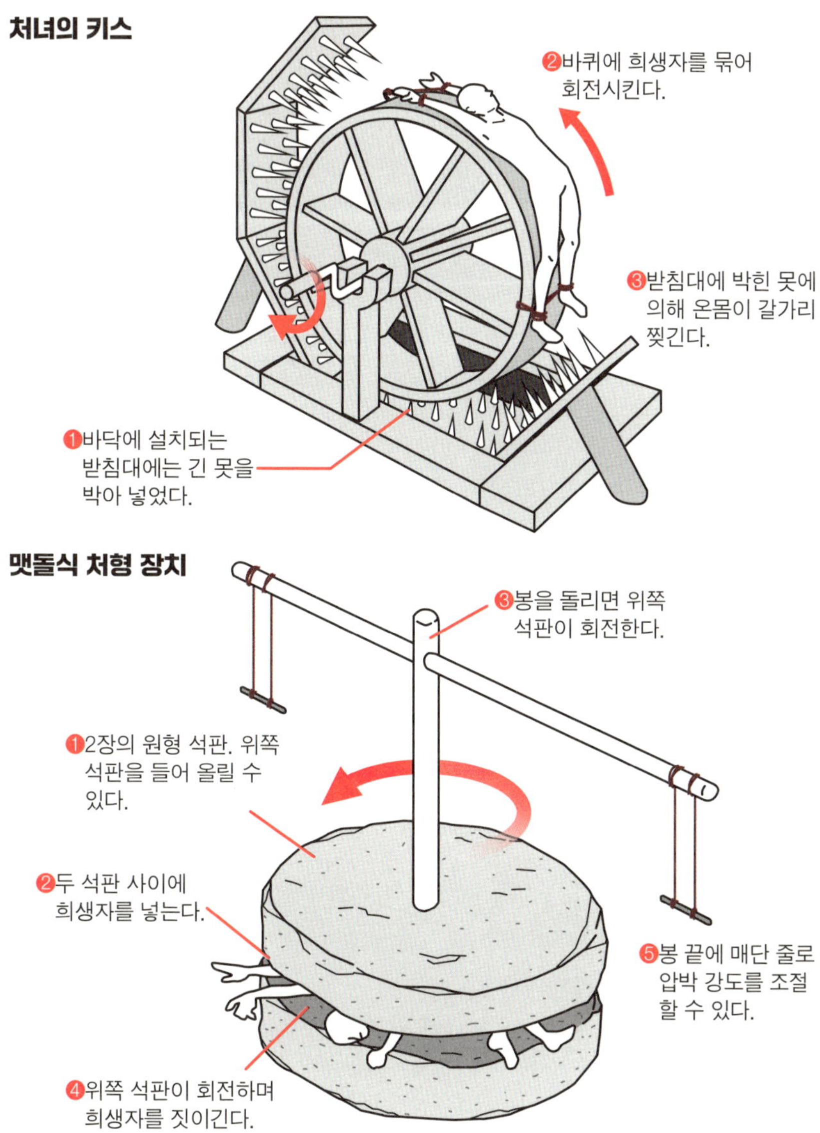

고문에 사용된 채찍

가장 오래된 채찍은 나뭇가지였다. 서양에서는 가죽 채찍이나 마(麻) 채찍 등의 가공품이 일반화되었지만 중국과 일본에서는 나뭇가지나 대나무 등을 원료로 사용했다.

●채찍의 분류와 특징

채찍(鞭)이란, 동물이나 인간을 때리기 위해 만든 끈 모양 또는 막대 모양의 도구이다.

동물의 가죽이나 나뭇가지로 만든 끈 모양의 부드럽고 탄성이 있는 것을 **연편**(軟鞭), 금속으로 만든 막대 모양은 **경편**(硬鞭)으로 분류된다. 영어로는 휘프(Whip, 연편) 그리고 로드(Rod, 경편)라고 한다.

채찍은 고문이나 형벌의 기본이라고도 할 수 있는 도구이다. 대형 고문 장치에 비해 임팩트는 약하지만 채찍에 맞으면 아프다는 것은 누구나 경험하지 않아도 알 수 있다. 심한 채찍질을 당하면 다치는 것은 물론 목숨을 잃는 경우도 있다.

막대로 때리는 매질도 폭력의 대명사처럼 여겨지는데, 채찍질과 매질은 공통점이 많으며 두 가지를 구별하지 않는 지역도 있다. 구하기 쉽고, 다루기 간단하며, 힘 조절로 피해 정도를 가감할 수 있다. 채찍질과 매질은 예부터 세계 각지에서 사용되었으며 지역에 따라서는 현재도 공식적인 형벌로 이루어지고 있다.

매질은 수천 년이 지나도 변화가 없지만, 채찍질은 진화를 거듭하며 놀라울 정도의 능력을 발휘하기에 이르렀다.

●러닝 더 간틀릿(Running the gauntlet)

채찍을 사용하는 독특한 러시아식 형벌로, 같은 이름을 가진 영국의 팔 고문 기구(간틀릿)와는 다르다. 기본적으로는 포로를 대상으로 집행하는 군사 형벌로, 폴란드의 비전투원에게 사용된 적도 있다. 희생자의 머리카락을 자르고, 상의를 벗긴다. 다음으로 총검의 끝을 자신의 복부를 향하게 잡게 한 후 그대로 손목을 총신에 묶는다. 빠르게 걷지 못하도록 한 조치이다. 그리고 두 줄로 나란히 선 병사들 사이를 걷게 한다. 병사들은 저마다 채찍이나 매를 들고 통과하는 희생자를 구타했다.

표트르 대제(1672~1725)는 인도적으로 구타 횟수를 1만 2,000회로 제한했지만 실제로는 2,000회 정도로도 살아남는 경우가 드물었다.

간단하고 효과적인 채찍

효 과	타(打) 열(裂)
용 도	고(拷) 형(刑)
시대와 지역	고대~현대

채찍의 종류와 분류

탄성이 있어 휘어지는 채찍은 연편.

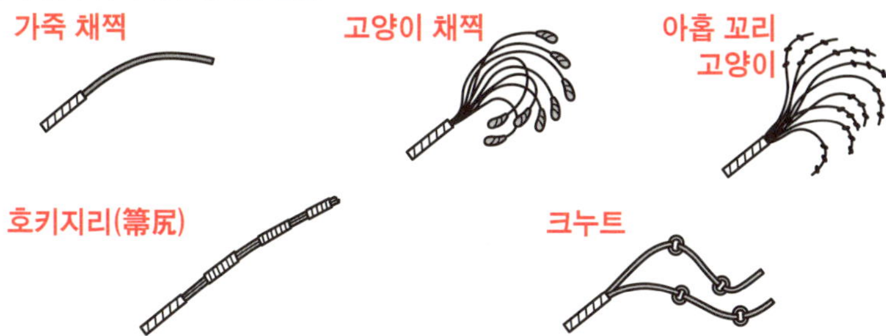

금속 막대와 같은 채찍은 경편.

러닝 더 간틀릿

채찍을 사용한 독특한 형벌. 두 줄로 늘어선 병사들
사이를 지나며 채찍질을 당한다.

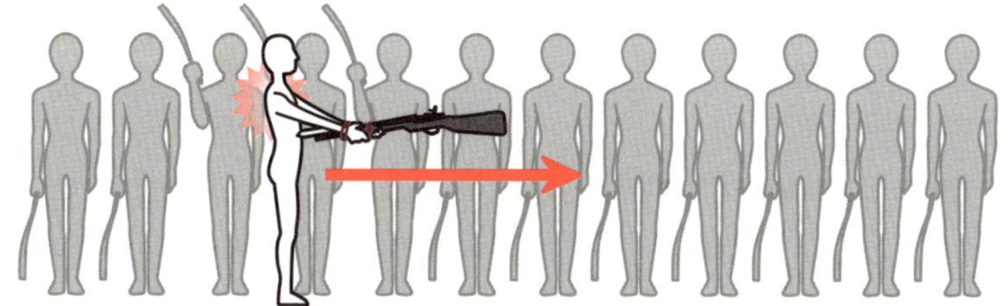

관련 항목

- 간틀릿→No.006
- 고양이 채찍→No.023
- 크누트→No. 025
- 오푸스 데이 채찍→No.022
- 아홉 꼬리 고양이→No.024
- 호키지리→No.100

서양 채찍의 역사

채찍은 고문실에서도 사용되지만, 경범죄에 대한 처벌로 공개적인 채찍질형에 처하기도 했다. 이는 중세 서양에서 현대의 중동 및 아시아로 계승되었다.

●중세에 성행했던 공개 채찍질

채찍(Whip)의 역사를 살펴보면, 매다는 고문과 같이 매우 오래된 고문이라는 것을 알 수 있다. 고대 그리스, 로마, 이집트, 중국 등에 그 기록이 남아 있다.

다만, 로마에서는 노예가 아닌 사람에 대한 채찍질은 금지되어 있었다. 채찍질을 한다는 것은 인간 이하의 존재로 여긴다는 뜻으로, 인간으로서의 존엄과 명예를 박탈한다는 의미가 담겨 있었다.

더 큰 굴욕감을 주기 위해 공공장소에서 이루어지는 경우도 많았다. 16세기 이후, 유럽의 도시에는 공개 채찍질형을 시행하기 위한 기둥이 설치되었다. 기둥을 감싸 안은 형태로 묶인 죄수의 등에 채찍질을 하는 방식이다. 광장 외에도 분수나 강가에 **채찍질 기둥**이 설치되기도 했다. 기독교권에서는 물을 신성한 것으로 여기며 죄를 씻어주는 정화의 능력이 있다고 믿었기 때문이다.

영국에서는 1530년 채찍질 관련 법령이 제정된 이후, 채찍질이 성행했다. 심지어 가정에서도 부모가 아이에게 채찍질을 했을 정도로 유럽과 미국에서는 20세기까지도 채찍질이 일상적으로 행해졌다. 오늘날에도 아프리카, 아랍, 아시아, 중남미 등에서는 간음, 부녀자 폭행, 강도를 비롯해 기타 경범죄에 대한 처벌로서 공개적으로 채찍질형이 집행된다.

한편, 고문으로서의 채찍질은 다른 형벌과 함께 이루어지기도 했다. 중세에는 **랙**이나 **엄지손가락 분쇄기**로 고문을 당하는 희생자에게 채찍질을 하는 것이 흔한 일이었다.

●오푸스 데이의 채찍

고리 모양의 쇳조각을 사슬처럼 길게 엮은 채찍.

가톨릭 단체인 오푸스 데이파가 스스로 이 채찍을 들고 자신의 등을 내리쳤다고 한다. 상처투성이가 되었음에도 수행이나 참회의 일환으로 사용했던 것으로 보인다.

효 과	타(打) 열(裂)
용 도	고(拷) 형(刑)
시대와 지역	고대~현대

채찍질 기둥

광장에는 나무나 돌로 만든 채찍질 기둥이 설치되어 각종 경범죄를 저지른 시민을 채찍질형에 처했다. 이는 시민들의 오락이자 구경거리였다.

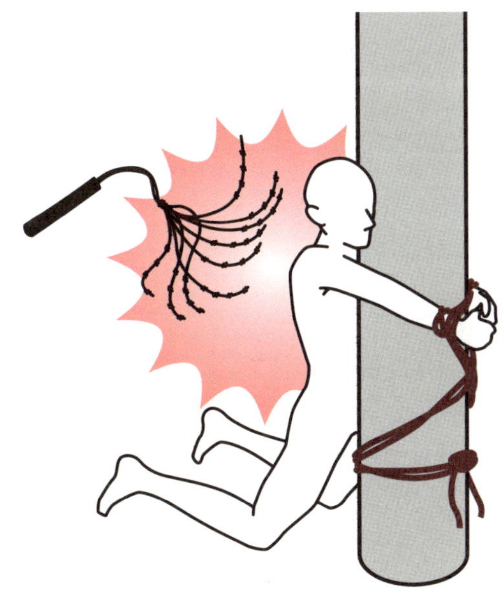

오푸스 데이의 채찍

유례가 없는 독특한 형태.

- 엄지손가락 분쇄기→No.003/004/005
- 랙→No.032/033
- 채찍→No.021

고양이 채찍

여러 채찍 중에서도 악명을 떨친 것이 바로 스키닝 캣(Skinning Cat)이라는 별명을 가진 고양이 채찍이다. 당연히 고양이처럼 사랑스러운 채찍일 리 없다.

●고양이에 비유된 무자비한 채찍

고양이 채찍은 단단한 삼끈 100가닥 정도를 묶어서 만든 호화로운 기구로, 언뜻 보면 짚단이나 삶기 전의 라면처럼 보이기도 한다. 하지만 자세히 보면 **채찍** 끝에 단단한 매듭이 묶여 있는 것을 확인할 수 있다. 이 매듭 하나하나가 실은 희생자에게 극심한 고통을 주기 위한 구조인 것이다.

고양이 채찍은 집행 직전 소금과 유황을 녹인 물에 담근다. 이 용액을 흠뻑 머금은 채찍을 맨살에 내리치면 유황으로 인해 살이 짓무른다. 계속해서 채찍질을 하면 피부가 찢어지고 염분이 닿으면서 극심한 통증을 유발한다.

하지만 진짜 무서운 것은 이제부터이다. 채찍 끝의 매듭이 찢어진 피부와 살점에 닿으면 그 부위는 흡사 다진 고기처럼 으깨진다. 사실 이 매듭 안에는 쇳조각이 들어 있다. 이로 인해 본체가 가벼우면서도 휘두르기 쉬운 것이다.

고양이 채찍은 타격, 박피, 파열의 세 가지 피해를 준다.

고문 도구이기는 하지만 부위에 따라서는 목숨을 잃기도 한다. 유황이 닿은 상처에 염증이 생기면 그것이 사망 원인이 되기도 했다.

중세 유럽의 이단 심문에서도 고양이 채찍이 자주 사용되었다. 고문이 시작되기 전의 취조나 예비 심문 등 가장 먼저 희생자에게 가해지는 위해의 일환으로 선택되는 경우도 있었다.

매듭이 없는 종류도 있었는데 이것이 고통은 더 적었다. 일반적인 채찍과 비교해도 가볍고 여러 갈래로 나뉘어 있어 내리칠 때 충격이 분산되면서 강도가 약해진다. 이 채찍은 주로 피부를 찢는 것이 목적이기 때문에 조개껍질·유리 조각·금속 파편 등을 뿌려 사용했다. 또는 유황 이외의 독성 액체에 담그는 경우도 있었다.

살을 찢고 으깨는 채찍

효 과	타(打) 열(裂)
용 도	고(拷) 형(刑)
시대와 지역	고대~중세 서양

고양이 채찍

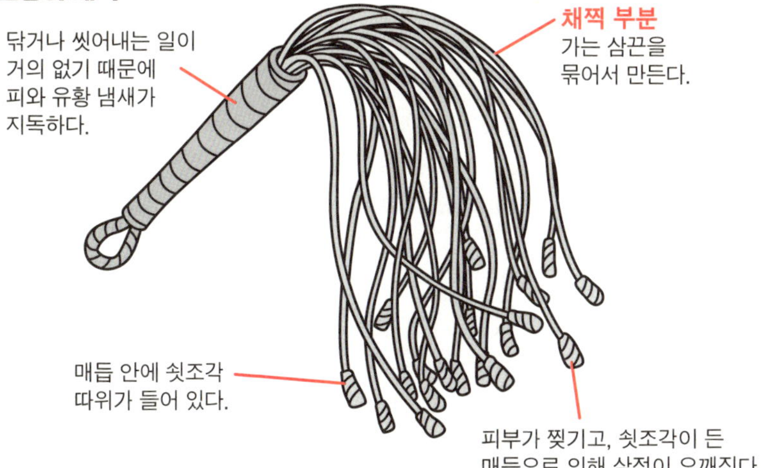

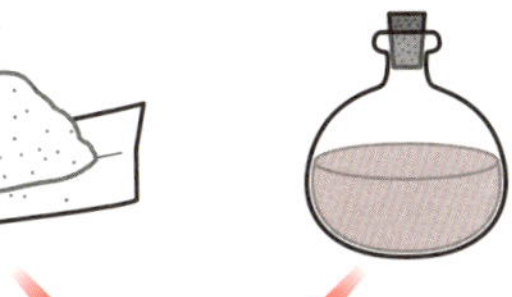

소금물
극심한 통증을
유발한다.

유황액
피부가 짓무른다.

조개껍질, 유리 조각, 금속 파편
등을 가루처럼 뿌린다.

산성 또는 독성
액체에 담근다.

관련 항목

● 채찍→No.021/022

아홉 꼬리 고양이와 플룸바타에

고양이 채찍의 원형은 고대에 발명되어, 중세부터 근세에 이르는 오랜 시간동안 세계 각지에서 이용되었다. 아홉 꼬리 고양이와 고양이 채찍은 구조가 비슷하며 특히 뛰어난 채찍이다.

●아홉 꼬리 고양이

고양이 채찍과 유사한 **캣 오브 나인 테일즈**(Cat o'Nine Tails) 즉, **아홉 꼬리 고양이**라는 채찍이 있다. 나무 손잡이에 저마다 길이가 다른 9개의 끈이 달려 있고 각 끈마다 무작위로 3개에서 6개 정도의 단단한 매듭이 지어져 있다. 매듭 안에 쇳조각 따위는 들어 있지 않지만 단단하게 만들기 위해 우유에 담가 말렸다.

17세기 말 창설된 스코틀랜드의 해군에서 공식 채용해, 군율 위반자에 대한 체벌에 사용했다. 피부가 찢어지고 매듭에 의해 살점이 떨어져나간다는 점에서 효과는 고양이 채찍과 비슷하거나 그 이상이었다. 이 채찍질형을 받은 한 병사는 '매의 발톱에 살점이 뜯겨나가는 것 같았다'는 수기를 남겼다. 해적들도 형벌에 자주 사용했다.

채찍질은 수백 회에 이르기도 했는데 800회나 1,000회를 선고받은 자는 서너 번에 나눠 형을 집행했다. 중간에 치료를 받거나 회복된 후 다시 집행하는 것인데 그러지 않으면 집행 도중에 사망했을 것이다. 실제 해군에서는 얼마 안 가 사용이 중단되었으며 군 교도소에서 죄수를 때리는 수단이 되었다.

●플룸바타에가 그 조상일까?

고양이 채찍에 대한 기록이 처음 등장하는 것은 고대 로마 시대이다. 로마에서는 죄의 무게에 따라 여러 종류의 채찍을 사용했다.

경범죄에는 **페룰라**(Ferula, 납작한 가죽 끈 채찍), 다음으로는 **스쿠티아**(Scutia, 양피 끈을 꼬아 만든 채찍)가 이용되었다. 그 다음 단계는 **플라겔룸**(Flagellum, 암소 가죽으로 만든 채찍)으로, 원래는 마부가 말을 몰 때 쓰던 것이라 인간에게는 더 큰 고통을 준다. 채찍 끝에 납구슬이 달려 있는 것도 있었다. 중범죄에 사용된 채찍이 **플룸바타에**(Plumbatae)이다. 짧은 나무 막대에 여러 개의 가죽 끈 그리고 그 끝에는 납이나 청동 구슬이 달려 있는 구조로 볼 때 이것이 아홉 꼬리 고양이의 조상인 것으로 추정된다. 다만, 위력은 현격히 차이가 나 간단히 목숨을 앗아갈 정도의 타격을 입힐 수 있었다.

가늘고 날카로운 9개의 꼬리

효 과	타(打) 열(裂)
용 도	고(拷) 형(刑)
시대와 지역	고대 로마~17세기 영국

아홉 꼬리 고양이

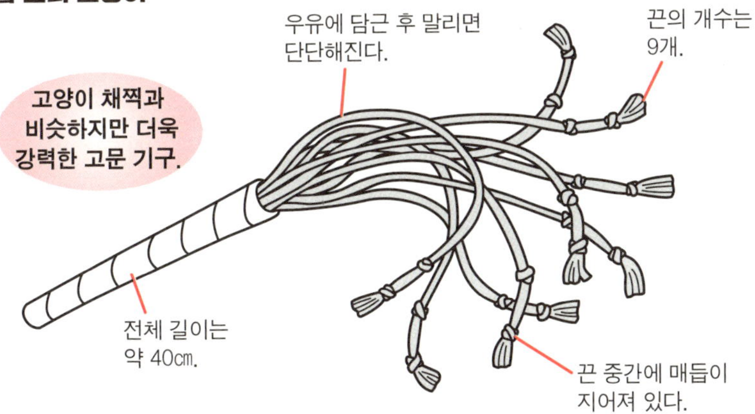

죄의 경중에 따라 4단계로 나뉜 로마 시대의 채찍

◆밧줄로 만든 채찍

영국 해군에도 가혹한 채찍질형에 관한 기록이 남아 있다. 길이가 1.5미터 정도의 손목 굵기의 밧줄을 채찍 대신 사용한 것으로, 끝부분 50㎝ 정도를 풀어 매듭을 만들었다.

관련 항목

● 채찍→No.021/022

● 고양이 채찍→No.023

크누트 채찍

가죽 채찍을 길게 늘이고, 금속 부품 등을 덧붙여 개조한 복합적인 채찍이지만 의외로 쓰임새는 적었다.

●가죽에 쇠줄 등을 덧붙인 하이브리드형 채찍

가죽 채찍에 금속이나 동물의 뼈로 만든 날카로운 돌기를 부착한 것을 **전갈 채찍** 또는 **가시 채찍**이라고 부른다. 살상력이 대폭 강화되지만 **채찍**이 무거워져 밸런스가 맞지 않게 되므로 다루기가 쉽지 않다. 특히, 전투에 쓰기에는 적합지 않다.

크누트(Knut)는 이런 전갈 채찍의 일종으로, 러시아에서는 채찍의 이름과 함께 그걸 사용한 고문을 뜻하는 단어로도 쓰이며 두려움의 대상이 되었다.

크누트는 모스크바 대공 이반 3세(1440~1505)에 의해 도입되었으며, 이후 표트르 대제 시대에는 그의 아들 알렉세이가 크누트 고문으로 옥사했다. 같은 죄로 심문을 받던 알렉세이의 모친 예브도키야는 크누트를 본 것만으로 겁에 질려 죄를 자백했다고 한다.

이처럼 러시아 왕가에 얽힌 음울한 이야기가 전해지며, 실제로도 많은 사람들의 피를 흘리게 한 고문 기구로도 유명해졌다.

크누트에는 다양한 형태가 있는데, 가장 일반적인 것은 30㎝의 나무 자루에 60㎝ 길이의 가죽 끈 여러 개가 달린 것이다. 끝부분에는 (제2의 채찍인)45㎝ 길이의 가늘고 튼튼한 가죽 끈을 꼬아서 만든 채찍이 연결되어 있다.

더 큰 피해를 주는 형태로는 쇠줄과 명주실을 엮어 만든 끈을 사용하고, 끝부분에는 쇠줄이 달린 것이다.

각종 부품을 조합해 만든 복합적인 채찍으로, 연결부나 매듭을 많이 만들어 더 큰 타격을 입히고자 고안된 것이다. 분해 가능한 모델도 많은데, 이는 희생자의 피로 채찍의 가죽이 부드러워졌을 때 부품을 교체하기 위해서이다.

한 번만 휘둘러도 피부가 찢기고 살점이 떨어져 나갔기 때문에 고문 중 사고사가 속출했다. 위력이 너무 커서 고문이나 징벌에는 적합지 않다. 처형에는 유용했지만 점차 사용하지 않게 되었다.

연결부와 사용 재료가 많은 개조 채찍

효 과	타(打) 열(裂)
용 도	고(拷)
시대와 지역	15~18세기 러시아

크누트란 ➡ 자루＋여러 개의 가죽 끈＋끝부분의 제2의 채. 그것들을 연결하는 부품 등으로 구성된 특수한 채찍으로, 형태는 일정하지 않다.

일반적인 크누트

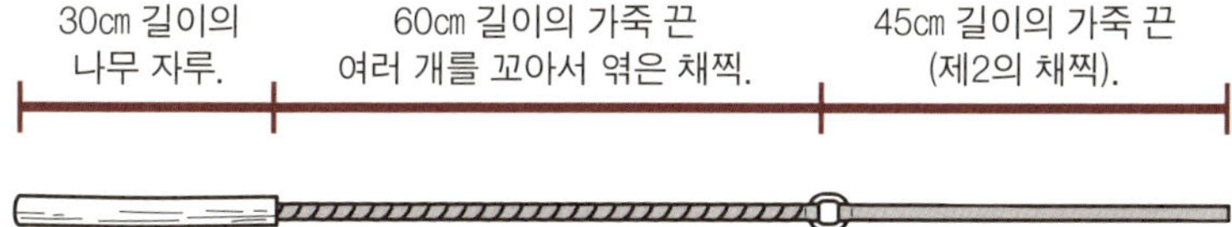

더 큰 피해를 주는 크누트

더 끔직한 크누트

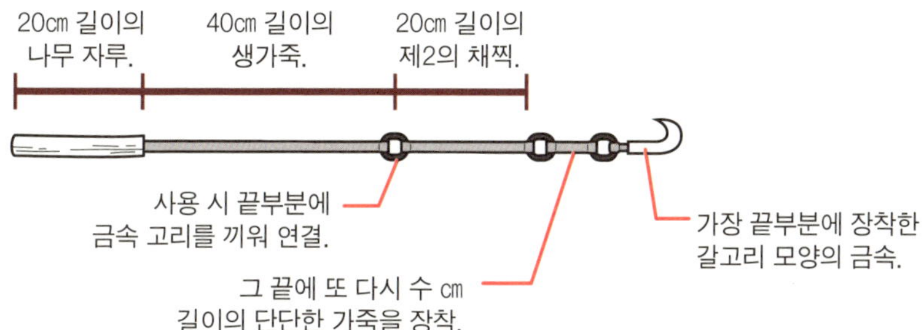

관련 항목

● 채찍→No.021/022

사슬 채찍

오늘날에도 오토바이 체인이나 사슬은 휘두르는 것만으로도 충분히 위협적인 무기가 된다. 사슬 채찍도 마찬가지로, 제어하기도 쉽지 않다.

●고문용이라기보다는 처형용

보기에도 무섭고 실제 피해가 큰 것이 **사슬 채찍**이다. 이것은 단숨에 큰 고통을 주기 위해 고안해낸 기구이다.

사슬 2~3가닥을 묶어서 만든 금속제 **채찍**으로, 무게가 꽤 나가기 때문에 실제 사용 여부는 불분명하다. 최대 8개의 사슬로 된 것도 존재하나 움직이는 목표에 맞추는 것은 쉽지 않았을 것이다.

또한 끝부분에 별 모양의 추 혹은 얇은 띠 모양의 철판이 달린 종류도 있다. 끝을 무겁게 해 휘두르기 쉽게 만든 것이다. 그런 유형 중 **월계수**라고 불린 칼날이 박힌 채찍도 있었다. 잎사귀 모양의 금속 날의 속칭으로, 희생자의 신체를 그야말로 난도질하는 용도였다. **가시관**이라고 불린 채찍은 면도날처럼 얇은 칼날을 사용하고 끝에는 별 모양의 쇠구슬을 매단 형태이다. 이런 개량형 채찍은 고문 기구라기보다는 차라리 처형 기구에 가까웠을 것으로 보인다.

실제, 사슬 채찍은 살가죽을 벗기는 처형 기구로 사용되기도 했다. 살갗이 떨어져 나갔을 뿐 아니라 간, 신장, 창자 등이 쏟아져 나오는 경우도 있었다고 한다.

사슬 채찍이 변형된 형태로, 납작한 면도날 모양의 고리를 엮어서 만든 사슬 도리깨도 있었다.

독일이나 영국에서는 **소 힘줄** 또는 **소 채찍**이라고 불리는 부드러운 탄성과 강력한 위력을 지닌 채찍이 전해진다.

'소의 음경으로 만들었다'는 소문이 있지만 실제로는 사슬을 단 **고양이 채찍**의 일종으로 보인다. 아마도 소와는 관계가 없고 단지 독특한 기구라는 것을 강조하는 속칭으로, 그 실체는 가는 사슬 혹은 쇠줄을 묶어서 만든 채찍이었을 것이다. 척추 아랫부분을 내려치는 것만으로 즉사 또는 장애가 남는다거나 엉덩이에 두세 번 휘두르기만 해도 살점이 떨어지고 뼈가 드러난다는 등의 일화가 있는데, 사슬 채찍이라면 충분히 가능한 이야기이다.

살가죽을 벗기는 다양한 종류의 채찍

효 과	타(打) 열(裂)
용 도	협(脅) 고(拷) 형(刑)
시대와 지역	중세 유럽

기본적인 사슬 채찍

'소 힘줄'이라고 불린 채찍의 정체

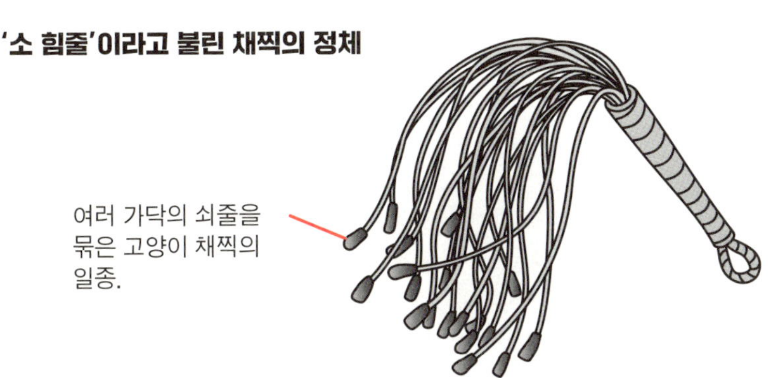

관련 항목

- 채찍→No.021/022
- 고양이 채찍→No.023

희귀한 경편의 종류

휘어지지 않는 막대기 같은 채찍도 다수 존재하며 사람들을 괴롭혀왔다. 그 중에서도 흔치 않은 경편 세 가지를 소개한다.

● 철편(鐵鞭)

쌍편(双鞭)이라고도 불리었다. 중국 송나라 시대(960~1279)에 탄생한 것으로, 검의 손잡이 끝에 날이 아닌 여러 개의 마디가 있는 쇠몽둥이가 달려 있다. 멀리서 보면 죽도처럼 보이지만 **채찍**의 일종이다.

검이나 창처럼 이가 빠질 일이 없고 상대를 공격하거나 피할 수도 있는 무기로, 고문 기구는 아니었을 것이다. 『수호전』에서 '호연작'이 사용하는 무기로도 알려져 있다.

● 커핑(Cupping)

노예 제도 하의 미국 남부에서는 특수한 고문 기구가 사용되었다. 작은 구멍이 여러 개 뚫려 있는 나무 노(櫂)로, 채찍의 일종으로 분류된다. 이것으로 등을 내리치면 구멍이 작은 컵처럼 작용해 평소보다 더 큰 고통을 준다고 한다. 게다가 노예의 몸에는 상처가 남지 않았다. 그렇게 흑인 노예에 대한 채찍질을 **커핑**이라고 부르게 되었다. 처음에는 채찍 등으로 때렸지만 상처가 나면 노예의 상품 가치가 떨어지는 것이 고민이었던 백인들이 고안해낸 기구였다.

● 카트 휘프(Cart whip)

원래는 말 엉덩이를 때리는 승마용 채찍을 가리키지만, 한때 자메이카에서는 그와 비슷한 형태의 채찍이 고문에 사용되었다.

전체 길이 35~45㎝, 자루의 길이는 10㎝의 가는 검과 같은 형태로 자루에 가까운 쪽은 폭이 5㎝ 정도이며 끝으로 갈수록 쇠줄처럼 가늘어진다.

기능에 관한 정확한 기록은 없지만 일반적인 채찍보다 더 큰 고통을 주는 채찍이었던 듯하다. 1826년, 한 의원은 연설 중 '이 끔찍한 채찍으로 39회를 맞는 게 아홉 꼬리 고양이로 500회를 맞는 것보다 가혹하다'고 말했다고 한다.

세계 각지에서 사용된 막대기 형태의 채찍들

효 과	타(打) 열(裂)
용 도	고(拷) 형(刑)
시대와 지역	중국 송나라 / 북아메리카 / 자메이카

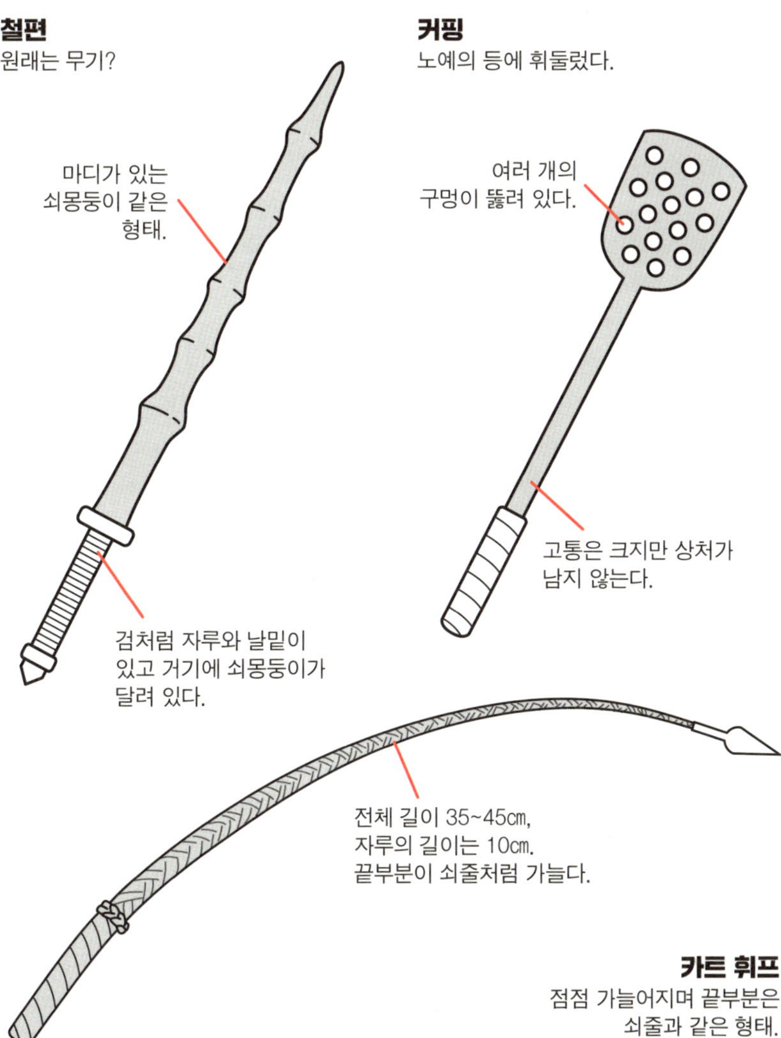

관련 항목

●채찍→No.021/022

세계의 매달기 고문

밧줄로 희생자를 묶어 매다는 것은 오랜 옛날부터 세계 각지에서 이루어지던 고문이다. 그대로 방치하거나 또 다른 고문으로 고통을 줄 수 있어, 효과가 높다.

● 로마와 이단 심문 그리고 전쟁

고대 로마에서는 거꾸로 매다는 형벌이 성행했다. 밧줄은 4~5미터 높이의 나무 들보에 묶었다. 주로 절도 등 가벼운 죄를 저지른 자에 대한 형벌로, 숨이 끊어지기 전에 풀려나기도 했다. 그러나 중죄일 경우, 희생자 양옆에 굶주린 개나 늑대를 함께 매달았다. 굶주림과 고통에 날뛰는 짐승들이 희생자를 물거나 발톱으로 할퀴었다. 기록에 따르면, 동물이 먼저 죽고 죄수는 일주일동안 매달려 있다가 죽음을 맞았다고 한다.

진자(振子)식은 유럽의 이단 심문 시대부터 쓰인 것으로 알려진다. 목제 권양기로 희생자를 매달고 죽지 않을 정도의 높이에서 떨어뜨리거나, 추를 달거나, 채찍으로 때리는 등의 고문을 했다. 계속하면 어깨가 뒤틀리고 방치하면 어깨 관절(상완골, 견갑골, 쇄골)이 탈골되어 극심한 고통을 준다. 1시간 정도 매달았다 내려놓고, 다시 고문하다 멈추기를 반복하며 심문한다. 어깨에 감은 밧줄을 조여 탈골시켰다는 기록도 남아 있다.

제2차 세계대전 중, 일본군이 포로에게 행한 매달기 고문은 특수한 것이었다. 목을 매달아 희생자가 정신을 잃으면 내려놓는 것이다. 이 교수형 흉내는 자백을 강요하기보다는 학대가 목적이었던 듯하다.

같은 전쟁 중, 나치 독일도 포로나 레지스탕스를 상대로 빈번히 매달기 고문을 했다. 채찍질, 불 고문 등 방식은 중세와 별 다를 바 없다.

동유럽의 비밀경찰은 공중에 매단 희생자를 회전시켜 고통을 주는 **키예프·페체르스크식**을 주로 사용했다고 한다.

키예프식에서 착상을 얻은 것으로 보이는 미얀마의 **헬리콥터 고문**은 헬리콥터 날개 끝에 희생자를 매달아 회전시키는 장렬한 형벌이었다. 이는 고문이라기보다 처형이자 구경거리로 삼았던 것으로 보인다.

다양한 방식의 매달기 고문 및 처형

효 과	조(吊) 압(壓)
용 도	고(拷)
시대와 지역	고대/중세/현대

로마의 거꾸로 매달기(개 포함)

두 손은 등 뒤로 묶고,
양 발목도 묶어 거꾸로 매달았다.

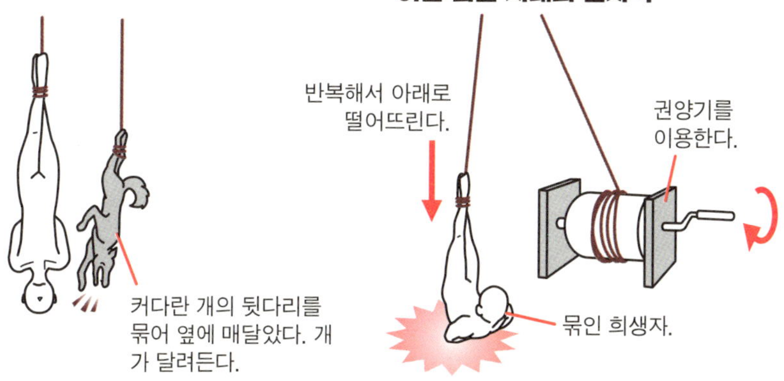

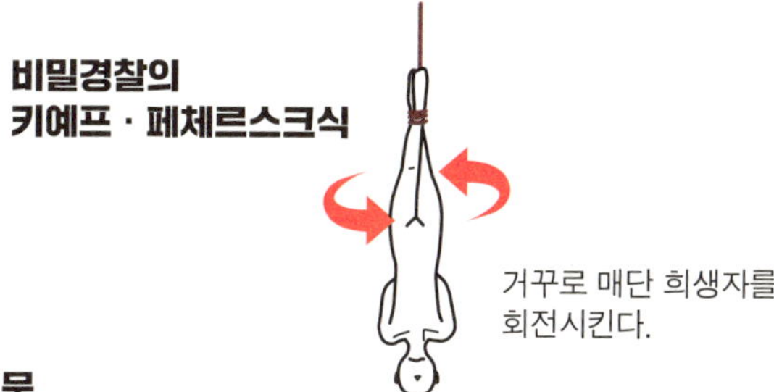

미얀마의 헬리콥터 고문

헬리콥터의 날개 끝에 희생자를 매
달아 회전시킨다.

◆더욱 고통스러운 매달기 고문

두 손 뒤로 묶기, 한 손만 묶기, 거꾸로 매달기, 한쪽 발만 묶어 거꾸로 매달기 등 더 큰
고통을 주는 방식이 고안되었다. 엄지손가락, 머리카락, 최악의 경우 남성의 성기만 매
달기도 했다.

삼각 목마 고문과 앵무새의 홰

삼각 목마는 널리 알려진 고문 기구로, 서양은 물론 동양에서도 사용되었다. 일본에서도 비공식적인 고문으로 사용되었으나 자세한 기록은 남아 있지 않다.

●당나귀와 앵무새를 이용한 가혹한 고문

뾰족한 삼각형 모양의 나무 말 위에 앉힌 상태로 고통을 주는 '**삼각 목마**' 고문은 서양에서 성행했으며, 별명도 많지만 일반적으로 **당나귀**라고 불리었다. 가축 중에서도 천대받는 존재였던 당나귀는 결코 사람이 타는 용도로는 쓰이지 않았다. 거기에 올라탄다는 것은 그야말로 굴욕이었던 것이다.

알몸 혹은 하반신을 드러낸 희생자를 묶어 천장 등에 매단 추락 방지용 밧줄로 고정한 후 목마에 앉힌다. 대개는 양 발목에 추를 매달았다. 사타구니에는 신경이 집중되어 있기 때문에 극심한 고통을 느낀다고 한다. 또 채찍질, 인두질, 발을 불에 그슬리는 고문 등이 추가되기도 했다.

19세기 미국의 남북 전쟁 시기에는 **모건의 오두막**이라는 고문이 이루어진 기록이 있다. 삼각형은 아니지만 평균대처럼 생긴 기구에 포로를 앉힌 후 고통을 주는 고문으로, 삼각 목마에서 착상을 얻은 것으로 보인다.

일본에도 그와 유사한 고문이 전국 시대부터 시행되었다. 처음에는 말의 안장을 얹을 때 사용하는 받침대를 이용했으며 전용 기구가 만들어진 에도 시대부터는 '**목마 고문**'이라고 불리며 가톨릭 신자나 연공 미납자를 대상으로 사용되었다.

폴레이루 지 아라라(Poleiro de Arara)는 1960년대 브라질의 군사 독재 정권 하에서 성행한 고문이다. 포르투갈어로 '앵무새의 홰'를 뜻하지만 그 기원이나 성립 과정은 불분명하다. 희생자는 철봉처럼 생긴 기구에 거꾸로 매달리는데, 이를 앵무새가 홰에 앉아 쉬고 있는 모습에 비유한 것이다. 구부린 희생자의 무릎 뒤쪽으로 봉을 통과시키고, 양팔로 봉 아래쪽에서 무릎을 감싸 안게 한 후 손목을 묶는다. 마지막으로 이 봉을 기둥에 고정한다. 얼핏 보면 거꾸로 오르기에 실패해 매달려 있는 사람처럼 보이지만 무릎 뒤쪽에 온몸의 체중이 실린 상태로 거꾸로 매달려 있는 것이다.

각지의 삼각 목마와 폴레이루 지 아라라

효 과	조(吊) 자(刺)
용 도	고(拷)
시대와 지역	중세/현대

당나귀(일본에서는 목마 고문)

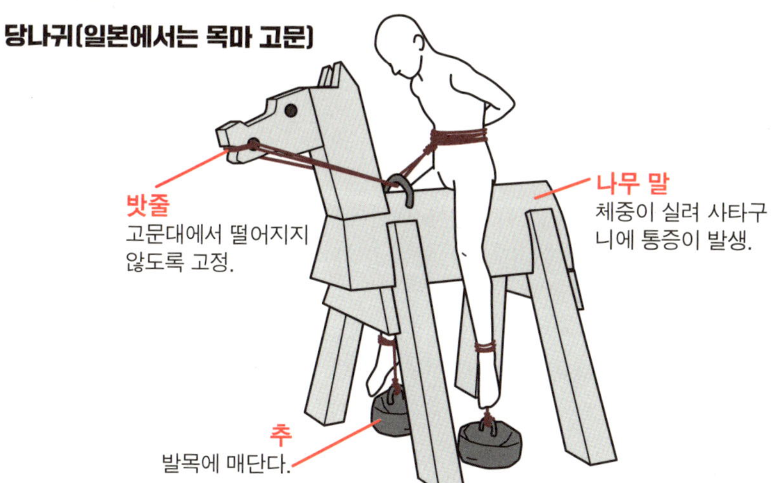

모건의 오두막

긴 목재 하나를 이용한 간단한
고문대이지만, 삼각 목마의 유
형으로 볼 수 있다.

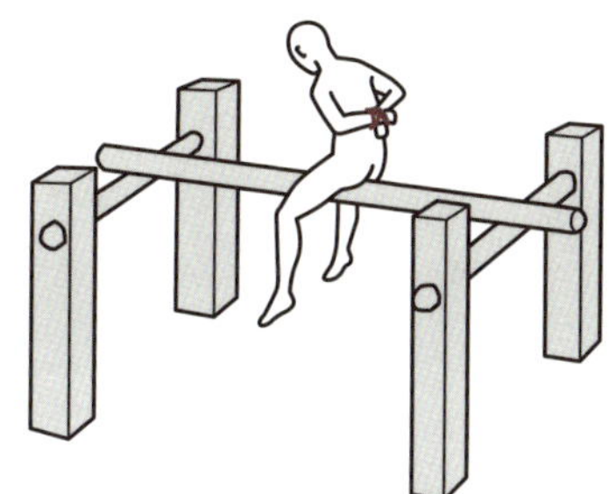

폴레이루 지 아라라

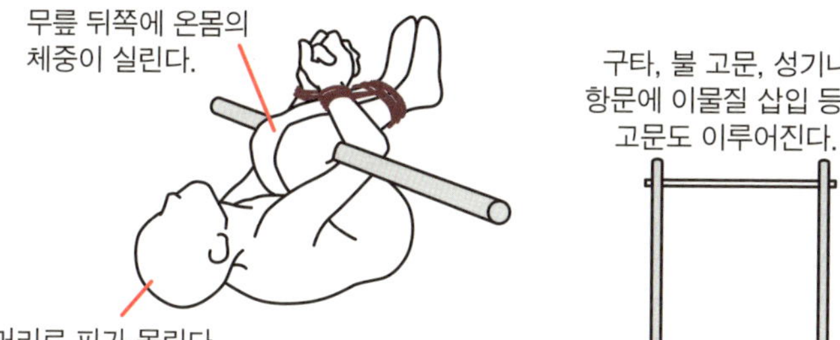

구타, 불 고문, 성기나
항문에 이물질 삽입 등의
고문도 이루어진다.

유다의 요람

스페인에서 발명되어, 중세부터 근세에 걸쳐 유럽 전역에서 사용된 매달기 고문. 아래에서 찌르는 구조가 특징이다.

●중력의 쐐기

유다의 요람(Juda's Cradle)은 천장에 설치된 여러 개의 도르래, 쇠로 만든 벨트 그리고 삼각뿔 모양의 나무 받침대로 구성된다. 삼각뿔 받침대는 피라미드처럼 생겼다. 고문실 한쪽에 매달기 고문용 공간을 마련해, 쇠로 만든 벨트나 받침대를 준비해두었던 것으로 보인다.

발가벗겨진 희생자의 흉부에 밧줄을 연결할 수 있는 벨트를 채운다. 희생자는 3~4방향에서 수평으로 끌어올려져 공중에 매달린다. 이때, 다리를 약간 벌린 상태로 양 발목을 봉에 묶어 고정한다. 이 상태에서 밧줄을 당기면, 희생자는 엉덩이를 내민 형태로 공중에 뜨게 된다.

그리고 희생자의 바로 아래에 받침대를 설치한다. 밧줄을 서서히 풀어 피라미드의 끝부분이 항문, 질, 음낭 밑, 꼬리뼈 아래 어딘가에 닿도록 조정한다. 처음엔 피하더라도 이내 항문이나 질에 박히게 된다.

희생자의 위치를 조금씩 조정할 수 있고, 끌어올렸다가 피라미드 위에 떨어뜨리거나 전후좌우로 흔드는 등의 고문이 추가되었다.

피라미드에 찔리지 않기 위해 희생자는 하반신 잔뜩 힘을 주고 있어야 한다. 그렇지만 치명적인 손상은 입지 않기 때문에 집행인은 천천히 심문할 수 있다. 며칠간 잠도 못자고 쉬지도 못하게 고문할 수 있었기 때문에 이 유다의 요람에는 불면이라는 의미의 별명도 있었다.

효과가 뛰어나고 고문의 증거가 있어도 잘 드러나지 않는 부위이다 보니 현대에도 중남미 등지에서 사용되고 있는 것으로 보인다. 가슴을 조이는 벨트나 받침대에 전류가 흐르도록 개량된 형태도 있다고 한다.

팔다리에 추를 매달면, **마녀의 쐐기**라는 처형법이 된다. 피라미드의 끝부분을 희생자의 항문이나 질에 닿게 조정한 후 힘이 빠질 때까지 방치하는 것이다. 관통형이나 거열형 수준의 무시무시한 형벌이다.

무자비한 중력 고문

효 과	조(吊) 자(刺)
용 도	협(脅) 고(拷) 사(死)
시대와 지역	고대/중세/현대

유다의 요람

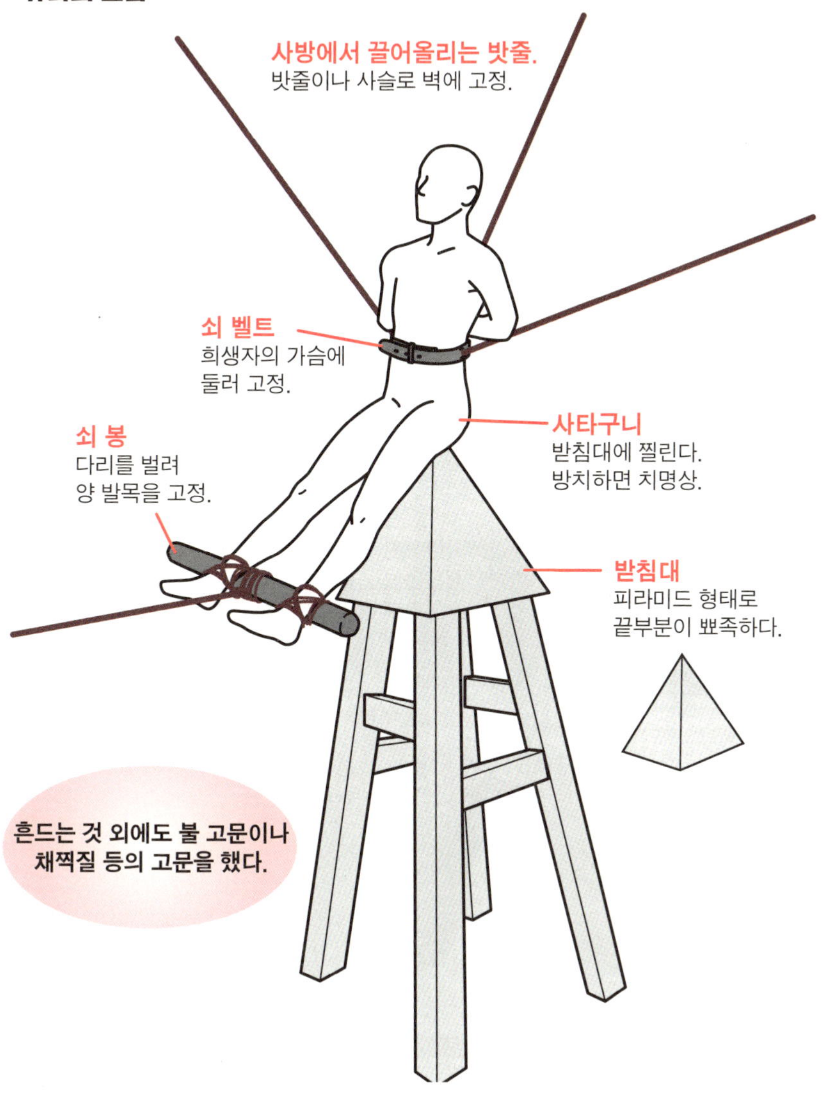

오스트리아식 사다리

널리 보급된 고문대 중에는 희생자를 눕히지 않고 사다리에 매달아 고문하는 신장형(伸張型) 고문대도 있었다. 이것 역시 무시무시한 기구이다.

●각국의 명칭과 방식

유럽 각국에서는 저마다 특징적인 고문대 이른바, **랙**(Rack)이 고안되었다. 프랑스에서는 슈발레(chevalet, 작은 말), 스페인에서는 에스깔레라(Escalera, 사다리), 포르투갈에서는 포트로(Potro, 망아지), 독일에서는 **폴터**(Folter, 고문대), 영국에서는 **엑서터 공작의 딸**(The Duke of Exeter's Daughter)이라고 불리었다.

오스트리아에서 주로 사용된 사다리 형태의 기구가 특히 유명하다. 이 나무 사다리는 벽과 45도 각도로 놓여 있고, 아래쪽에는 롤러가 달려 있다. 위쪽에 팔을 잡아당기는 롤러가 달린 것도 있었다.

팔만 묶어 두어도 자신의 체중으로 인해 고통스럽겠지만 롤러를 이용해 잡아당기면 더 심하게 늘어난다. 거꾸로 매달아 고문하는 방식도 있다. 가장 고통스러운 것은 손을 뒤로 묶은 상태에서 거꾸로 매다는 방식이다. 롤러를 감으면 양팔이 점차 뒤로 젖히다 결국 어깨가 탈구된다.

이와 비슷하지만 조금 다른 형태의 **의자형**(椅子型)이라는 것도 있다. 분리 가능한 계단이 있는 발받침과 같은 기구이다. 양팔을 계단 위쪽에 묶은 상태로 희생자를 매단다. 집행인은 희생자가 발을 딛고 있는 아래쪽 계단을 떼어낸다. 희생자는 자신의 체중에 의해 늘어난다. 바로 아래쪽 계단을 디디면 조금 편하겠지만 집행인은 그것마저도 떼어낸다. 이렇게 완전히 발을 디딜 곳이 없을 때까지 계단을 떼어내는 것이다.

이 외에도 희생자를 의자에 앉힌 후 양팔을 잡아당기듯 고문하는 방식도 있었다.

악명을 떨친 오스트리아식 사다리

효 과	신(伸) 조(弔)
용 도	협(脅) 고(拷)
시대와 지역	고대?/중세 유럽/18세기 유럽

오스트리아식 사다리

비스듬히 놓은 사다리에 희생자를 매단다.

의자식

의자라기보다 계단에 가까운 형태.

관련 항목

● 랙→No.032/033

● 엑서터 공작의 딸→No.033

랙

랙(Rack)이란, 희생자를 대자로 눕혀 고정한 후 팔다리를 잡아당겨 늘리는 고문대이다. 대표적인 고문 기구로 알려져 있다.

●기본적이고 궁극적인 고문대

인체(의 근육)는 잡아당겨지는 힘에 대한 내성이 없다. 강한 자든 그렇지 않은 자든 똑같이 고통을 줄 수 있다. 이 점에 착목한 고문 기구가 바로 랙이다.

사용법도 간단해, 마녀 사냥 당시의 고문을 묘사한 삽화에도 자주 등장한다. 한 사람을 결박해 고문하는 도구로, 신체를 강제로 늘려 고통을 주는 것 외에 다른 고문도 병행할 수 있다. **채찍질, 불 고문, 물 고문** 등이 함께 사용되었으며 랙 병용 기구들도 존재했다. 그 중 하나가 **가시 토끼**이다. 고문대에 설치된 가시가 박힌 롤러로, 희생자의 등에 상처를 입히고 잡아당기면 아예 살점이 떨어져나갈 정도의 피해를 주었다.

랙이 등장한 가장 오래된 기록은 고대 그리스의 아리스토파네스가 쓴 『개구리』(BC 406경)일 것이다. 민사 법정에서의 고문 수단 중 하나로 사용되었다고 한다.

많은 문명을 흡수한 고대 로마 제국에서는 **에쿠울루스**(equulus, 라틴어로 망아지라는 뜻)라고 불리었으며, 형태는 나무 말 모양이었다. 자세한 구조는 알려지지 않았지만 말 등에 희생자를 눕히고 팔다리에 추를 매달아 고통을 주는 방식이었던 듯하다.

로마 시대 이후, 중세 초기까지 랙이 사용되었다는 기록은 발견되지 않는다. 그러다 중세의 이단 심문과 마녀 사냥 시기에 랙이 다시 등장한다.

진화한 중세의 랙은 미세한 조정이 가능해 희생자에게 위협을 가하는 정도부터 장애가 남을 정도까지 신체를 늘일 수 있었다.

한계를 넘어서면, 팔다리의 인대에 이어 근육이 찢어진다. 이는 상상을 초월하는 고통이라고 한다. 계속해서 잡아당기면 복부를 비롯한 동체의 모든 근육이 손상된다. 내부 장기에도 손상이 가고, 사지의 관절이 탈구된다. 동체는 내장이 비칠 정도까지 늘일 수 있었다고 하는데 최대 30㎝ 정도는 잡아당겨 늘였던 것이다.

끔찍한 신장 고문

효 과	신(伸)
용 도	협(脅) 고(拷)
시대와 지역	고대? / 중세 유럽 / 18세기 유럽

랙

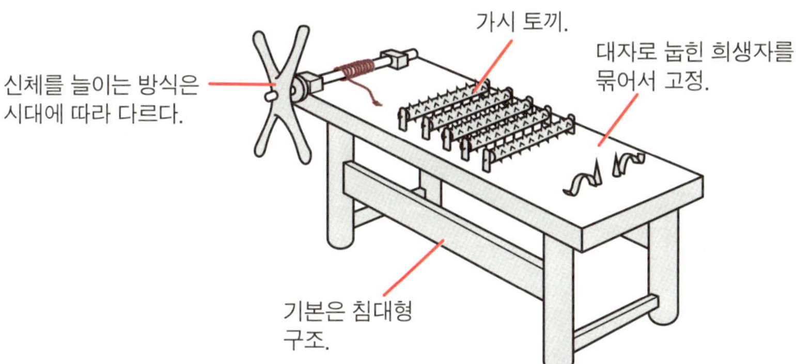

가시 토끼

랙 전용 고문 기구.

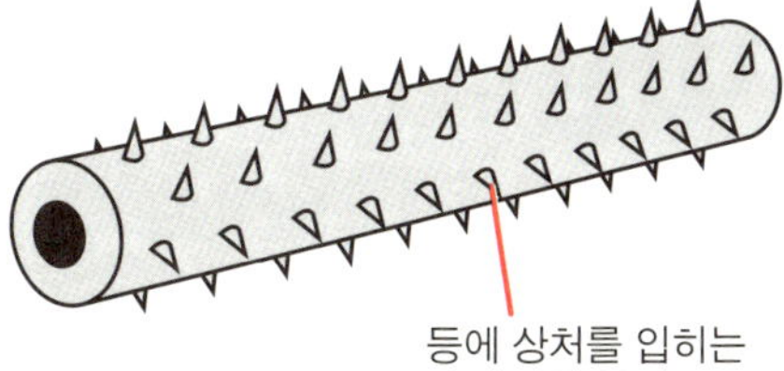

랙에 의한 인체 손상

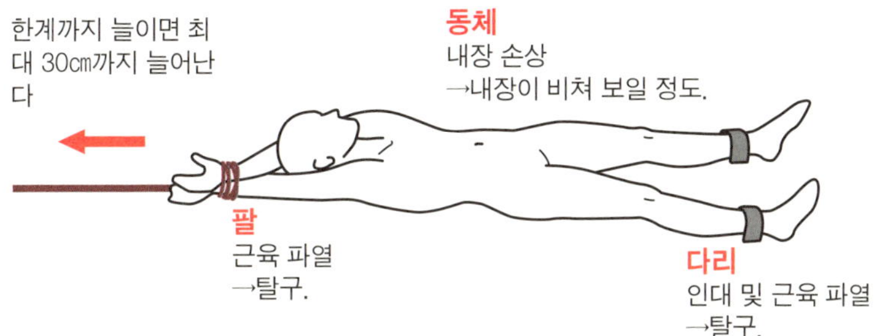

관련 항목

●랙→NO.022/033

랙의 구조

중세의 어느 나라, 어떤 고문실에나 랙이 존재했다. 희생자를 묶어 고통을 주는데 이만큼 편리한 고문 기구는 없었기 때문이다.

● '죽이지 않도록, 톱니바퀴는 두 칸만 돌려라'

일반적인 **랙**(Rack)은 나무나 쇠로 제작된다. 길이 약 2미터의 장방형 침대와 같은 구조로, 4개의 다리를 달거나 지면에 고정시켜 사용한다.

사용 방법은 희생자의 양팔을 벌려 묶거나 수갑을 채워 고정하고, 발목에 줄을 묶어 잡아당기는 것이 일반적이다. 이렇게 전신을 늘일 수 있다. 집행인이 직접 잡아당기거나, 추를 매달아 늘이거나, 희생자를 매달아 늘이는 등의 다양한 방식이 있지만 롤러로 감아 당기는 것이 가장 발전된 형태라 할 수 있다. 고문대의 위아래 양쪽 끝 혹은 아래쪽에 롤러를 설치하고 손잡이를 이용해 감는 방식이다. 이 롤러에 홈을 여러 개 파고 나무 막대를 꽂아 한 칸씩 당기며 희생자의 신체를 한계까지 잡아당겼던 것이다. 롤러에는 되감기 방지용 톱니바퀴도 달려 있었다.

이단 심문 시기에는 희생자의 목숨이 겨우 붙어 있을 정도까지 고문한 후 화형장으로 보냈다. 빈사 상태의 희생자를 수레에 싣고 와 엉망이 된 팔다리를 통나무에 묶어 불을 붙이는 것이다.

프랑스에서는 희생자를 거대한 물레방아에 묶어 회전시켜 잡아당기는 방식이 있었다. 다른 고문 장치와도 비슷하지만, 랙의 일종이다. 독일, 스페인, 포르투갈에서는 양팔, 양다리를 묶을 때 줄을 여러 겹으로 칭칭 감았다. 이런 상태로 잡아당기면 줄이 살에 파고든다. 손목, 발목이 아닌 손가락을 묶기도 하는데, 그 경우 손가락이 금방 떨어져 나간다. 목숨이 위태로운 손상은 아니지만 희생자의 고통은 더욱 커진다.

간이형 랙도 존재했다. 벽에 설치된 형구에 양팔을 끼우고 발목은 끈으로 묶은 후 바닥에 고정한 롤러를 감으면 몸이 반쯤 뜬 상태로 잡아당겨진다. 깔때기로 물 고문을 할 때도 자주 사용되었다. 간이형이지만 몸을 받쳐주는 받침대가 없어 고통은 더 심했다고 한다.

효 과	신(伸)
용 도	협(脅) 고(拷)
시대와 지역	고대? / 중세 유럽 / 8세기 유럽

롤러로 감아 고정

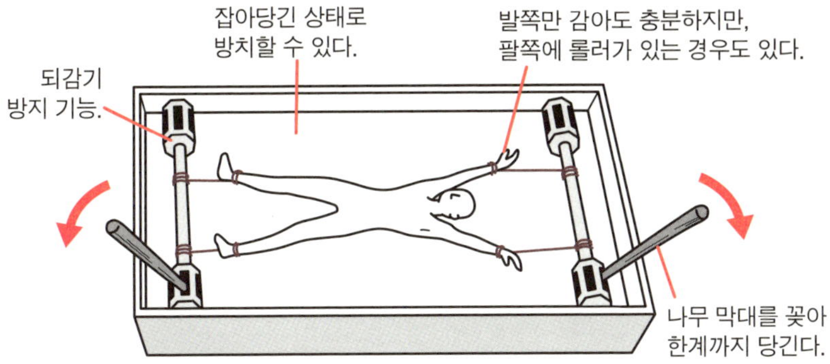

간이형 랙

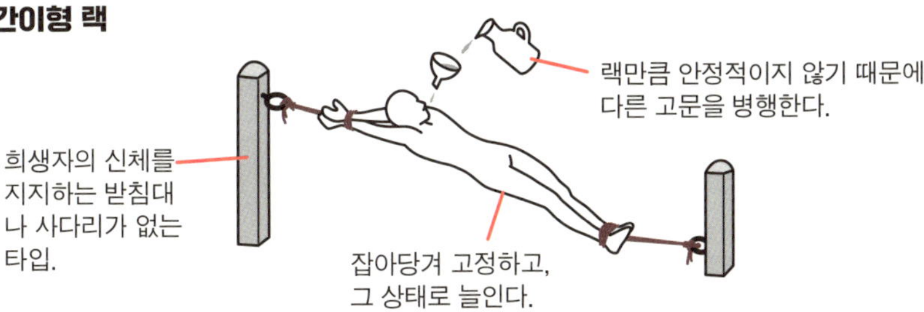

◆엑서터 공작의 딸

영국에서 랙은 '엑서터 공작의 딸'이라는 별칭으로 불리었다. 엑서터 공작 존 홀랜드(John Holland)가 도입했기 때문이다. 그는 런던탑의 장관을 지냈으며, 탑 내에 랙을 설치한 인물이기도 하다. 1400년대 초 혹은 중반 무렵부터 사용되었으며 메리 여왕부터 제임스 1세 시대에도 널리 사용되었다. 랙의 고문을 견딘 사람은 '엑서터 공작의 딸과 결혼했다'고 표현하기도 했다.

관련 항목

●랙→No.022/032

구속형 고문 기구 황새

흔히 '황새'라고 불리는 특수한 형구는, 형태는 단순하지만 희생자에게 채우면 극심한 고통을 주고 사망에까지 이르게 하는 기능이 있었다.

●비명을 지르는 근육

황새(Stork)라고 불리는, 머리와 양 팔다리를 구속하는 기구가 있다. 중세 이후의 유럽에서 보급되었으며, 신체를 강하게 얽어매는 구속 고문의 결정판으로 여겨졌다.

기구의 끝부분에 둥근 고리가 있고 그 아래로 2개의 지지대가 뻗어 있다. 또 지지대에는 팔다리를 고정시키는 철제 고리가 부착되어 있다. 복잡한 금속 세공품 또는 금속 고리 퍼즐과 같은 형태로 당시 사람들은 황새나 독수리를 연상했던 듯하다.

황새는 군더더기 없고 단순한 기구로, 개량의 여지도 없는 수준이다. 먼저, 기구 끝부분에 있는 고리에 희생자의 머리를 넣고, 지지대 위쪽에 부착된 고리에 양 손목을 끼워 고정한 후 마지막으로 무릎을 최대한 접은 상태로 양 발목을 지지대 아래쪽에 부착된 고리에 넣고 고정한다. 이 상태로 차가운 바닥에 방치하는 것이다.

잔뜩 구부린 무릎을 팔로 감싸 안고, 머리는 앞으로 꺾인 상태로 꼼짝하지 못하는 것이다. 몇 초만이라도 이런 자세를 취해보면, 온몸이 아프고 숨쉬기 힘들어진다는 것을 알 수 있다.

구부린 다리가 가슴과 배를 압박해 호흡 곤란에 빠지고, 목이 꺾이면서 고통과 근육 손상을 일으킨다. 또 복근과 항문 괄약근은 근육의 반발에 의해 경련을 일으킨다. 1시간쯤 지나면, 전신 근육이 한계에 달한다. 가장 먼저 고통을 느낀 복부와 항문 주변은 손쓸 수 없는 상태에 이르렀을 것이다.

방치해두는 것만으로도 위험한 상황에 구타를 가하기도 했다. 특히, 근육이 경련할 때는 구타의 충격을 완화시킬 능력이 저하되기 때문에 고통은 평소의 수배에 달한다고 한다. 또 호흡 곤란이 계속되면 질식 위험도 있다. 수 시간이 지나면, 전신의 핏기가 가시며 마비가 찾아오고 급기야 괴사에 이르는 경우도 있다. 근육은 어느 정도 탄력을 가지고 있지만 같은 자세를 계속하면 혈관이 압박받아 회복하기 힘들어진다.

무리한 자세를 강요하는 살인 구속 기구

효 과	굴(屈) 압(壓)
용 도	고(拷)
시대와 지역	5~17세기 유럽

황새의 세부 구조

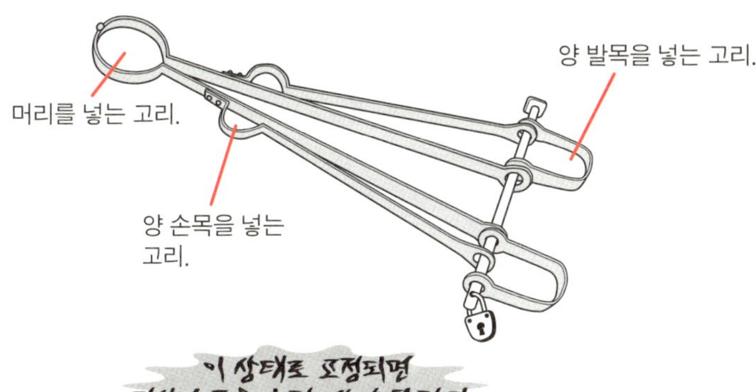

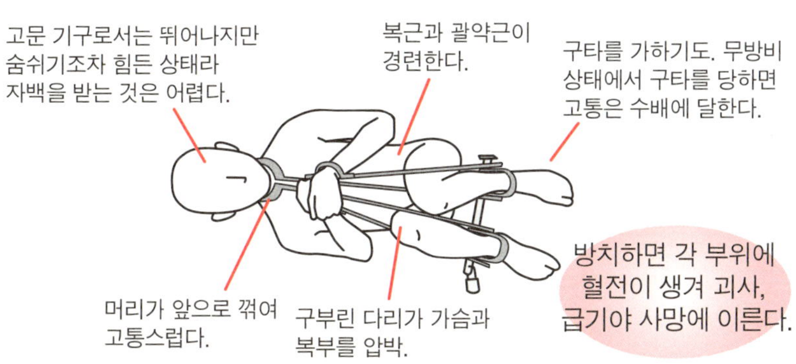

◆황새의 속칭

'황새'라는 명칭은 18세기 중반 루도비코 안토니오 무라토리(Ludovico Antonio Muratori)라는 저명한 역사학자가 퍼트렸다. 그가 이 기구를 발명한 것이 아니라 1550년부터 1650년에 걸친 법정 기록과 재판 기록을 인용했는데 그 문서에서 치코냐(Cicogna, 황새)라는 표현이 등장했던 것이다. 또한 영국에서는 '청소부의 딸'이라고 불리기도 했다.

청소부의 딸

문화나 풍토의 차이로 서양에서는 관절을 꺾거나 전신의 가동 범위를 이용하는 고문이 동양만큼 발달하지 않았다. 다만, 이 기구는 예외였다.

● 서양의 구속형 고문 기구의 결정판

청소부의 딸(Scavenger's Daughter)은 머리와 사지를 고정해 사용하는 유럽의 구속형 고문 기구 **황새**와 같은 기능을 가진 고문 기구이다.

다만, 외관은 전혀 다르다. 쇠로 만든 둥근 받침대와 거기에 부착된 2개의 지지대가 나사를 이용해 하나로 합쳐져 있다. 이런 형태 때문에 **스페인의 A자형 틀**이라고도 불리었다. A자형 틀 안에 무릎을 꿇린 희생자를 밀어 넣고 나사를 조여 신체를 압박하는 구조이다. 머리를 고정할 수 없기 때문에 원형인 황새보다는 효과가 떨어지지만 다루기 쉽고 간단하다는 장점이 있다.

널리 쓰였다는 기록은 없지만, 악명 높은 고문장인 런던탑에 있던 장치로 유명해졌다.

15세기 후반, 런던탑의 관리였던 레너드 스케빙턴(Leonard Skevington)이 고안한 기구로, 당초에는 **스케빙턴의 딸** 혹은 **스케빙턴의 형구**로 불리었다. 이것이 어느새 스캐빈저(Skevington→Scavenger)로 변형되어 '스캐빈저스 도터(Scavenger's Daughter)' 즉, **청소부의 딸**이 되었다고 한다.

1580년, 토머스 코탐과 루크 커비라는 남성이 반역죄로 이 고문을 받았는데 특히, 코탐은 코와 귀에서 심하게 피를 흘렸다고 한다. 이듬해에도 토머스 마이어가 같은 고문을 받고 간신히 살아남았다고 한다.

참고로, 영국 해군에는 청소부의 딸과 비슷한 방식의 '목과 발목을 묶는 징벌'이 있었다. 희생자를 앉힌 후, 목덜미와 발목 위에 소총을 얹고 두 소총을 가죽 끈으로 연결해 강하게 당기는 방식이다. 전용 도구를 사용하는 것보다 불안정하고, 과격한 방법이다. 희생자는 코와 입과 귀에서 피가 쏟아질 정도의 고통을 느꼈다고 한다. 해군들이 몹시 두려워하던 고문으로, 사망자도 많았다.

효 과	굴(屈) 압(壓)
용 도	고(拷)
시대와 지역	15~17세기 유럽

황새와 같은 방식의 단순한 형구

오래 방치하면 전신에 혈전이 생기고 질식,
심폐정지 등의 증상을 일으킨다.

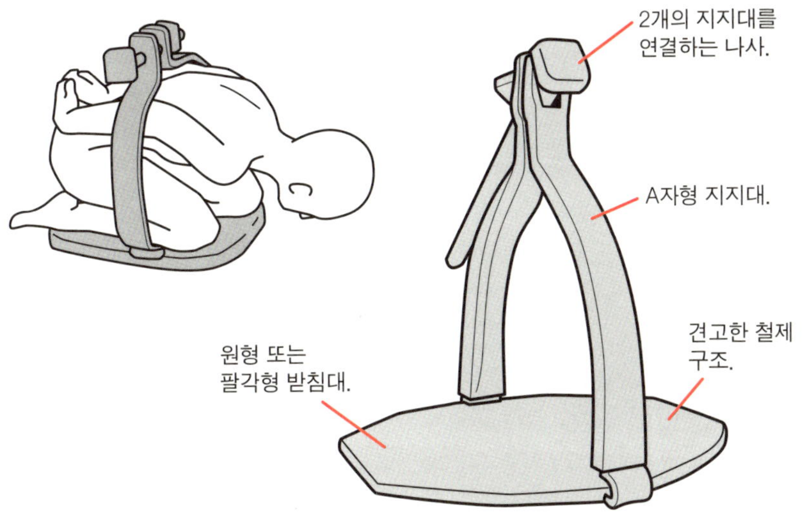

목과 발목을 묶는 징벌

전용 기구 없이 자세를 취하게 할 수 있지만
불안정하고 위험하다.

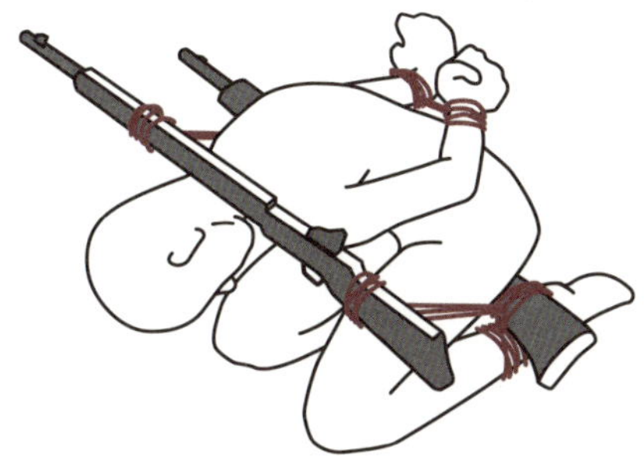

● 황새→No.034

고대부터 동양에서는 절단형이 성행했다. 문화적으로 아랍권 전역에서는 도둑의 팔을 잘랐으며, 과거 일본의 야쿠자 사회에서 손가락을 자르는 것도 과오에 대한 징벌이었다.

기원전 1100년대 아시리아에서는 특정 범죄에 대한 형벌로 남성은 생식기를 자르고, 여성은 코를 잘랐다. 3세기 페르시아, 17세기 몽골의 법전에도 여성의 코를 자르는 형벌이 규정되어 있었다. 티베트, 부탄, 일본의 아이누 사회에서도 마찬가지로 외도한 아내에 대한 형벌로 코를 잘랐다.

중세 서양에서도 여성 또는 간음죄를 범한 남녀에 대해 코를 자르는 형벌이 시행되었다. 벨기에의 매춘업자, 아우크스부르크의 매춘부 등 수감자에 관한 다수의 기록이 남아 있다.

이야기 속 세상에서도 싫어하는 남성으로부터 달아나기 위해 스스로 코를 자른 성녀의 이야기나 애인과 공모해 남편을 늑대로 변하게 한 아내가 남편이었던 늑대에게 코를 물리고 이후 태어난 아이들 모두 코가 없었다는 이야기 등이 전해진다.

코는 여성성과 깊은 관련이 있었기에 세계적으로 여성의 코를 자르는 형벌이 적용된 것이다. 코를 자른다는 것은 여성으로서의 가치를 박탈하는 처벌이었다. 하지만 사형을 면하는 경우도 있었다.

지금도 중동에서는 귀와 코를 자르는 형벌이 이루어지고 있다. 2010년, 탈레반 병사와 결혼한 아프가니스탄 소녀가 도망치려다 잡혀 귀와 코를 잘렸다.

일본의 전국 시대에는 적군의 머리 대신 귀나 코를 잘라 가져와도 공훈으로 인정해주는 경우가 있었다. 그러자 적군이 아닌 농민의 귀나 코를 잘라가는 자까지 나타났다고 한다. 도요토미 히데요시가 조선을 침략했을 당시에도 죄 없는 현지 주민들의 코를 잘라가는 만행이 성행하여, 일본군이 퇴각한 수십 년 후에도 코가 없는 사람들의 모습을 볼 수 있었다고 한다.

그 밖에도 일본 아키타 지방의 인나이 은광에 대한 기록이 있다. 죄수 등이 채굴 작업에 동원되었는데, 도망치면 귀나 코를 자르는 형벌이 내려졌다.

1612년의 기록에 따르면, 다나부의 이치자에몬이라는 죄수가 탈옥했다가 이내 붙잡혀 귀와 코를 잘린 뒤 형장에 끌려가 처형되었다. 에치젠의 시치에몬이라는 죄수는 귀와 코는 물론 손가락까지 잘리고 조리돌림 당한 후 처형되었다. 죄수의 탈옥을 도운 자들은 사형은 면했으나 귀와 코를 잘려 영지 밖으로 추방되었다. 1612~14년 사이 아키타의 사타케 번에서는 18명이 귀와 코가 잘리는 형벌을 받고 그 중 8명이 사망했다.

1691년, 후쿠이 번의 법전 『어용제식목(御用諸式目)』에는 노름꾼은 코를 잘라 추방하고, 소매치기는 손가락을 자르며, 도둑은 이마에 낙인을 찍는 형벌이 규정되어 있다. 다만, 법으로 정해지기 전부터 후쿠이나 도사에서는 전통적으로 귀와 코를 자르는 형벌이 시행되고 있었다.

귀나 코가 잘린 사람을 머무르게 하는 것도 금지되어 있었다. 귀나 코를 자른다는 것은 죄인에 대한 명백한 낙인으로, 영지와 사회로부터 추방하는 목적의 형벌이었다.

제 2 장
자·절·열

심문 의자

'독일 의자'라고 불리기도 한다. 가시가 잔뜩 박힌 무시무시한 외형만으로도 충분히 설득력 있는 고문용 의자이다. 그러나 그 실상은….

● 떠도는 소문과 진위

중세 독일, 16세기의 이단 심문에서 자주 사용되었다고 한다. 철제 구조로 등받이, 팔걸이, 발받침 등 앉았을 때 인체에 닿는 모든 부분에 날카롭고 뾰족한 못이 박혀 있다. 사용법은 간단하다. 발가벗긴 희생자를 앉힌 후 의자에 딸린 벨트로 묶어 고정한다. 의자에 앉는 순간 온몸에 못이 박힌다. 거기에 더해 목에 무거운 쇠고리를 달아매거나, 의자 아래에서 불을 지펴 뜨겁게 달구기도 했다고 한다.

고문 전용 의자 중에는 불 고문이나 물 고문용 등도 있지만, 이렇게 의자 전체에 못을 박아 공들여 만든 기구는 없다. 13세기의 이단 심문관 콘라트 폰 마르부르크(Konrad von Marburg)가 고안했다고 알려지며 수세기에 걸쳐 유명해지면서 독일, 이탈리아, 스페인에서는 18~19세기까지 사용되었다는 기록이 있다. 당시에는 전기 고문 장치를 갖춘 **심문 의자**(Interrogation Chair)도 제작되었다.

심문 의자는 지금도 골동품으로 남아 있으며 그 모습을 확인할 수 있다. 한 연구가는 감촉을 확인하고자 전라로 앉아 보았지만 전혀 아프지 않았다고 한다. 무수한 못이 박혀 있기는 하지만, 앉는 방식에 따라 의자 전체에 하중이 고르게 분산되어 오히려 못이 몸을 지지하며 떠 있는 상태가 된다는 것이다. 그런 이유로 보기와 달리 큰 피해를 주지는 못했다는 말도 있다. 하지만 그 의자가 전시용 복제품이었거나 세월이 흐르면서 본래 기능을 상실한 경우일 가능성도 부정할 수 없다.

심문 의자가 고문에 사용되었다는 기록이 남아 있는 것도 사실인 데다 짓누르거나 추를 매달면 분명 고통스러웠을 것이다. 실제 그렇게 사용되었다면 에도 시대의 **석판 고문**과도 유사한 것으로 보인다.

온몸에 못이 박히는 의자

효 과	자(刺)
용 도	협(脅) 고(拷)
시대와 지역	13~16세기 독일

심문 의자

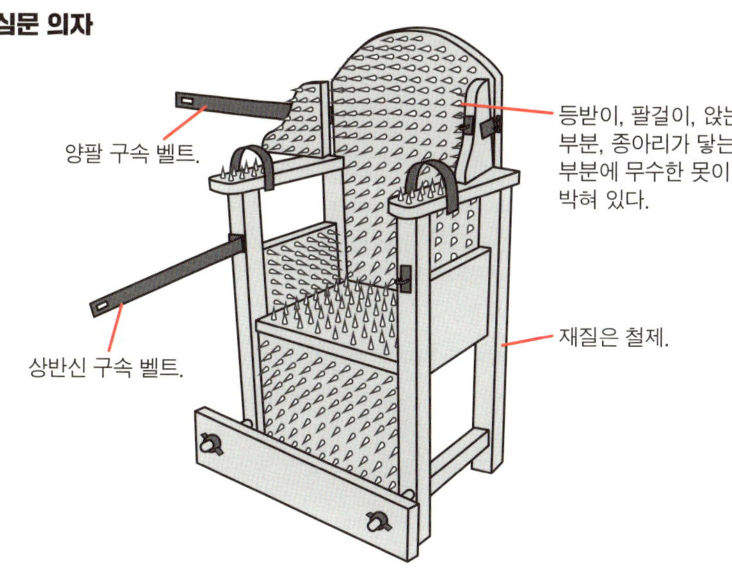

심문 의자에서의 추가 고문

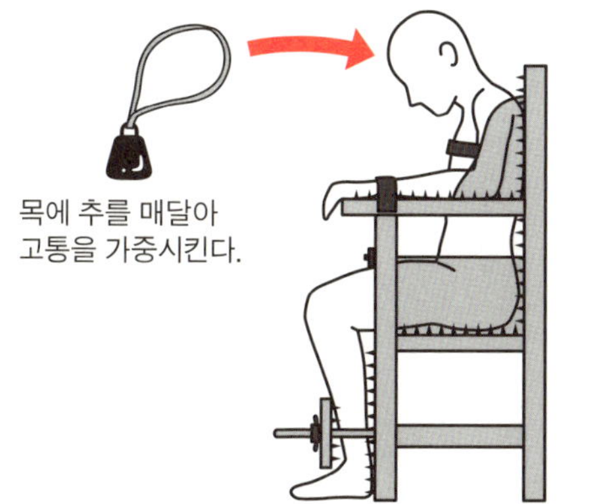

관련 항목

● 석판 고문→No.103

스페인식 가롯

목을 옥죄는 장치가 달린 의자. 외형만으로도 쉽게 이해되는 구조라 실제 사용하지 않더라도 위협 목적으로 고문실에 놓아두는 경우가 있었다.

●외형만큼 효과적이었을까?

가롯(Garot)은 철제 혹은 목제로 된 의자로, 신체검사 등에서 앉은키를 재는 의자와 비슷하게 생겼다. 등받이 겸 기둥 위쪽에 희생자의 목을 집어넣는 둥근 금속 고리가 있다. 참고로, 초기형 가롯은 금속 고리가 아닌 밧줄이었다고 한다. 양 손목과 발목은 전용 형구나 끈으로 묶어 의자에 고정했다. 금속 고리 뒤쪽에 달린 나사를 조이면 고리가 점점 좁아지며 기도를 압박하는 구조이다.

목을 조여 자백을 강요하는 고문 기구로, 더 큰 고통을 주기 위해 팔다리에 다른 고문을 추가하는 경우도 많았다. 채찍질, 불 고문, **엄지손가락 분쇄기, 스페인 장화** 등이 사용되었다.

나사로 압박 강도를 조절할 수 있기 때문에 우수한 고문 기구로 평가되기도 한다. 하지만 자백을 유도해야 하는 상황에서는 목이 조인 상태의 희생자로부터 이야기를 듣는 것이 쉽지 않다. 특히, 마녀 혐의처럼 당사자의 자백이 필수인 경우, 목을 조이는 고문은 결코 합리적인 방식이라 보기 어렵다. 다만, 집행인이 마음만 먹으면 간단히 희생자를 죽음에 이르게 할 수 있다. 나사를 빠르게 조여 희생자를 기절시키고 정신이 들면 또 다시 질식할 때까지 나사를 조이는 방법도 있는데, 이런 거친 방법으로 기절시킨 희생자가 반드시 깨어날 거라는 보장은 없다. 기억을 잃거나 다양한 후유장애가 남는 경우도 있다.

또 머리가 인체의 급소이다 보니 자칫 사망에 이르게 할 가능성도 있다. '가롯 고문을 받은 노인이 다음 날 아침 시체로 발견되었다'는 기록도 남아 있다. 몸이 약한 사람은 심문 중 목뼈가 부러지거나 질식할 위험이 있으며, 실제 종종 일어나는 사고였다. 조이는 위치가 잘못되어 경동맥을 압박하면 희생자는 몽롱한 상태로 정신을 잃는다. 죽이지 않고 고문하려면 숙련된 집행인의 존재가 필수였다.

금속 고리로 목을 옥죄는 의자

효 과	교(絞) 질(窒)
용 도	고(拷)
시대와 지역	15~17세기 스페인

스페인식 가롯

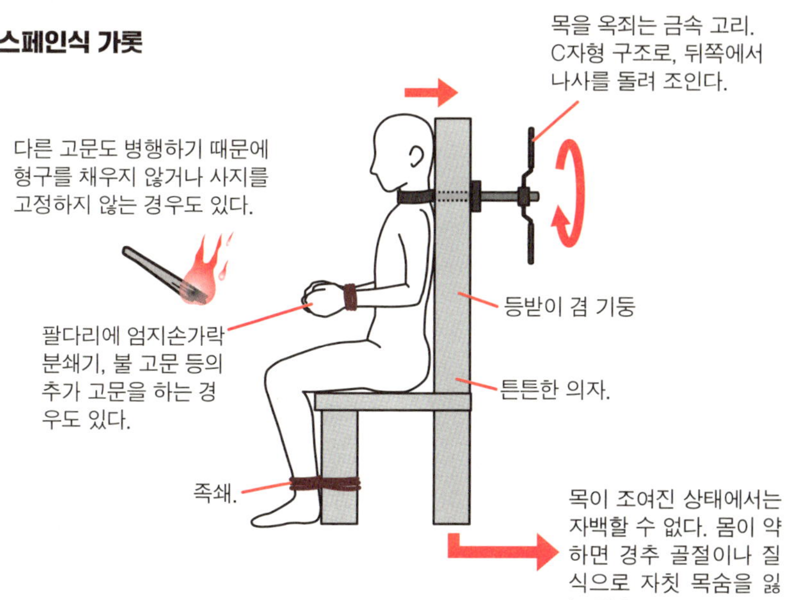

◆현대에 실시된 검증 실험

기록에 따르면, 초기의 가롯은 상당한 완력이 필요해 집행인에게도 다루기 힘든 기구였던 듯하다. 한 TV 프로그램에서 실제 가롯을 제작해 인체 모형으로 실험한 적이 있다. 그 결과, 목을 조이려면 90kg 상당의 악력이 필요한 것으로 확인되었다. 맨손으로 목을 조르는 것보다 조금 나은 정도의 수준이다.

또한 가롯의 심장부라고 할 수 있는 나사의 발명은 고대 그리스 시대까지 거슬러 올라가는데, 공업 제품으로서의 정교함은 시대에 따라 차이가 있다. 중세의 가롯은 제조 기술이 미숙해 제대로 된 성능을 발휘하지 못했을 가능성이 있다.

관련 항목

- 엄지손가락 분쇄기→No.003/004/005
- 가롯→No.038
- 스페인 장화→No.008

카탈루냐식 가롯

당초에는 고문을 위해 고안된 전용 기구였지만, 인도적인 처형 기구로 화려하게 탈바꿈했다. 한 마디로 말해, 목을 빠르게 부러뜨리는 의자이다.

● 죽음에 이르는 조르기

사실 **가롯**에는 두 가지 형식이 있다. 하나는 금속 고리로 옥죄는 **스페인식**, 또 다른 하나가 이번에 소개하는 **카탈루냐식**이다. 처형 전용으로 개량된 가롯으로, 1852년에 등장했다. 외형은 앉은키를 재는 의자와 비슷하지만, 스페인식과는 달리 금속 고리는 조이지 않는다. 대신 목 뒤쪽에 설치된 끝이 뾰족한 나사가 튀어나오며 목에 박힌다. 구체적으로는 목 뒤쪽에 움푹하게 들어간 급소를 직격하는 것이다.

경추와 주요 신경이 집중되어 있는 부위가 눌리며 순식간에 숨이 끊어진다. 목을 조인 금속 고리에도 압박이 가해져 마찬가지로 급소인 울대를 눌러 기도가 막히기 때문에 생존 가능성은 거의 없다. 나사를 천천히 조이거나 잠시 멈추는 식으로 더 큰 고통을 줄 수 있다. 희생자를 고통 속에서 죽음으로 몰아넣는 가장 잔혹한 처형 기구이다.

그러나 대개는 단숨에 조여 목뼈를 부러뜨렸다. 카탈루냐식은 '자비로운 처형 기구'로 발명되었기 때문이다.

마녀 사냥 시대, 희생자는 영혼의 정화를 위해 마지막 순간에는 화형에 처해지는 경우가 많았다. 산 채로 불타 죽는 것만큼 고통스러운 형벌은 없을 것이다. 19세기가 되자 인도적인 의미에서 희생자를 가롯으로 먼저 처형한 후 화형 시켰다.

확실히 나사를 빨리 감으면 절명하기까지의 시간이 짧다. 하지만 희생자의 얼굴은 심하게 일그러진다. 교수형 등과 달리, 아무래도 가롯을 사용하면 질식을 피할 수 없다. 현대적 관점으로 보면 결코 편하지도, 인도적이지도 않은 방식인 것이다. 희생자의 표정과 안색이 너무 끔찍해 자루나 검은 천을 씌우는 것이 일반적이었다.

처형에 사용된 '자비로운' 의자

효 과	자(刺) 쇄(碎) 질(窒)
용 도	사(死)
시대와 지역	19세기 스페인

카탈루냐식 가롯

· 가롯은 스페인과 프랑스에서 널리 사용되었다.
· 카탈루냐는 스페인의 지방 이름으로, 스페인에
  서 처음 고안된 기구로 추정된다.

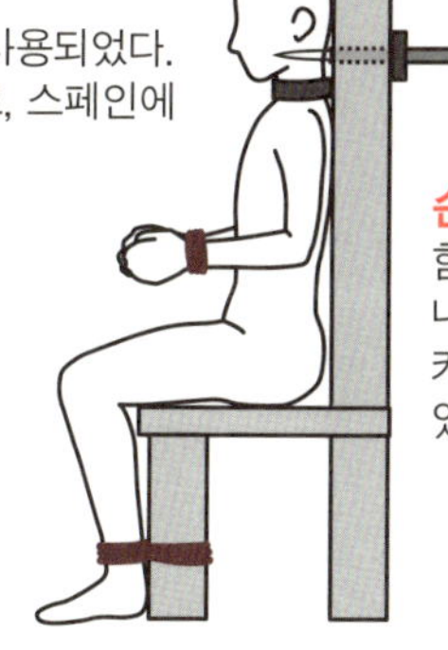

손잡이
힘이 필요하기 때문에
나사를 감을 수 있는
커다란 손잡이가 달려
있다.

카탈루냐식 가롯의 변형

입식 가롯
희생자를 기둥 앞에 세운 채
집행하는 가롯도 있었다.

장작을 미리 쌓아두면,
처형 후 바로 화장할 수
있다.

조잡한 가롯
지방에서 제작된
조잡한 기구.

정교한 가롯

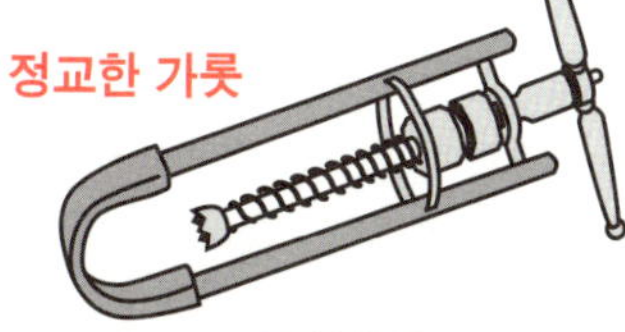

다니엘 브륄 주연의 영화
〈살바도르〉에는 가롯에 의한
처형 장면이 극명히 묘사되어 있다.

관련 항목

● 가롯→No.037

철의 처녀

유명한 고문 및 처형용 철제 관. 외관은 외투를 걸치고 머리에는 챙 없는 모자를 쓴 거대한 여성의 조형물 혹은 원기둥에 조각된 부조처럼 보이기도 한다.

●환상 세계의 아이템

한 사람을 수용할 수 있는 여성 형태의 철제 관으로, 전체적인 형태는 원기둥형이며 전면이 양쪽으로 열리게 되어 있다. 내부에는 인체를 관통하는 사각뿔 형태의 굵은 못이 가득 박혀 있어, 안에 갇힌 희생자를 찌르는 무시무시한 기구이다.

철의 처녀(Iron Maiden)는 보는 이로 하여금 이루 말할 수 없는 공포에 빠지게 만드는 분위기를 가지고 있다. 이 기구는 고문이나 처형과 같은 음울한 목적으로 만들어진 거창한 장치이지만, 실제 사용되기 전까지는 그리 위협적으로 보이지 않는다. 그런 점이 오히려 공포를 자극하는 것인지도 모른다.

하지만 자주 사용되지는 않았다. 지나치게 거창한 나머지 많이 제작되지 못했던 것이다. 19세기에 실물이 발견되기 전까지는 상상 속에서나 존재하는 기구로 여긴 이들도 있을 정도였다. 어떤 결함이 있었을 수도 있고, 과도하게 부풀려진 소문 탓이었을지도 모른다. 귀족들이 방범용으로 세워두는 장식품 혹은 골동품 수집의 목적으로 만든 복제품이라고도 전해지며, 그 외에 출처를 알 수 없는 모조품이나 무시무시한 전설도 많다. 그 중에서 비교적 유명한 것이 바덴바덴의 철의 **처녀**이다. 같은 독일에 있던 **뉘른베르크의 철의 처녀**에서 영감을 얻어 고안된 것으로 추정되기도 한다. 그러나 내부에 희생자를 가두는 장치는 아니었다.

장치 본체는 여성의 조형물이었지만, 팔을 펼치듯 덮개가 열리거나 내부나 표면에 못이 박혀 있는 것도 아니다. **톨레도의 자비의 성모**처럼 조형물에 입을 맞추라는 지시를 받은 희생자가 다가가면 바닥에 숨겨진 장치가 열리며 함정으로 추락한다. 아래에 있는 가시가 박힌 수레바퀴 위로 떨어져 절명하는 것이다. 조형물로 유인해 다른 함정에 빠트리는 방식이지만, 실물이 남아 있지 않아 실제로 사용되었는지는 확인할 수 없다.

효 과	자(刺) 폐(閉)
용 도	협(脅) 고(拷) 사(死)
시대와 지역	16세기 유럽?

철의 처녀의 구조

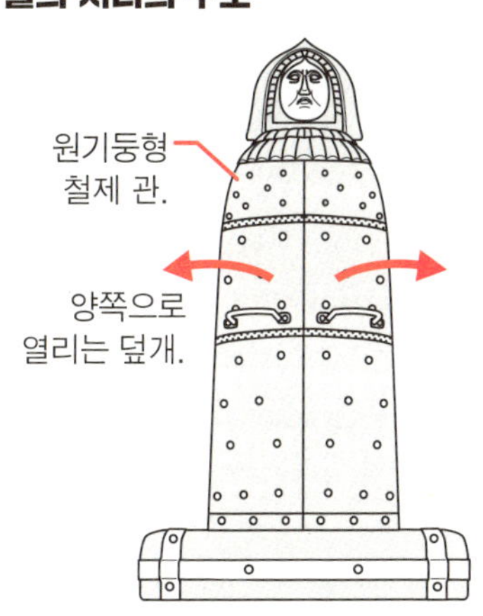

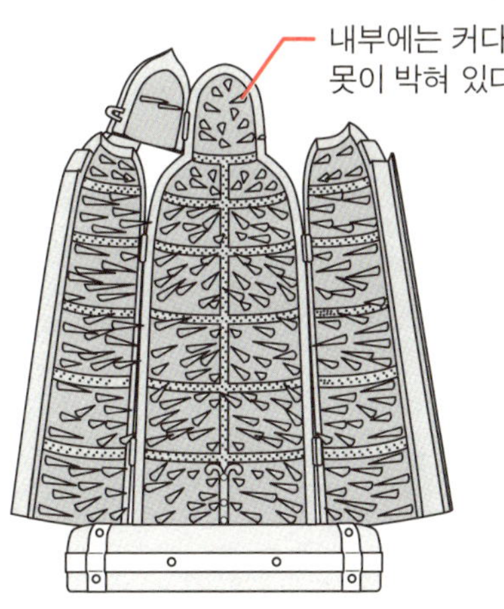

바덴바덴의 처녀

처녀상에 다가가면 바닥에 숨겨진 장치에 의해 함정에 빠진다.
거기에는 가시가 박힌 수레바퀴가 기다리고 있다.

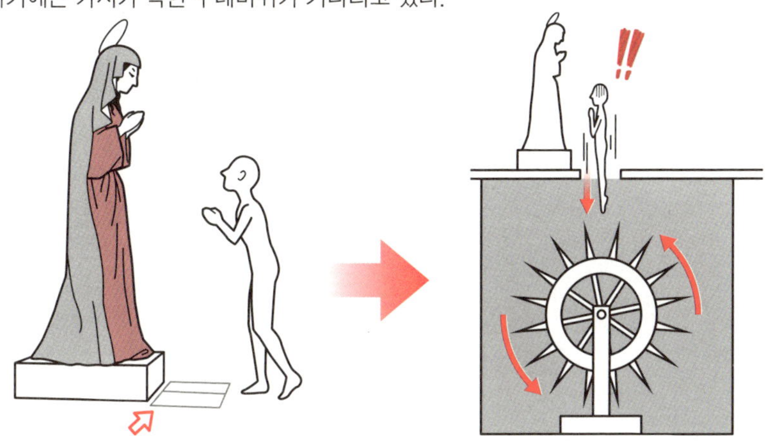

관련 항목

●뉘른베르크의 철의 처녀→No.040/041　　●톨레도의 자비의 성모→No.044

뉘른베르크의 철의 처녀 — 재판 기록에 근거한 접근

철의 처녀에 관한 전설은 수없이 많지만, 실제 존재했던 철의 처녀는 뉘른베르크에 있던 것뿐 나머지는 전부 지어낸 괴담일 가능성이 있다.

●철의 처녀의 결정판

가장 유명하고 체계적이며 유일하게 현존했던 **철의 처녀**는 독일 뉘른베르크에 있었다. **철녀, 처녀**라고 불리기도 했으며 현지에서는 **융프라우**(Jungfrau)라고 한다.

1515년 8월 15일, 위조지폐를 만든 자가 철의 처녀로 처형되었다는 기록이 남아 있다. 이 기록이 사실이라면, 철의 처녀는 16세기 초 혹은 그 이전에 제작된 것으로 보인다.

본체는 내부가 비어 있는 인형 형태의 관으로, 양쪽으로 열리는 덮개 안쪽은 쇠못이 잔뜩 박혀 있어 희생자를 안에 넣고 덮개를 천천히 닫으면 쇠못에 찔리는 부위가 점점 늘어나는 구조이다.

다음은 처형 기록의 실제 상황을 인용한 설명이다.

문이 천천히 닫히자 날카로운 쇠못의 끝부분이 서서히 남자의 몸에 박혔다. 처음에는 팔, 다리 그 다음은 배와 가슴, 계속해서 방광과 국부 그리고 눈, 어깨, 엉덩이 깊숙이 못이 뚫고 들어갔다.

모든 못은 '치명적이지 않고', '피가 나지 않으며', '고통을 느끼는' 부위에 박히도록 설계되었다고 한다. 또 신체를 찌르는 것뿐 아니라 찢는 역할도 했다. 선 채로 쇠못에 찔린 희생자는 아무리 고통스러워도 쓰러질 수 없다. 온몸에 박힌 못에 의해 매달리듯 서 있는 상태라, 체중이 실릴수록 상처는 점점 더 찢어지는 것이다.

두꺼운 철판으로 만들어졌기 때문에, 덮개를 닫으면 소리는 거의 새어나오지 않는다. 희생자의 희미한 비명 소리만이 들려올 뿐이다. 위조지폐를 만든 남자는 이틀간 고통에 몸부림치다 숨이 끊어졌다고 한다.

가장 잔혹한 처형 장치 중 하나

효 과	자(刺) 열(裂) 폐(閉)
용 도	협(脅) 고(拷) 사(死)
시대와 지역	16세기 유럽?

철의 처녀의 구조

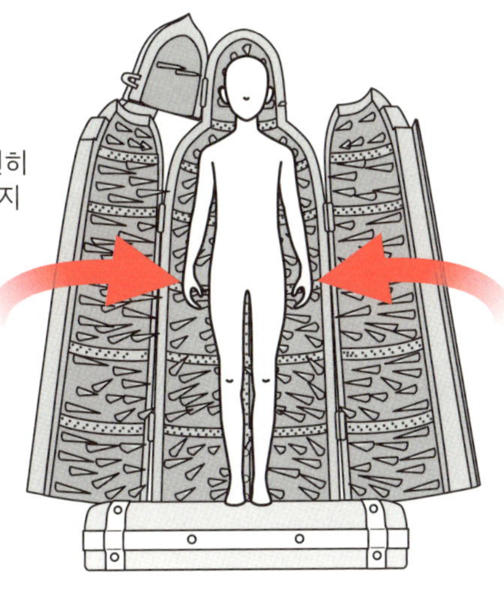

덮개를 조금씩, 천천히
닫기 때문에 즉사하지
않는다.

내부의 모습

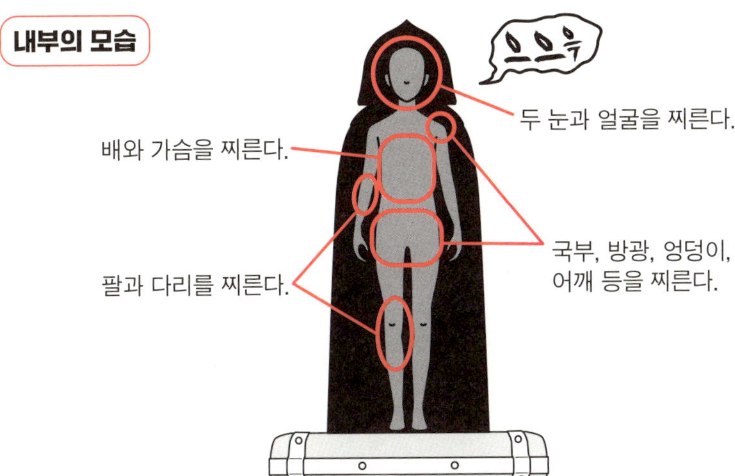

관련 항목

● 철의 처녀→No.039

● 뉘른베르크의 철의 처녀→No.041/042

뉘른베르크의 철의 처녀 — 실물의 발견과 쇠못의 비밀

뉘른베르크의 철의 처녀는 역사의 어둠에 묻혀 수세기 동안 그 존재조차 잊혔으나, 1832년 한 연구자에 의해 발굴되었다.

●뉘른베르크의 철의 처녀는 진실을 말하는가?

1832년, 뉘른베르크 문서관의 관장 마이어 박사는 디트리히 남작의 골동품 컬렉션을 조사하던 중 **철의 처녀**를 발견했다. 그는 1838년 저서 『고고학(Archeologia)』에서 그것에 대해 자세히 설명하고 있다.

전체가 금속으로 만들어졌으며, 안에는 사람 한 명을 온전히 수용할 수 있는 구조이다. 본체의 앞뒷면이 모두 양쪽으로 열리는 방식으로, 손잡이도 달려 있었다.

원기둥 형태의 본체 내부에는 끝이 뾰족한 굵은 쇠못이 잔뜩 박혀 있다. 한쪽 면에 13개, 반대쪽 면에는 8개의 못이 박혀 있다. 이 못들은 저마다 희생자의 내장에 박히게끔 설계되어 있으며 얼굴 높이에는 양쪽 눈을 관통하는 2개의 못이 박혀 있다.

못의 위치와 용도에 대해서는 1515년의 처형 기록의 기술과 다르다. 못이 내장에 박히면 희생자는 순식간에 쇼크사하고 말 것이다. 이 외에도 150개의 못이 박혀 있었다는 설도 있다.

참고로, 드라큘라로 유명한 작가 브램 스토커(1847~1912)는 자신의 공포 소설 『스쿼(The Squaw)』에 **철의 처녀**를 등장시켰다. 유럽에서는 이미 유명한 고문 기구였지만, 소설이 전 세계로 번역 출간되면서 19세기부터 20세기 중반에 걸쳐 철의 처녀가 더욱 널리 알려진 것으로 보인다.

뉘른베르크 성에 있었다는 이 장치에는 출처는 불분명하지만 다음과 같은 흥미로운 일화도 함께 전해진다.

버튼을 누르면 바닥이 열리며 온몸을 못에 찔린 희생자가 떨어지는 구조였다는 것이다. 성 아래에 흐르는 강으로 떨어지는 것이다. 또 수로에는 칼날이 설치되어 있어 시신이 잘게 조각났다는 이야기도 있다. 그러나 못에 찔린 희생자는 바닥이 열려도 아래로 떨어지지 않을 테고 성 아래에는 강도 없었다. 무엇보다 처형된 희생자의 사체 처리에 그렇게까지 공을 들일 필요는 없을 것이다.

고문 강도의 조절이 가능한 쇠못

효 과	자(刺) 폐(閉)
용 도	협(脅) 고(拷) 사(死)
시대와 지역	16세기 유럽?

뉘른베르크의 철의 처녀

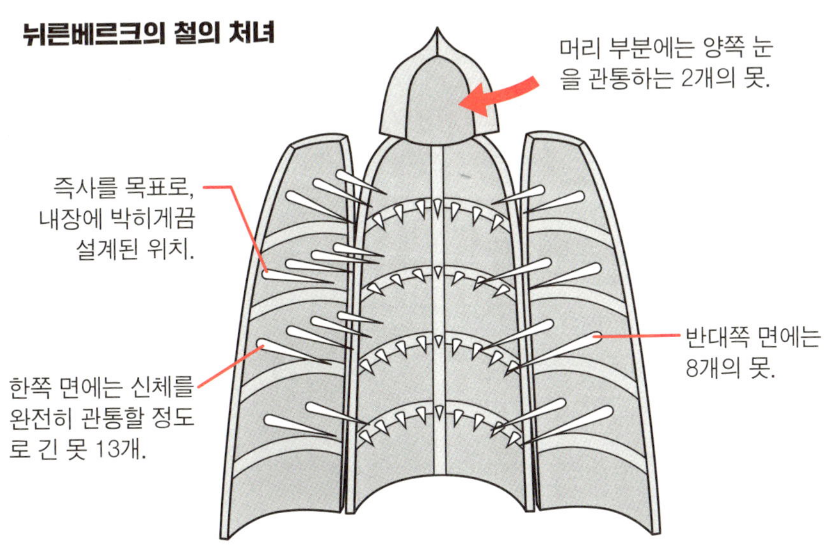

도시 전설이 된 성의 처리 장치

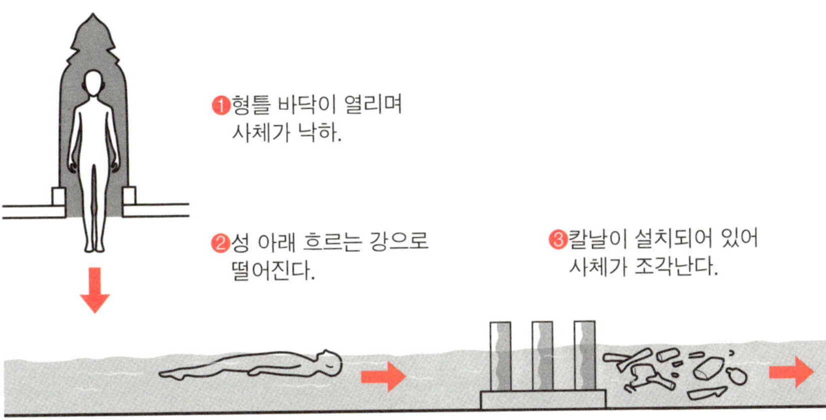

관련 항목

- 철의 처녀→No.039
- 뉘른베르크의 철의 처녀→No.040/042

뉘른베르크의 철의 처녀 — 공개형설

철의 처녀에 설치된 못을 떼였다 붙였다 할 수 있다면, 고문은 물론 위협이나 처형에도 사용되었을 가능성이 있어 논의가 오가기도 했다.

●실제 못은 사용되지 않았으며, 공개형이나 위협의 도구였다?

뉘른베르크의 철의 처녀의 희생자에게는 무수한 못에 찔리는 고통 외에도 좁고 어두운 공간에 갇히는 정신적인 고통도 줄 수 있다. 이런 감금 방식을 이용해 **공개형**(公開刑)에 사용되었을 수 있다고 보는 연구자도 있다.

예를 들어, **주정뱅이의 망토**라고 불리는 구속 기구에는 희생자의 손을 꼼짝 못하게 만들어 먹지도 마시지도 못하게 하는 기능이 있었다. 또 얼굴까지 덮기 때문에 희생자는 아무것도 할 수 없는 상태로 어둠에 휩싸인다. 이것이 철의 처녀의 원형이라는 것이다.

빌레펠트 대학의 실트 교수는 철의 처녀 내부에 못이 없었다고 단정한다. 감금이 목적인 기구로, 못은 후세에 누군가가 붙였을 것이라는 주장이다. 그렇다면 고문이나 처형이 아닌 위협에 사용되었을 가능성도 충분히 있다. 또 못이 박힌 상태로는 덮개를 닫기 어렵기 때문에 유럽의 박물관에서는 못이 제거된 형태로 전시하는 경우도 있다.

하지만 지금으로서는 모든 기록의 진위를 다시 검증하는 것이 불가능하다. 1944년 제2차 세계대전 당시, 공습으로 철의 처녀가 파괴되었기 때문이다. 현재 우리가 볼 수 있는 것은 1828년에 제작된 모조품과 세계 각지에 있는 복제품뿐이다. 일본 도쿄의 메이지 대학 박물관에도 전시되어 있어 누구나 관람할 수 있다.

여전히 다양한 설이 존재하며, 실제 이 장치가 어떻게 사용되었는지는 밝혀지지 않아 그야말로 베일에 싸인 신비한 장치로 남아 있다.

참고로, 철의 처녀라는 명칭의 유래에 대해서는 희생자의 피가 틈새로 흘러나왔기 때문이라거나 굳게 닫힌 덮개 사이로 피가 흘러나왔기 때문이라는 등의 해석도 있다.

철의 처녀에는 못이 있었을까?

효 과	쇄(晒) 폐(閉)
용 도	협(脅) 고(拷)
시대와 지역	16세기 유럽?

철의 처녀에는 원래 큰 못이나 바늘이
없었으며, 감금하기 위한 기구였다고
보는 연구자도 있다.

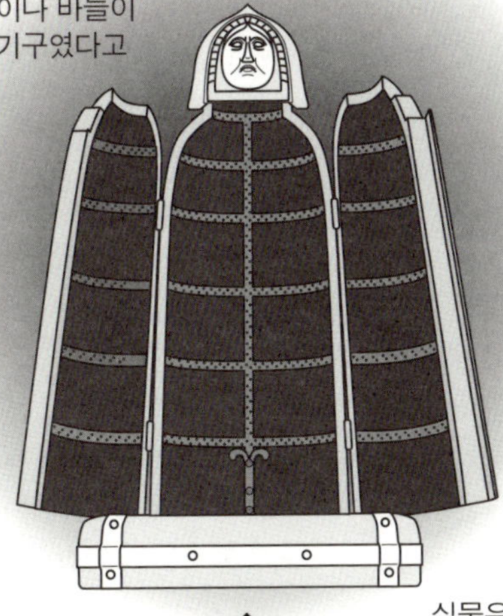

실물은 전화로 소실되었으며,
세계 각지에서 복제품이
제작되었다.

관련 항목

- 철의 처녀→No.039
- 주정뱅이의 망토→No.081

아페가의 여인상

고대 그리스에서 전해 내려오는, 고문과 처형 모두에 사용되었던 기계식 여인상. 희생자를 속여 포박하고, 가시로 찔러 고통을 주었다.

●여인상 형벌 기구의 기원

고대 그리스의 도시 국가 스파르타에 나비스라는 폭군이 있었다. 그가 만든 등신대의 형벌 기구가 **아페가의 여인상**이다. 아페가는 나비스의 아내 이름으로, 그녀의 모습을 본떠 제작되었다.

나비스는 마음에 들지 않는 자가 있으면 '나는 너를 설득할 재주가 없다. 하지만 내 아내 아페가라면 너를 설득해 줄 것이다'라며 여인상 앞에 세웠다고 한다.

아페가의 여인상은 아름다운 옷을 걸친 여성 모습의 조형물로, 가슴과 팔에는 무수한 가시가 숨겨져 있었다. 희생자가 아무 것도 모른 채 여인상에 다가가면, 기계 장치로 움직이는 여인의 팔이 그를 끌어당긴다. 그 순간, 가슴과 팔의 가시가 몸에 박히며 절명한다. 재산을 빼앗고자 할 때는 등 뒤에서 끌어안도록 유도했다. 이 경우, 목숨은 구하지만 가시에 찔리는 고통까지 피할 수는 없다.

참고로, 눈이나 국부 등을 못으로 찌르는 고문은 고대 로마 시대부터 이루어졌다. 또 유럽의 종교 전쟁 당시에는 개혁파가 적대자의 온몸을 바늘로 찔러 고문하는 일도 있었다고 한다. 못으로 찌르는 방식 자체는 전통적인 고문법 중 하나였다.

한편, 아페가의 여인상에 관한 이야기는 전설에 가까워, 실제 존재했는지 여부는 확실치 않다. 그러나 전설로 전해지고 있었던 만큼, 여기에서 영감을 얻은 것으로 보이는 '기계식 인형의 팔로 사람을 끌어안아 살상하는' 기구가 발명되었다. **톨레도의 자비의 성모, 바토리의 흡혈 인형** 등이다.

또한 세계적으로 널리 알려진 **철의 처녀**는 희생자를 관처럼 생긴 조형물에 가두고 온몸을 못으로 찌르는 장치로, 오싹한 여인상의 모습이나 무수한 못을 사용한다는 점에서 인연이 깊은 고문 및 처형 장치로 분류된다.

여인상의 팔이 속아 넘어간 희생자를 끌어안는다

효 과	자(刺) 포(抱)
용 도	고(拷) 사(死)
시대와 지역	기원전 그리스

아페가의 상

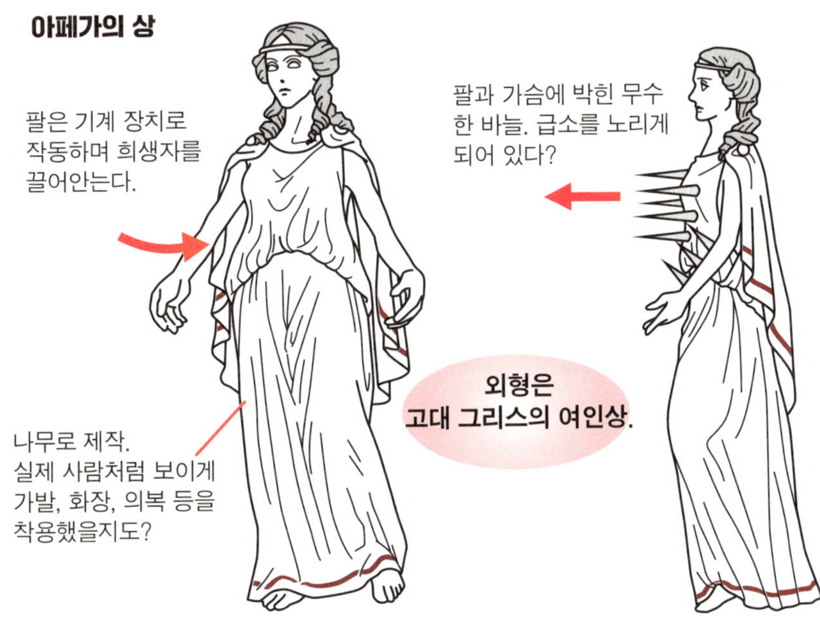

사용법

❶여인상 정면에 세워 끌어안는다. 바늘이 급소를 관통해 죽는다.

❷뒤에서 끌어안으면 죽지 않는다. 심문이나 협박으로 재산 등을 갈취.

관련 항목

톨레도의 자비의 성모

주로 이단 심문소에서 처형에 사용되었다고 전해지는 여성 형상의 기구. 비슷한 종류의 장치 중에서는 가장 현실미가 있지만, 여전히 전설의 영역을 벗어나진 못했다.

●성모상에 숨겨진 죽음의 덫

이베리아 반도로 진출한 나폴레옹 휘하의 **라살 장군**(1775~1809)이 톨레도의 이단 심문소 지하 고문실에서 발견한 처형 장치가 **자비의 성모**이다. **철의 마리아, 톨레도의 철의 처녀** 등으로도 불린다.

본체인 등신대의 성모 마리아상과 뒤쪽에 세워진 받침대로 이루어져 있으며, 그 안쪽에서 성모상의 팔이 움직이도록 조작했다. 나무로 제작되었으며 머리에는 후광이, 오른손에는 깃발을 들고 있었다. 동체 앞부분에는 못과 칼날이 잔뜩 박혀 있었으며, 이를 가리기 위해 비단 옷을 걸쳤다.

성모상은 자신의 앞에 선 희생자를 끌어안고, 날카로운 칼날로 온몸을 찔러 상처를 입힌다. 양쪽 눈에서도 칼날이 튀어나와 눈을 관통한다. 또 심장을 겨냥한 날카로운 쇠못이 튀어나온다. 그럼에도 아직 살아있다면, 기계식 팔을 조여 질식시켰다.

이 장치는 고대 그리스의 **아페가의 여인상**과 같은 기능을 갖추었으며, 스페인에서도 마찬가지로 불시에 희생자를 공격하는 방식으로 쓰였다. 죽이려는 자를 방에 들여보내며 '성모상 앞에서 고백하라'고 유도한 뒤, 안심하고 다가가는 순간 장치를 작동시키는 것이다.

라살 장군이 시험 삼아 장치를 작동시키자 희생자 대신 세워둔 배낭에 온통 구멍이 뚫렸으며, 가슴 부위에서 튀어나온 쇠못에 걸려 그대로 매달려 있었다고 한다. 강도 조절은 불가능했던 것으로 보이는데, 이는 희생자가 최대한 고통 없이 즉사하도록 설계되었기 때문이다. 그런 이유로 자비로운 성모의 형상을 본떠 만들어졌다는 것이다.

비슷한 여성 형상의 기구에 비하면, 비교적 최근 기록이기도 하고 구조적으로나 내용적으로도 현실미가 있는 이야기이기는 하지만, 전문가들 사이에서는 실재했는지 여부조차도 의견이 갈리고 있다.

한순간에 생명을 앗아가는 성모상

효 과	자(刺) 포(抱) 질(窒)
용 도	고(拷) 사(死)
시대와 지역	18세기 스페인

톨레도의 자비의 성모

재질은 목재. 팔과 동체 전면에
칼날이 숨겨져 있다.

비단옷을 걸쳐
칼날을 숨겼다.

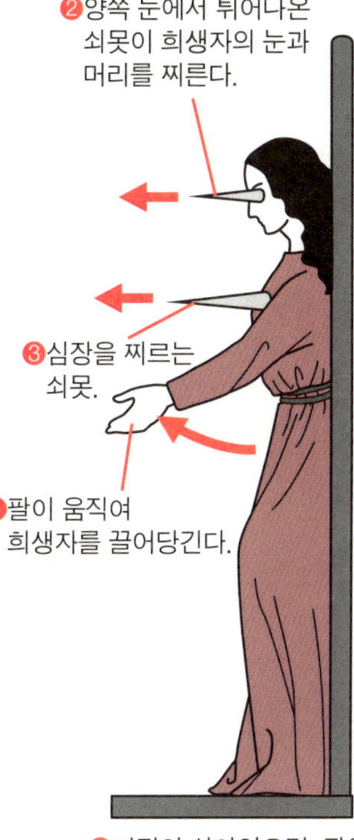

용어 해설

●라살 장군→앙투안 샤를 루이 드 라살(Antoine Charles Louis de Lasall). 프랑스 혁명 전쟁과 나폴레옹 전쟁기의 프랑스 군인. 수많은 위업을 달성한 당대 최고의 기병 지휘관으로 알려졌다.

관련 항목

●아페가의 여인상→No.043

바토리의 흡혈 인형

희대의 악녀로 유명한 바토리 백작 부인은 아름다움과 젊음을 유지하기 위해 살아 있는 여성의 피를 빼앗았다. 그런 목적으로 만들어진 인형 형태의 처형 기구이다.

●희생자를 가두고 피를 짜냈던 철제 인형

벌거벗은 여성 형상의 철제 인형으로, 피부는 사람처럼 살색으로 칠하고 얼굴에는 화장도 했다. 여성의 머리카락을 붙이고, 입안에는 이까지 만들어 넣었으며, 눈과 입도 기계 장치로 움직이게 되어 있어 섬뜩한 미소를 짓기도 했다고 전해진다.

이 인형은 **아페가의 여인상**과 **철의 처녀**를 조합한 듯한 기능을 지녔다. 버튼을 누르면 인형의 양팔이 펼쳐지며 희생자를 붙잡는다. 곧이어 가슴 부분이 양쪽으로 열리며 비어 있는 내부로 희생자를 끌어당긴다. 내부에 박혀 있는 수많은 바늘에 온몸이 찔리고, 으깨져, 피를 쏟아내던 희생자는 고통 속에서 숨을 거둔다. 일련의 작업이 끝나면, 인형의 팔은 원래 위치로 돌아가고 희생자의 피는 내부의 관을 통해 미리 준비되어 있던 욕조 안으로 흘러나온다.

바토리 백작 부인은 이렇게 준비된 피의 욕조에 몸을 담그는 것으로, 젊음과 미모를 유지했다고 한다.

16세기 트란실바니아에서 헝가리의 백작 가문으로 시집 온 엘리자베트 바토리(Elizabeth Báthory, 1560~1614)는 '피의 백작 부인'이라는 별명을 가진, 역사상 가장 많은 살인을 저지른 인물이다. 그녀는 1585년부터 1609년까지 24년간 600~650명에 달하는 젊은 여성들을 유인해 고문한 후 죽였다. 성에 가두고 불로 지지거나, 얼굴이나 팔의 피부를 벗기거나, 동상에 걸리게 방치하거나, 죽기 직전까지 굶기는 등의 온갖 고문을 일삼으며 쾌락을 느꼈다. 범죄가 발각된 후에도, 백작 부인이라는 지위 덕분에 처형 대신 죽을 때까지 성에 유폐되었다고 한다.

전승대로라면, 바토리가 애용했던 흡혈 인형은 이런 종류의 처형 기구로서는 궁극의 수준에 달했다고 할 수 있다. 하지만 그 존재는 물론 실제 작동했을지 여부도 불분명하다.

젊은 여성의 피를 짜낸 인형

효 과	자(刺) 포(抱) 혈(血)
용 도	고(拷) 사(死)
시대와 지역	16~17세기 헝가리

바토리의 흡혈 인형 상상도

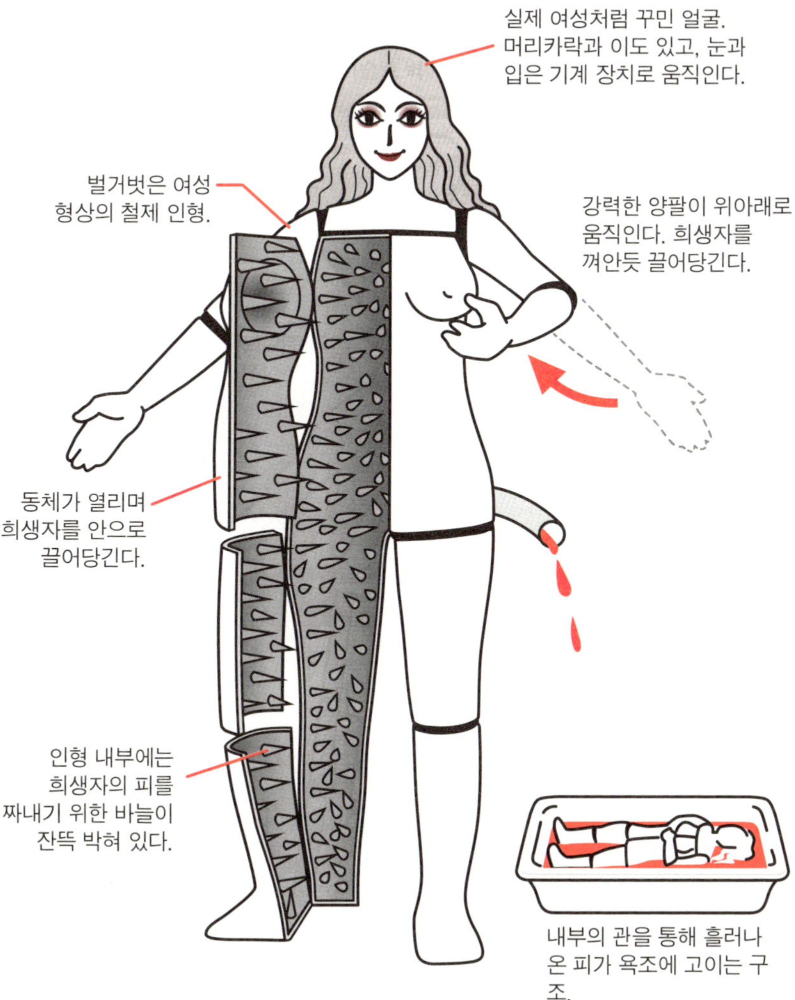

관련 항목

● 철의 처녀→No.039

● 아페가의 여인상→No.043

이단자의 포크 / 에라스무스의 벨트

이 두 가지 소형 고문 기구는 특정 고문을 목적으로 제작되었다. 특히, 라틴어가 새겨진 포크는 고문하는 쪽의 이념적 색채가 짙게 묻어난다.

● 이단자의 포크

양 끝이 뾰족한 포크 모양의 칼날을 가죽 벨트나 스트랩에 연결한 고문 기구이다. 머리를 위로 든 상태로 방치하는 고문에 사용되었다.

앉은 상태에서도 사용할 수 있지만, 당시에는 **이단자의 포크**(Heretic's Fork)를 천장에 매달아 늘어뜨린 후 벨트를 희생자의 목에 감는 식으로 장착했다. 이때 칼날의 끝부분은 가슴뼈 위의 오목한 부위와 턱에 닿도록 고정한다.

피로와 졸음으로 고개를 떨어뜨리면, 뾰족한 칼끝이 목과 가슴을 찌른다. 그대로 방치하면, 극심한 수면 부족으로 정신이 흐려져 자백하기 쉬운 상태에 빠진다.

이 포크에는 '아비우로(abiuro)'라는 라틴어가 새겨져 있다. 이는 '신앙을 부정한다'는 의미이다. 유럽 각지에서 이단 심문용으로 사용되었으며, 가톨릭의 권위가 크게 높아진 시대에는 신을 모독하거나 거짓말을 한 자, 신의 이름을 헛되이 입에 올린 자 등에게도 사용되었다. 희생자가 '아비우로!'라고 외치면 이 기구로부터 풀려날 수 있었다. 신앙을 철회한다는 뜻이었지만 그렇다고 무죄 석방이 되는 것은 아니었으며 그에 상응하는 다른 벌을 받았다. 사형을 받는 경우도 있었다.

● 에라스무스의 벨트

16세기부터 19세기에 걸쳐 유럽 전역 특히, 독일에서 사용된 고문 기구로, 당시에는 **성 에라스무스의 벨트**라고 불리었다. 뾰족한 가시가 살에 박힌 모습을 초자연 현상인 '성 엘모의 불'에 빗대어 이런 이름을 붙인 것이다.

쇠로 만든 이 목걸이 안쪽에는 여러 개의 가시가 박혀 있다. 무게가 5kg에 달하기 때문에 가시가 없어도 목에 큰 부담을 준다. 나사로 조이는 방식으로, 강하게 조일수록 고통은 더욱 커진다. 이런 형태의 목걸이는 중세의 서양뿐 아니라 세계 각지에서 사용되었다.

목걸이 형태의 소형 고문 기구

효 과	자(刺) 불면(不眠)
용 도	협(脅) 고(拷)
시대와 지역	중세 · 근대 유럽

이단자의 포크

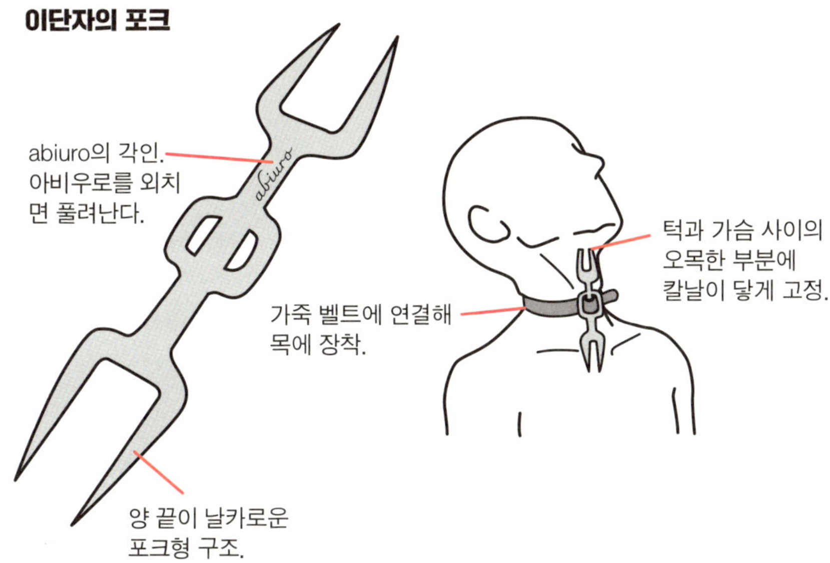

에라스무스의 벨트(가시가 박힌 형구의 변형)

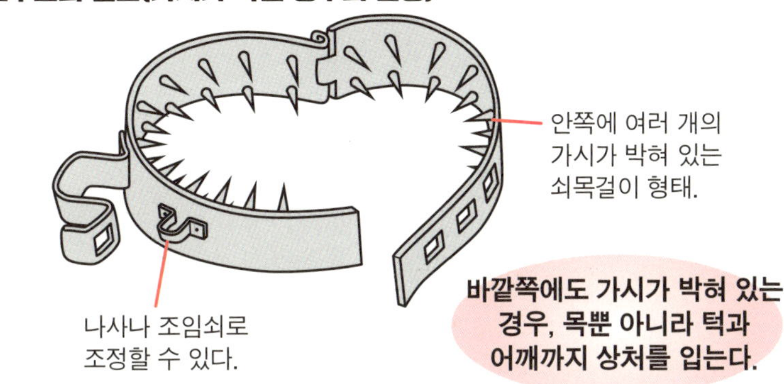

용어 해설

● 성 엘모의 불 → 특정 조건하에서 일어나는 방전 현상. 당시 사람들은 신의 기적 또는 불길한 영적 현상이라고 여겼다.

굴려서 고통을 주는 고문 · 처형 기구

좁은 공간에 가둬 고통을 주고, 바늘 등으로 찔러 이중의 고통을 주는 고문은 고대부터 존재했으며 현대에도 사용된 사례가 있었다.

●동시에 두 가지 고통을 주는 고문

'찌르는' 것은 지극히 초보적인 고문 방식으로, 손톱 사이에 바늘을 찔러 넣거나 조금 더 공을 들인 방식이라면 못이 박혀 있는 의자에 앉히는 **심문 의자** 등이 떠오른다.

마녀 사냥 시대에는 **바늘 심사**라고 하는, 마녀(혐의를 받는)의 신체에서 악마의 표식(점이나 흉터)을 바늘로 찌르는 독특한 판정 방식도 있었다. 바늘로 찔렀을 때 고통을 느끼지 않거나 상처가 나지 않으면 유죄로 간주했다. 하지만 실제로는 바늘이 찌르지 않게끔 조작된 눈속임 장치였다.

한편, 감금한 상태로 고문하는 방식도 여럿 있었는데 여기서는 좁은 공간에 가두고 날카로운 칼날로 찌르는 잔혹한 방식에 대해 소개한다.

예컨대 고대 그리스 시대, 카르타고 군의 포로가 된 로마의 장군 마르쿠스 아틸리우스 레굴루스(Marcus Atilius Regulus)는 내부에 날카로운 칼날과 바늘이 박혀 있는 통에 갇혀, 비탈길에서 굴려졌다고 한다. 아마 즉사하지 못하고, 온몸에 찔린 상처와 타박상으로 고통을 겪었을 것이다.

중세 독일에서는 **파스**(Fass)라고 불리는 배 모양의 철통을 고문 기구로 사용했다. 못이 잔뜩 박힌 통 안에 결박한 희생자를 가두고 흔드는 방식이었다.

그 후로도 세계대전 시기 중국에서는 일본군이 원통형 철통 안에 사람을 가두고 고문했다. 통 안쪽에는 못이 잔뜩 박혀 있어 굴리는 것만으로도 희생자에게 큰 고통을 줄 수 있었다고 한다.

이처럼 희생자를 가두고 찌르는 고문 혹은 처형 기구로는 **철의 처녀**가 가장 유명하지만, 실은 고대부터 존재해온 다양한 수법을 집대성한 장치라 할 수 있다.

눈속임 바늘 / 타박상과 열상으로 희생자를 고문하는 기구

효 과	자(刺) 타(打) 폐(閉) 전(轉)
용 도	고(拷) 사(死)
시대와 지역	고대/중세/현대

1. 사기 바늘

마녀 사냥 심문에서 사용된 눈속임 바늘. 내부에 스프링 장치가 있어 찔러도 상처가 나지 않는다.

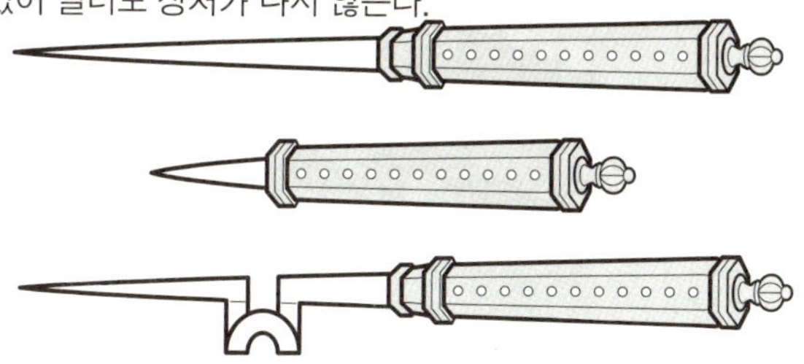

2. 카르타고의 통

포로가 된 로마 장군이 이 안에 갇혀 비탈길에서 굴려졌다.

3. 일본군의 철통

전용된 것인지, 고문을 위해 제작된 것인지는 불분명. 내부에 박힌 못이 포로에게 상처를 입힌다.

세계의 해체형

인간의 오체를 해체하는 형벌은 세계적으로도 드문 것이 아니다. 목숨을 보전하는 경우는 신체 훼손의 형벌, 사형에 처하는 경우에는 극형 중의 극형으로 여겨졌다.

●능지의 어원과 동서고금의 해체

해체형 중에서도 가장 유명한 것은 중국의 **능지**(凌遲)일 것이다. 능지는 본래 '陵□'라고 쓰며, 산이나 언덕의 완만한 경사를 뜻한다. '완만히 이루어진다'는 의미였으나 '천천히 죽음에 이르게 한다' 즉, 신체 부위를 하나하나 해체하는 형벌을 가리키는 말로 쓰이게 되었다. 실제 집행인은 다루기 쉬운 작은 칼을 사용해, 최대한 천천히 형을 집행한다. 죄수에게 오랜 시간 고통을 주는 것이 해체형의 주된 목표였다. 보통 공개된 장소에서 이루어졌으며, 위정자에게는 본보기, 관중에게는 오락거리였다. 공식적인 형벌이 아닌 사적 제재로서도 인체의 부위를 절단하는 등의 방식은 종종 이루어졌다. 『수호전』과 같은 오락 소설 안에서도 인간이 토막 나거나 잡아먹히는 경우가 자주 등장한다.

해체형은 세계 각지에 존재하는데 특히, 페르시아의 해체형은 능지에 가까운 극형으로 손가락, 손, 팔, 발가락, 발목, 양쪽 귀, 코 순으로 신체를 절단했다.

유럽에도 오래 전부터 해체형이 존재했으며, 가톨릭과 결합하여 신체를 네 조각으로 절단하는 것이 정석이 되었다. 4는 신성한 숫자로 여겨졌으며, 죄를 씻는다는 의미가 있었던 듯하다. 절단이 아닌 말을 이용해 사지를 잡아당겨 찢는 **사지 해체형**도 이것과 관련이 있다.

일본에는 신체를 여덟 조각으로 절단하는 **야쓰자키**(八つ裂き)라는 형벌이 있었다. 죄인을 여덟 조각으로 절단해, 각기 떨어진 여덟 곳에 내걸었다. 8이라는 숫자나 공개적인 장소에 내거는 방식은 중국에서 전래된 관습 혹은 종교적인 의미가 있었는지도 모른다.

그 밖에 **로쿠쇼기리**(六所斬り)라는 형벌도 있었다. 팔, 다리, 귀, 유방, 코, 국부를 절단하는 형벌로, 주로 부정한 죄를 지은 여성에게 적용되었다. 다만, 스스로 양손의 손가락을 자르면 죄를 사해주는 경우도 있었다. 이후에는 사형을 면하는 대신, 코를 베는 형벌에 처했다.

세계의 잔혹한 해체형

효 과	절(切) 자(刺)
용 도	고(拷) 형(刑) 사(死)
시대와 지역	고대~근대 세계

페르시아의 해체형

아래 그림의 ①부터 ⑦과 같이 신체의
말단부터 순서대로 절단한다.

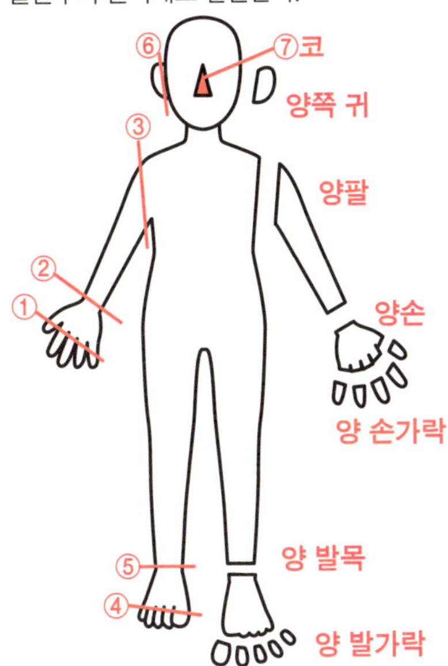

서양의 사지 해체형

신체를 4조각으로 절단한다.

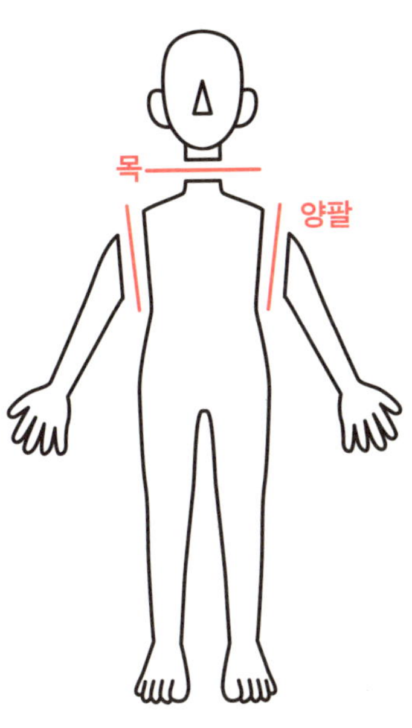

일본의 야쓰자키

죄인을 8개 부위로 절단하여,
각각 8곳의 장소에 내걸었다.

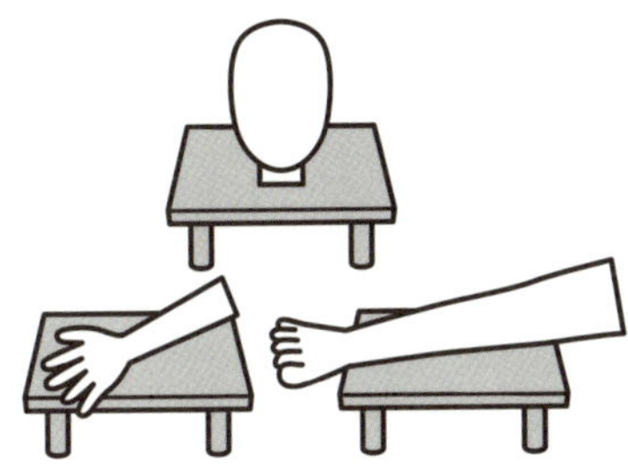

일본의 로쿠쇼기리

여성을 대상으로 이루어진 형벌. 팔,
다리, 귀, 유방, 코, 국부를 절단한다.

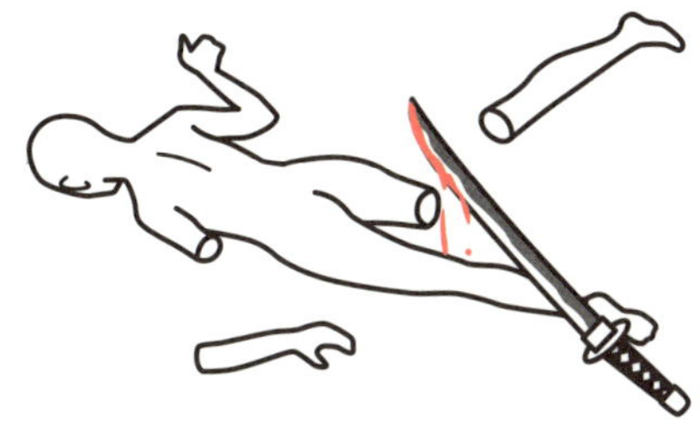

관련 항목

● 능지→No.049/050
● 사지 해체형→No.090

제비뽑기 능지형

해체형은 오래 전부터 존재했지만, 공개 처형이 오락으로 정착한 시대에는 민중과 집행인이 마치 게임처럼 죄수의 생명과 정신을 농락했다.

●중국 역사상 최악의 형벌

능지(凌遲)란, 중국에서 시행되었던 해체형의 일종으로, 인체를 조금씩 잘라내는 형벌이다. 외육형(隈肉刑)이라고도 불리며, 반역죄 등에 적용되었다.

능지가 성행하던 시기에는 제비뽑기 능지형까지 있었다.

광장에 묶여 있는 사형수 앞에 여러 개의 작은 칼이 든 바구니가 놓인다. 바구니 안에 든 칼들의 자루에는 신체의 각 부위가 새겨져 있었다. 능지형을 위해 준비된 도구였다.

집행인은 무작위로 칼 한 자루를 꺼내 거기에 새겨진 신체 부위를 절단한다. 눈이라고 새겨져 있으면 눈을 도려내고, 손가락이라고 새겨져 있으면 손가락을 절단한다. 희생자는 언제 어느 부위가 잘릴지 모르는 공포 속에서 기다려야만 했다. 전용 도구가 준비되지 않은 경우, 바구니에 신체의 각 부위를 적은 종이를 넣고 제비뽑기하듯 종이를 뽑아 절단하는 방식도 있었다. 어떤 방식으로든 쉽게 죽지 못하고 온몸의 각 부위를 잘린 후 과다 출혈로 사망하는 경우가 많았다.

관중이 돈을 내고 직접 집행할 수도 있었는데, 원하는 사람이 많아 터무니없는 값이 오가기도 했다. 한편, 죄인의 가족은 처형을 빨리 끝내기 위해 집행인에게 뇌물을 건네고 '심장'이라고 새겨진 칼이나 종이를 뽑도록 했다.

형을 마치면, 집행인은 죄수의 살과 내장을 약재나 식용으로 팔았다. 중국에서는 인육이 종기에 효과가 있다고 믿었다.

능지는 1905년경, 근대적인 법률 개정이 이루어지면서 폐지되었으며 동시에 효수, 육시(시체에 대한 형벌)와 같은 지금으로선 있을 수 없는 관습들도 공식적으로 사라졌다.

능지는 불과 백여 년 전까지 1500년 남짓한 기간 동안 계속되었던 것이다.

전신을 하나하나 절단하는 오락

효 과	절(切) 자(刺)
용 도	고(拷) 사(死)
시대와 지역	5~20세기 초기의 중국

능지

❶ 절단할 부위가 새겨진 여러 개의 전용 칼을 바구니에 넣고 섞는다. 전용 도구가 없는 경우에는 신체 부위를 적은 종이를 넣고 섞는다.

❷ 바구니에서 칼이나 종이를 뽑아, 거기 적힌 부위를 죄수의 몸에서 절단한다.

❸ 신체의 각 부위가 절단된 죄수는 과다 출혈로 사망.

❹ 관객도 집행에 참가할 수 있어 큰 인기를 끌었다. 죄수의 친족은 뇌물을 건네 형을 빨리 끝내도록 했다.

❺ 집행인은 잘라낸 살이나 내장을 관중에게 팔았다.

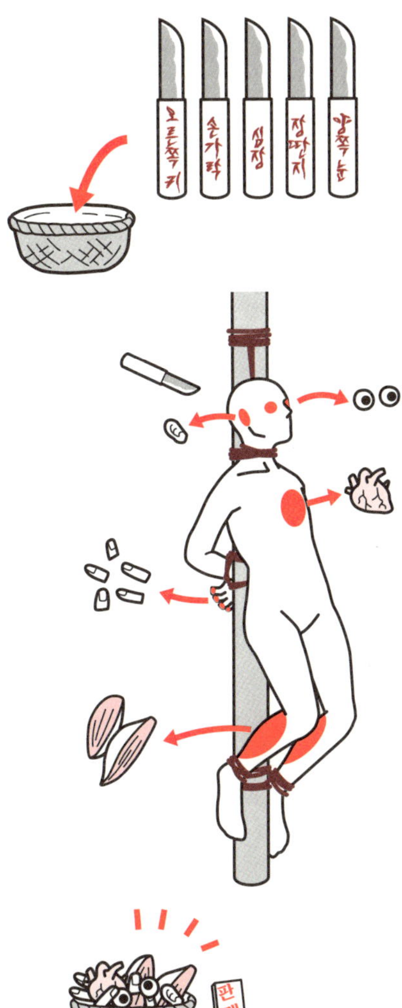

관련 항목

● 능지→No.050

능지의 역사

중국의 해체형인 능지는 천 년 이상 공식적인 형벌로 존재했다. 시대에 따라 집행 절차가 바뀌었기 때문에 같은 능지라도 양상은 크게 달랐다.

●산 채로 해체되는 공포

중국에는 일찍부터 살을 베거나 절단하는 형벌이 있었다. 남북조 시대(439~589), 송나라의 후폐제(後廢帝) 유욱(劉昱)은 직접 사람의 살을 베었다고 한다. 북제의 문선제(文宣帝) 고양(高洋)도 신체를 절단하는 형벌을 사용했다.

능지가 정식 형벌로 채택된 것은 오대 시대(907~960)부터였다. 남송의 시인 육유(陸游)는 『위남문집』에서 '범죄가 다발하여, 일반적인 처형과 다른 능지가 채용되었다'고 썼다. 중국에는 참수나 교수와 같은 처형법도 규정되어 있었지만, 능지야말로 가장 가혹한 방식이었다.

송대(960~1279)에는 형을 집행하는 순서가 정해졌다. 『송사』의 형법사에는 '능지는 먼저 사지를 자르고, 목을 벤다'와 같은 기술이 남아 있다.

원대(1279~1368)에는, 세상이 어지럽고 악인이 횡행하자 '죄수를 뭇사람들이 보는 앞에서 처형대에 매달고 백여 차례 벤다'는 규정이 있었다.

명대(1368~1644)가 되자, 죄의 경중에 따라 베는 횟수가 크게 늘었다. 예를 들어, 죄수 2명 중 한 명은 4,200회 다른 한 명은 3,600회나 베어진 사례도 있었다. 시체의 표면이 가느다란 삼실을 뭉쳐놓은 듯 보였다고 한다.

청나라 시대(1644~1912)에는 코, 양쪽 귀, 국부, 양발을 자른 후 마지막으로 목을 베는 식으로 총 7곳을 절단했다. 시기나 지역에 따라 집행 방식이 다르기도 했으며, 인체의 왼쪽만 자르는 방식도 있었다. 가장 먼저 명치, 다음으로 위팔, 허벅지, 아래 팔, 정강이, 마지막으로 목의 순서로 베는 것이다.

하지만 관중들 앞에서 제비뽑기로 절단 부위를 정하는 식으로 집행하는 등 법이 제대로 지켜지지 않는 경우도 있었다.

중국 왕조별 능지의 내용 변화

효 과	절(切) 자(刺)
용 도	고(拷) 사(死)
시대와 지역	고대~근대 중국

〈능지의 역사〉

오대 시대 이전	907년까지	예부터 신체를 절단하는 처형이 성행했다.
오대 시대	907~960년	능지가 공식적인 형벌로 제정. 집행 순서 등은 정해지지 않았다.
송나라	960~1279년	집행 순서가 정해졌다. 사지를 자르고, 목을 베어 형을 마무리했다.
원나라	1279~1368년	관중들 앞에서 처형대에 매달고 120회 벤다.
명나라	1368~1644년	전신의 살을 베어낸다. 횟수는 죄의 경중에 따라 수천 번에 이르기도 했다.
청나라	1644~1912년	코, 양쪽 귀, 국부, 양 다리, 머리의 순서로 베는 방식이 정해졌다. 하지만 절단 부위를 제비뽑기로 정하는 처형 쇼도 난행. 1905년경 폐지되었다.

관련 항목

● 능지→No.049

마녀의 거미

여러 속칭이 있지만 '스페인 거미' 또는 더 단순하게 '거미'라고 불리기도 한다. 그 독특한 형태로 인해 거미와 관련된 이름을 갖게 되었다.

●단순한 구조와 정교한 기능

스페인 거미(Spanish Spiders)의 고안자나 시대에 대한 자세한 사정은 밝혀지지 않았지만, 주조 방식으로 쉽게 만들 수 있었기 때문에 13세기부터 17세기까지 유럽 전역에서 보급되었다. 이단 심문이나 마녀 사냥에 관한 기록에 자주 등장하며 특히, 이탈리아에서 맹위를 떨쳤다. 또 19세기 초까지 미혼 여성의 부정이나 임신(당시는 중죄)에 대한 형벌로 사용되었다. 현대에도 아시아나 아프리카 등 일부 국가에서 은밀히 사용되고 있다고 한다.

형태는 두 갈래의 철제 갈고리를 가위처럼 맞대어 연결한 구조이다. 날카로운 칼날이나 가시로 인체를 찢는 고문 기구가 여럿 있지만, 이 도구는 보기에도 거칠고 무시무시한 것 중 하나이다.

희생자의 신체 일부를 끼운 뒤 밧줄에 매달아 고정한다. 무게 때문에 갈고리가 살에 박히며 피부와 살이 찢긴다. 체중이 가벼운 경우, 바닥에 고정된 의자에 묶어 위에서 잡아당기는 방식도 있었다. 그 밖에도 기구를 시뻘겋게 달군 후 사용하거나 채찍으로 내리치기도 했다.

브레스트 리퍼(The Breast Ripper)라고도 불리며, 여성의 유방이나 엉덩이를 고문하는 데 사용되었다. 여성의 신체적 특징을 겨냥해, 악행이나 음행을 경계하는 의미도 있었을 것이다. 유방 등을 잘라내는 행위는 '여성성의 박탈'을 의미했다.

거미를 이용한 유방 고문은 널리 알려져 있지만, 살이나 내장이 잘리면 치명상을 입기 쉽다. 자백을 받아내야 하는 상황에서는 피해 강도를 조절하기 어렵기 때문에 다루기 어려운 기구였다. 그런 경우, 몸통, 손발, 어깨, 양팔 등을 겨냥해 뼈에 갈고리를 걸고 장시간 고문했다.

마녀의 거미를 사용한 가장 잔혹한 고문은, 머리를 겨냥하는 방식이다. 희생자의 양쪽 눈 또는 양쪽 귀에 갈고리를 찔러 넣거나, 두개골의 안와 혹은 관자놀이에 박아 넣으면 극심한 고통과 출혈을 동반하며 기관을 파괴한다.

여성성을 박탈하는 악마의 거미

효 과	열(裂) 적(摘)
용 도	협(脅) 고(拷) 사(死)
시대와 지역	13~19세기 이탈리아 / 현대 아시아·아프리카

거미

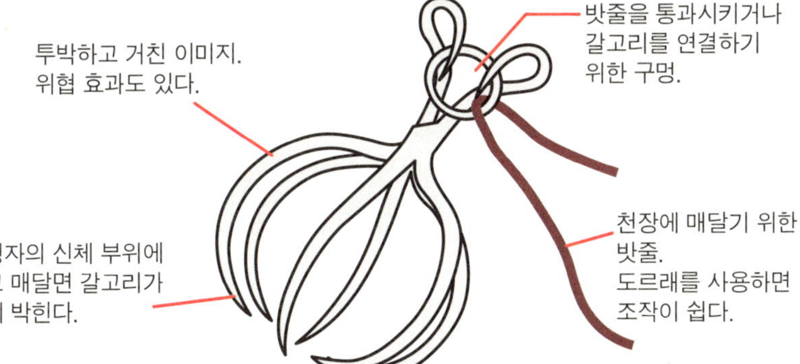

주로 겨냥하는 부위

원시적인 브레스트 리퍼

스페인 거미의 조상으로 추정되는
단순한 구조의 고문 기구.

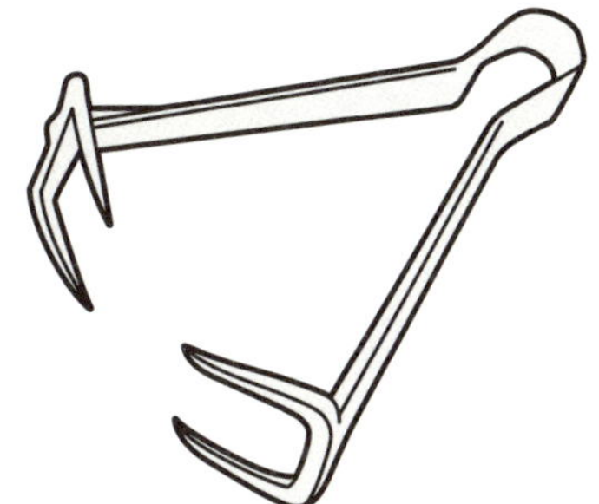

고양이 발

'고양이의 발톱'이라고도 불리었다. 조개잡이용 갈퀴와도 비슷한 소형 도구이지만, 집행인에게는 다루기 쉽고 효과가 뛰어난 우수한 기구였다.

● 단순하지만 효과적인 최악의 도구

고양이 발(Cat's Paw)은 여러 개의 쇠갈고리에 자루가 달린 도구이다. 갈고리는 사람의 손가락 4개를 구부린 듯한 형태로, 대체로 짧은 자루가 달려 있다. 뼈나 단단한 근육에 닿아도 부러지지 않도록 전체적으로 튼튼하게 만들어졌다. 형태는 다르지만 구조는 갈퀴와 크게 다르지 않다. 이것으로 희생자를 찢는 것이다.

집행인은 힘 조절을 통해 피해 정도를 자유자재로 조절할 수 있다. 살짝 쓸어내리면 경상, 깊게 찔러 넣으면 치명상을 입힐 수 있다.

벌거벗긴 희생자를 신장형 고문대 **랙**에 묶어 고정한다. 벽에 세워 고정하거나 공중에 매단 상태로 고문하기도 했다. 그 경우, 자루를 연장해 사용하기 쉽게 만들었다. 이렇게 되면 농기구인 가래와 비슷한 형태가 된다.

희생자의 팔이나 다리, 가슴이나 배 혹은 등에 대고 긁어내리면 피부와 살점이 찢기고 떨어져 나간다. 얼굴의 경우가 최악인데, 눈꺼풀에 대고 긁어내리면 실명할 수도 있다. 마치 호랑이나 늑대 같은 맹수에게 공격당한 듯한 상처를 입는 것이다.

유효한 기구이기는 하지만, 결코 초심자가 다루기 쉬운 도구는 아니다. 집행인이 직접 고문을 가하기 때문에 상당한 배짱과 경험은 물론 실수하지 않으려면 인체의 급소에 대한 지식 등도 필요하다. 깊게 찔러 넣으려면 완력도 필요하다.

고양이 발은 중세에 주로 사용되었지만, 구조가 단순한 만큼 상당히 오래 전부터 고안된 도구일 가능성도 있다. 이단 심문뿐 아니라 일반 범죄자에 대한 고문에도 사용되었다.

또한 처형 기구로 사용되기도 했다고 한다. 처형을 목적으로 사용하면, 희생자는 피부와 살점이 갈가리 찢기고 뼈가 드러나 신경이나 내장까지 손상을 입는다. 고통 속에서 숨이 끊어졌을 것이다.

희생자를 농락하는 무자비한 고양이 발톱

효 과	열(裂)
용 도	고(拷)
시대와 지역	중세 유럽

고양이 발

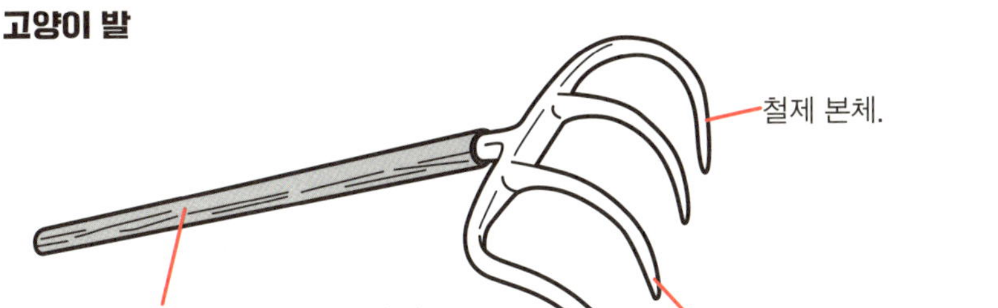

고양이 발의 사용법

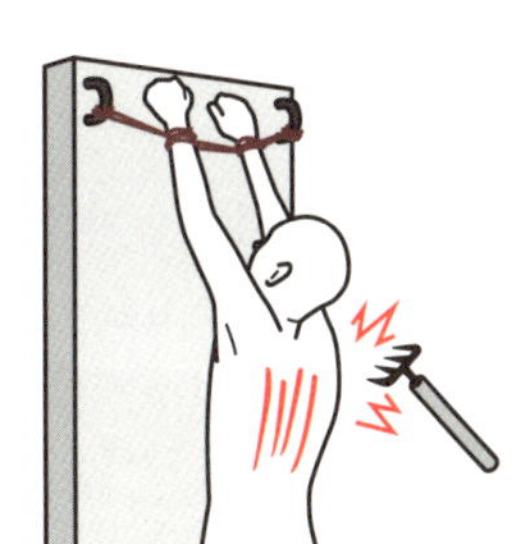

❶ 눕힌 상태로 결박한 희생자를 고문한다. 다른 고문을 병행하는 것도 가능.

❷ 고문대에 매달아 고문할 때는, 자루를 연장해 사용하기 쉽게 만들었다.

◆스페인식 간지럼 태우기

고양이 발에는 '스페인식 간지럼 태우기'라는 별명도 있었는데, 이는 같은 이름의 전혀 다른 고문 도구를 지칭하는 경우도 있다. 그것은 진짜 간지럼을 태우기 위한 도구로, 고양이의 꼬리나 말의 꼬리털을 잘라 만들었다. 결박한 상대의 온몸을 간지럽히는 것뿐이지만, 장시간 계속되면 대부분의 사람은 신경 이상을 일으킨다고 한다.

관련 항목

● 랙→No.032/033

고문용 펜치와 철망

작은 칼이나 채찍 혹은 펜치 등은 일용품이지만, 고문에도 사용할 수 있는 도구이다. 철망 역시 공개 화형에 안성맞춤인 아이템이다.

●소도구이지만 효과는 절대적

중세 유럽에서는 고문용으로 만들어진 펜치가 사용되었다. 귀, 코, 치아, 성기, 손톱, 손가락 등을 떼어내는 데 사용한 것이다.

악어 모양으로 만들어져, 시뻘겋게 달군 후 사용하는 경우도 많았다. 생명이 위태로울 정도는 아니지만, 절단보다 더 큰 고통을 느꼈을 것이다.

단순한 소도구인 펜치의 가장 무시무시한 사용 방식으로, **철망형**이 있다. 벌거벗긴 희생자를 결박하고 철망으로 꽁꽁 감싼다. 그러면 철망이 살에 파고들고, 손가락이나 귀 또는 코 등이 철망 사이로 불거져 나온다. 이렇게 불거져 나온 부위를 펜치로 잡아 뜯거나 작은 칼로 잘라내는 것이다. 코, 손가락, 허벅지 살, 뱃살, 발뒤꿈치, 유두 등 불거져 나온 부위는 전부 잘라내고, 더 이상 자를 부위가 없으면 철망을 더 단단히 조여 감는다.

해체형 또는 **능지**의 일종으로도 분류할 수 있지만, 쉽게 죽을 수 있는 부위는 불거져 나오지 않는다. 전신이 조금씩 잘려나가다 과다 출혈로 죽을 가능성은 있다.

일본의 에도 시대에 행해졌던 **집게 고문**(刻み責め)도 이와 비슷한 방식으로, 철망은 사용하지 않았지만 마찬가지 '집게'로 희생자의 살을 잘라냈다. 기관 외에 다리의 힘줄을 뜯어내기도 했다.

철망도 무시무시한 도구로, 화형에 주로 이용되었다. 고대의 기록에 따르면, 기원전 3세기 시라쿠사의 참주(僭主) 아가토클레스(Agathoklēs)가 사람을 불에 굽기 위한 기구를 만들게 했다고 한다. 그리스의 역사가 디오도로스(Diodorus Siculus)의 기술에 따르면, 그것은 사람 모양의 청동제 침대였다고 한다. 결박한 사람을 올려놓고 밑에서 불을 지펴 죽였다고 한다.

이후에도 철망은 로마에서는 기독교도 처형에, 중세 유럽에서는 이단 심문에, 아메리카 대륙으로 진출한 스페인인 등이 현지인을 처형하는 데 사용되었다고 한다.

고문용 소도구

효 과	적(摘) 절(切) 자(刺) 소(燒)
용 도	고(拷) 사(死)
시대와 지역	다양한 시대와 지역

고문 전용 펜치

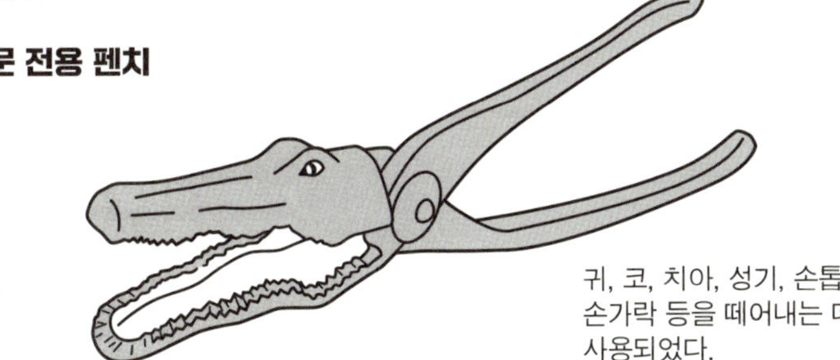

귀, 코, 치아, 성기, 손톱,
손가락 등을 떼어내는 데
사용되었다.

철망을 활용한 끔찍한 고문 처형

철망형

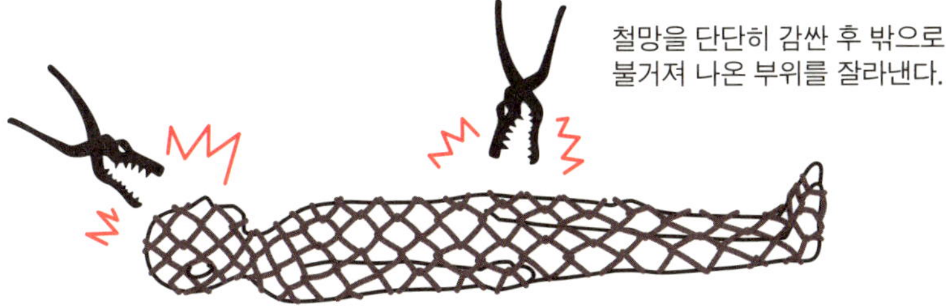

철망을 단단히 감싼 후 밖으로
불거져 나온 부위를 잘라낸다.

철망 화형

관련 항목

●능지→No.049/050

마녀 사냥이 시작된 것은 13세기 스위스로 알려져 있으며, 15~16세기에는 유럽 전역에 걸쳐 절정에 달했다(17세기 이후에도 한동안 계속되었다). 마녀 사냥의 발단이 된 서적이 1486년 발행된 『마녀의 망치(Malleus Maleficarum)』이다. 이른바, 마녀 사냥 지침서로 불린 이 책은 인쇄기가 실용화된 시대적 상황과 맞물려 세계 각지에서 활발히 번역·출간되었다.

마녀 사냥이 확산된 데는 다양한 요인이 얽혀 있다. 재해나 역병에서 비롯된 사회 불안, 가톨릭과 프로테스탄트 간의 종교 대립(=이단 심문)도 원인이었으며 르네상스 시기와도 겹쳐진다. 즉, 지식욕이나 과학의 발달에 대한 오래된(종교적인) 세력의 저항이 마녀 사냥을 낳았다고도 볼 수 있다. 실제, 과학에 매료되어 새로운 것을 시도하는 사람은 마녀로 의심 받아 박해받을 위험성이 있었다.

유럽 법체계의 근간이 된 로마법에서는 고문을 해서라도 자백을 받아내는 것을 중시했으며, 이를 계승한 중세 서양에서 고문은 더욱 잔혹해졌다.

이 책에서는 마녀 사냥에 사용된 대부분의 고문에 대해 소개했지만, 몇몇 희귀한 고문은 싣지 못한 것도 있다. 그물바늘을 이용한 '눈 고문', 얼음 욕조에 담그는 '냉욕 고문', 소금에 절인 청어를 먹인 후 물을 주지 않는 '청어 먹이기 고문', 뼈가 드러날 때까지 밧줄을 목에 감고 문지르는 '문지름 고문' 등이다.

참고로, 마녀 사냥이 횡행하기 전 고문의 기초를 닦은 것은 '늑대인간'이었다. 1000년 전, 황야와 삼림에 뒤덮인 유럽에는 늑대가 많았다. 시골 지역에서는 사람을 덮칠 위험도 있고, 밤이면 가축을 공격해 피해를 입히는 등 그야말로 악마와 같은 존재로 여겨졌다.

그러자 노상강도 등의 악인을 늑대가 씌인 '늑대인간'으로 간주하고, 붙잡은 후에는 가혹한 고문을 했다. '인간이 아니니 어떤 학대를 해도 상관없다', '고문은 범죄자에게서 악마를 쫓아내는 행위'라고 믿었던 것이다. 1685년, 남독일의 안스바흐 변경백에서는 식인 늑대를 붙잡아 죽인 후 사람의 탈이나 가발을 씌우고 옷을 입혀 사람처럼 보이게 만들었다. 늑대를 늑대인간으로 간주한 드문 예이다. 일본에도 '여우 귀신'이 씌었다며 가혹한 채찍질을 하던 시기가 있었다. 사람에게 씌인 여우를 쫓아내는 의료 행위로 여긴 것이다.

마녀의 악행과 자백에 얽힌 이야기도 흥미롭다. 마녀들의 집회 '사바트(Sabbat)'에서는 마녀가 악마와 성교를 한다고 여겼다. 붙잡힌 마녀들이 고문에 의해 자백한 내용들은 대부분 이단 심문관들이 날조한 일화이다.

알렉시아 두리스라는 여성은 '악마의 성기가 길고 단단하지만 음낭과 고환이 없다'고 증언했으며, 자네트 다바디라는 여성은 '비늘로 덮여 있어 고통스럽고, 정액은 차가워서 임신이 되지 않는다'고 말했다. 그 밖에 '쇠와 살로 이루어졌으며, 얼음처럼 차갑다'는 증언도 있었다. 수녀 마들렌 드 드망돌은 요일마다 규칙이 정해진 '호색마'로서, 목요일은 항문 성교의 날, 토요일은 수간의 날, 일요일은 음란마귀라고도 불린 인큐버스와 성교했으며, 다른 날에는 내키는 대로 성교를 했다고 증언했다.

제3장
열·소·익·전

팔라리스의 황소

희생자를 불에 구워 죽이는 소 모양의 고문 기구로, 형구로서의 기능보단 관객들에게 단말마의 비명을 들려주기 위한 오락 기구로 제작되었다고 전해진다.

●무도한 지배자가 탄생시킨 황동 소

2세기의 풍자 작가 루키아노스가 남긴 기록에 따르면, **팔라리스**는 시칠리아의 아크라가스라는 도시 국가의 참주의 이름으로, 기원전 6세기 그의 명령으로 만들어진 실물 크기의 황동 황소 모형을 **팔라리스의 황소**라고 불렀다.

내부는 비어 있으며, 뒤쪽에 달린 문으로 희생자를 집어넣고 가둔 상태로 불을 지폈다고 한다. 소의 배 밑에서 불을 지피면 희생자는 뜨거워서 비명을 지른다. 모형 안에서 울리는 그 소리가 마치 소가 낮게 울부짖는 것처럼 들렸다고 한다. 밀폐도가 높아 열이 아닌 연기 때문에 질식사하는 일은 드물었다고 한다.

황동 황소의 제작을 맡은 장인 페릴로스는 '비명이 파이프를 통해 애처롭고, 감정적이며, 음악적인 울부짖음으로 전달될 것'이라고 큰소리쳤다. 그 말을 들은 팔라리스가 페릴로스에게 직접 들어가 소리쳐 보라고 명했다. 페릴로스가 황소 모형 안으로 들어가자 이내 문이 잠기고 불이 지펴졌다. 최초의 희생자가 제작자 자신이 된 것이다. 죽기 직전, 밖으로 나왔지만 결국 절벽에서 떨어져 목숨을 잃었다.

고문ㆍ처형에 얽힌 전설로 자주 회자되는 이야기인데, 그런 극악무도한 **팔라리스**도 기원전 563년 텔레마코스에게 참주 자리를 빼앗긴 후 같은 방법으로 처형되었다. 다만, 황동 황소의 실물이 남아 있지 않기 때문에 이 이야기가 사실인지는 불분명하다.

어쨌든 팔라리스의 황소 이야기는 후세에까지 널리 알려졌으며 16세기부터 18세기에 걸쳐 유럽 각지의 고문실에 비치되어 있기도 했다. 실제 고문 기구로서 기능했는지, 사용되었는지조차 알 수 없다. 희생자를 위협하기 위해 보란 듯이 고문 장치를 놓아두는 경우도 종종 있었다.

희생자를 불에 구워 죽이는 황소 모형

효 과	열(熱) 소(燒)
용 도	협(脅) 사(死)
시대와 지역	기원전 6세기 그리스 / 16~18세기 유럽 각지(모조품)

팔라리스의 황소

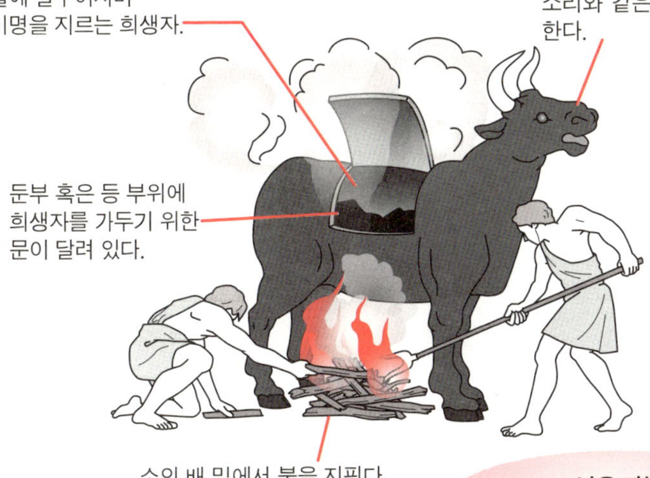

◆팔라리스의 요청

황동 황소 모형을 고안한 팔라리스는 제작자에게 다음과 같이 요청했다고 한다. 실제로 구현되었는지는 미지수이다.

· 불에 구울 때 은은한 향이 나는 연기가 나올 것.
· 정교한 파이프와 마개로 구성된 머리에서 희생자의 비명이 황소가 낮게 울부짖는 소리처럼 들리게 할 것.
· 타고 남은 뼈는 보석과 같은 광택이 날 것.

관련 항목

● 팔라리스→폭군이 아니라 교양이 풍부하고 관대한 군주였다는 설도 있다.

불 고문

불은 고문에서는 진위를 묻기 위해, 처형에서는 죄를 씻는다는 의미로 오랫동안 사용되어 왔다. 불로 인한 상처는 고통이 크기 때문에 형벌로도 널리 활용되었다.

●숭배의 대상이었던 불

불에는 신성한 힘과 정화 작용이 있으며, 마음속의 악을 무력화한다는 믿음이 있었다. 결백을 증명하는 의미로, 신탁 재판에 이용되어 불 속으로 뛰어들거나 달군 쇳덩어리를 잡거나 뜨거운 물에 손을 집어넣게 한 후, 사흘 후 상처가 낫는지를 보고 죄의 유무를 판단했다. 일본에는 끓는 물속에 잠긴 돌을 꺼내는 **구카타치**(盟神探湯)라는 의식이 있었다. 무죄라면 신의 가호로 화상을 입지 않는다. 반대로, 마녀 재판의 경우에는 뜨겁게 달군 쇠막대를 쥐게 하고 그게 가능하면(화상 여부와 관계없이) 악마의 가호가 있다고 판단했다.

불 고문(Fire Torture)의 기본은 태우거나 그슬리는 것이다. 제정 로마 시대, 불은 주로 기독교도에 대한 박해에 이용되었다. 황제 네로는 책형에 처한 희생자의 몸에 수지나 타르를 바르고, 살아 있는 횃불로 삼아 즐겼다고 전해진다.

중세 유럽에서는 촛불로 발을 지지는 고문이 빈번히 사용되었다. 발바닥을 계속 지지면, 지방까지 태웠다고 한다. 팔꿈치나 겨드랑이 아래, 손바닥, 손가락도 표적이 되었다. **랙**이나 **장화** 고문 등과 병행해 이루어지는 경우가 많았다.

직접 불에 태우는 것이 아니라 뜨겁게 달군 금속 기구로 누르거나, 끓는 물을 붓는 등의 발전된 방식이 편의성 때문인지 널리 사용되었다. 도구를 이용한 고문은 피해 강도를 조절할 수 있다. 불은 자백을 받아내기 위해 혹은 더 큰 고통을 주거나 고통을 오래 지속시키기 위한 도구로도 이용되었다.

납을 녹여 항문, 귀, 눈, 콧구멍 등에 흘려 넣는 고문도 있었다. 여기에는 **불 막대**라는 금속 도구가 사용되었다. 끝부분이 가늘고 긴 형태로, 나무 손잡이가 달려 있다.

낙인은 고문과는 미묘하게 다르지만, 명예를 박탈하기 위해 사용되었다. 동양의 **자자형**(刺字刑)도 같은 의미로, 죄수나 노예라는 것을 나타내는 표식으로 쓰였다.

불을 이용한 단순한 고문

효 과	열(熱) 소(燒)
용 도	협(脅) 고(拷)
시대와 지역	고대 / 중세 / 현대

구카타치
고문이 아닌 신탁 재판.
고대에 세계 각지에서 행해졌다.

발바닥 지지기
결박한 죄수의 발바닥 등
을 직접 불로 지진다.

달군 인두나 펜치
시뻘겋게 달궈 희생자의 신체를
지지거나 떼어낸다.

불 막대
녹인 납을 항문 등에
흘려 넣기 위한 도구.

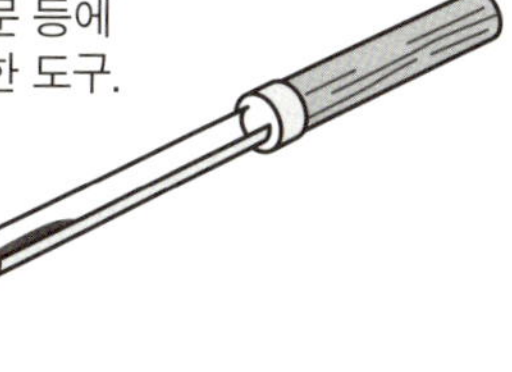

각인
화상의 고통과 함께 가축처럼 취급하며
존엄성을 빼앗는 의미가 있었다.

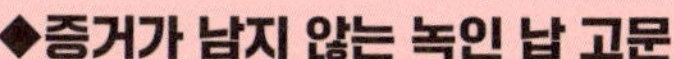

◆증거가 남지 않는 녹인 납 고문

뜨겁게 녹인 납을 항문 등에 흘려 넣으면 당연히 사망한다. 이를 이용해, 1327년 잉글랜드의 국왕 에드워드 2세가 암살당한 사건이 일어났다. 왕은 외상이 없는 변사체로 발견되었다.

관련 항목

- 장화→No.008
- 불 고문→No.056/057/058/059/096
- 낙인→No.084
- 랙→No.031/032/033
- 자자형→No.084

스페인 의자와 불 고문 기구

중세 유럽에서는 다양한 불 고문 도구가 발명되어, 이단 심문이나 마녀 사냥 등에 널리 사용되었다. 뜨겁게 달구어 사용하기 때문에 모두 튼튼한 쇠로 만들어졌다.

●스페인 의자

팔걸이가 달린 무거운 금속제 의자로, 스페인의 이단 심문에서 **불 고문**에 주로 이용되었다. 대표적인 불 고문 기구로 알려져 있다. 희생자를 앉힌 상태에서 그대로 불에 달구기 때문에 등받이 윗부분과 팔걸이에는 구속용 쇠고랑이 달려 있었다. 또 의자 아래쪽에는 다리를 고정시키기 위한 족쇄도 달려 있다. 의자 바로 밑에 시뻘겋게 달군 석탄을 담은 그릇을 놓고 집행한다. 의외로 역사가 깊은 이 고문은 고대 로마 시대에 기독교 박해에도 사용된 예가 있다.

스페인 왕 페르난도 7세(1784~1833)는 **스페인 의자**(Spanish Stool)를 애용한 것으로 전해진다. 전쟁에서 붙잡은 포로를 직접 심문하기도 했다고 한다. 전장에서 사용하기 위해 접이식 스페인 의자도 제작했다. 이웃 국가의 귀족이나 왕족들에게도 '고문이라면, 내게 맡겨 달라'며 애용하던 의자를 들고 찾아갔다고 한다.

●불 고문용 바퀴

희생자는 수차 형태의 거대한 바퀴에 묶인다. 바퀴 옆면에 대자로 묶는 경우와 바퀴의 곡면에 몸을 활처럼 휘게 하여 묶는 경우가 있다. 바퀴 아래에 불을 지핀 그릇을 놓고 회전시키면 온몸이 불에 그슬린다.

급소 부분에서 바퀴를 멈추면, 희생자는 더 큰 고통을 느낀다.

사람을 묶어 회전시키는 바퀴는 다양하게 응용할 수 있다. 물이 담긴 그릇을 놓으면 물 고문, 가시가 잔뜩 박힌 널빤지를 놓아두면 **처녀의 키스**와 같은 분쇄형 고문이 된다.

●반역 왕의 왕관

1436년, 스코틀랜드의 왕 제임스 1세를 암살한 아솔 백작은 시뻘겋게 달군 왕관을 머리에 씌우는 고문을 받았다. 이것이 **반역자의 왕**이라는 고문이다.

일본의 무로마치 시대에도 니치렌슈(日蓮宗)의 니치오라는 승려가 머리에 뜨겁게 달군 냄비를 씌우는 '**가초**(火頂)'라는 고문을 받았다.

화염 천사의 선물

효 과	열(熱) 소(燒)
용 도	고(拷)
시대와 지역	고대~중세 유럽

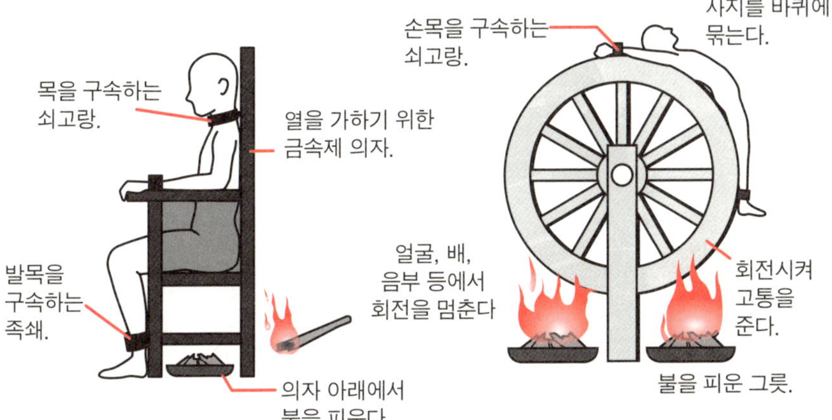

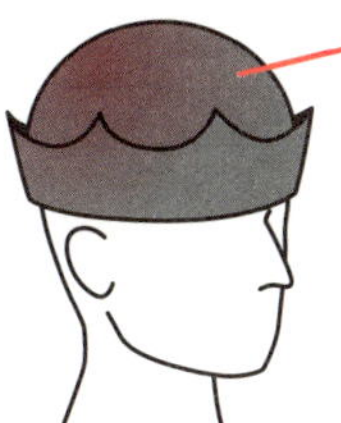

◆불 그릇

프랑스에서는 부모나 군주를 살해하는 행위를 저승에서도 빚을 보아선 안 될 대죄로 여겼다. 처형이 결정된 자는 뜨겁게 달군 구리 그릇을 눈에 가까이 댔다가 떨어뜨리는 식으로 고문했다. 맹렬한 열기가 안구의 수분을 빼앗으며, 시력을 완전히 잃게 된다.

관련 항목

- 처녀의 키스→No.020
- 불 고문→No.055/057/058/059/096

서양의 화형

서양이나 중동에서 화형은 종교적인 의미를 지닌다. 중세 유럽에서는 영혼을 정화하고 악마의 저주를 없애기 위해, 화형 후 남은 재까지 부숴서 바람에 날렸다.

● 타오르는 화염 형벌

이단 심문이나 마녀 재판의 피고 또는 성적 일탈 행위를 저지른 자는 **화형**에 처해졌는데, 여기에는 죄를 정화하는 의미가 있었다. 참고로, 이슬람교에서는 반대로 불에 타 죽으면 천국에 갈 수 없다고 믿었다. 그런 이유로 급진주의 무장단체 ISIL은 2015년 무렵, 무슬림 포로를 일부러 불에 태웠다.

종교와는 무관하지만, 현대의 끔찍한 화형 중에는 아프리카 등지에서 행해지는 **죽음의 목걸이**(Necklacing)가 있다. 휘발유를 채운 고무 타이어를 희생자의 목에 걸고 불을 붙이는 것이다.

고대부터 화형은 무거운 죄를 지은 자에 대한 형벌로 이루어졌다. 대부분 기둥에 묶은 희생자 주변에 장작을 쌓고 불을 붙이는 방식이었다. 드물게는 수레에 희생자와 함께 장작을 가득 싣고 집행하기도 했다. 돼지에게 수레를 끌게 하고, 불을 붙이는 것이다. 돼지가 공황 상태에 빠져 날뛰면, 불길이 더욱 거세지고 희생자의 고통도 극대화되었다.

사실 '불에 태우는 화형'은 쉽지 않은 방식으로, 인체가 불에 잘 타지 않기 때문에 10시간 가까이 걸린다고 한다. 중세에는 미리 지면에 돌을 깔고, 나무를 망루 형태로 쌓았다(공기 통로를 확보). 그런 후, 짚을 쌓고 타르를 붓는데 죄수 두 명을 화형 시키는 데 1톤에 달하는 타르가 필요했다.

이런 수고가 필요하지만, 정작 희생자는 불에 타기도 전에 연기를 마시고 질식사하는 경우가 많았다. 그로 인해 오랫동안 고통을 줄 수 있는, 불에 그슬리는 방식으로 이행했다.

16세기 프랑스에서는 광장에 기둥을 세우고, 윗부분에 시소처럼 좌우로 기울어지는 긴 막대를 달았다. 이 막대 한쪽 끝부분에 희생자를 매달았다. 그리고 쌓아둔 장작에 불을 붙이면, 희생자는 불에 그슬린다. 희생자가 죽을 것 같으면, 집행인은 막대를 들어올렸다. 이렇게 장시간 고문을 당한 후, 죽음을 맞는다. 이후 (빨리 죽을 수 있는)은전(恩典)도 도입되었지만, 관중이 눈치 채지 못하게 교묘히 이루어졌다. 처형 쇼를 즐기던 관중이 흥분해 폭동을 일으키는 경우도 있었기 때문이다.

불에 태우는 방식에서 그슬리는 방식으로

효 과	소(燒)
용 도	사(死)
시대와 지역	고대~중세 유럽

고대의 화형　기둥에 묶인 희생자 주변에 장작을 쌓아 불태웠다.

그러나——
인체는 쉽게 타지 않아, 많은 연료와 시간이 든다. 연기를 마시고 질식사하는 경우가 많다.

그리하여——
불에 그슬리는 장치의 발명과 보급(16세기 프랑스).

긴 막대 한쪽 끝에 죄수를 매달았다.
→죽을 것 같으면, 막대를 들어 올려 고통을 연장한다.

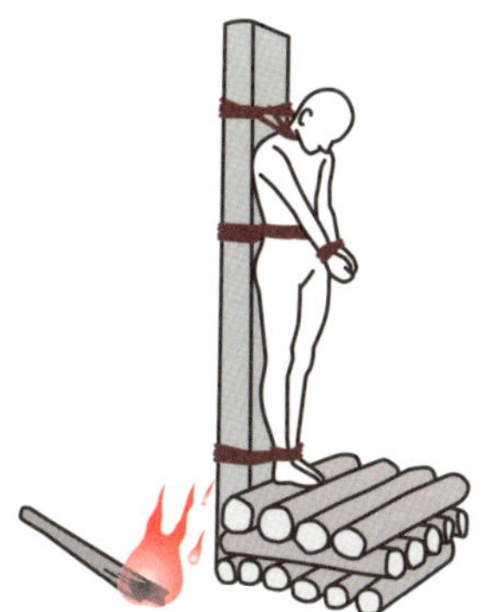

장작을 쌓아 불을 지핀다.

땅에 기둥을 세운다.

다른 한쪽에서 막대를 시소처럼 올렸다 내리는 방식.

현대의 화형　죽음의 목걸이.

휘발유를 채운 타이어를 목에 걸고 불을 붙인다.

◆중세 프랑스에서의 화형의 은사

빠르게 죽을 수 있는 혜택과 그 방법.
· 희생자의 목에 화약이 든 주머니를 매달았다.
· 목에 가는 끈을 감아 집행 중에 교살한다.
· 화염에 휩싸이면 창으로 심장을 찌른다.

관련 항목

● 화형→No.059/ 096

가연물을 이용한 동서양의 불 고문

불 고문을 위해, 희생자의 신체에 가연성 물질을 바르는 것은 흔히 사용된 수법이다. 사형일 경우에는, 공포심을 극도로 끌어올릴 수 있다.

●도롱이 춤과 유황으로 날개를 태우는 고문

뜨거운 송진을 희생자의 몸에 붓는 **불 고문**도 있었다. 전신을 덮은 송진이 새카맣게 굳으면서 움직임이 둔해진다. 이 송진을 떼어내면 피부도 함께 떨어져 나간다고 한다.

가연물을 이용한 불 고문 중에서도 특히 유명한 사례가 있다. 일본의 기독교 탄압 당시, 선교사가 지나치게 잔혹한 방식이라며 유럽에 보고하면서 알려졌다.

16~17세기 **도롱이 춤**이라고 불린 고문이다. 벌거벗은 희생자의 손을 뒤로 묶고, 도롱이를 입힌 뒤 머리에는 갓을 씌웠다. 그 위에 기름을 끼얹고 불을 붙이면 도롱이가 맹렬한 기세로 타오른다.

불길에 휩싸인 희생자가 발광하듯 몸부림치는 모습이 흡사 춤을 추는 것처럼 보인다. 쓰러지면 창 등으로 찔러 일으켜 세운 뒤 다시 춤을 추게 했다. 미쳐버리거나 물에 뛰어들어 스스로 목숨을 끊는 자도 많았던 듯하다.

참고로, 이와 유사한 고문이 과거 북미 선주민들 사이에서도 행해졌다. 희생자의 몸에 말린 솔잎을 꽂고 불을 붙이는 것이다. 그들은 부족 간 전쟁으로 포로가 되면 용기를 과시하기 위해 자청해서 고문을 받았다고 한다. 적도 이런 행동을 상찬했다.

도롱이 춤을 비판한 서양에서도 1381년 독일의 아우크스부르크에서 '유황으로 날개를 태우는' 고문이 시행된 예가 있다. 집행인은 6개 정도의 거위 깃을, 끓는 유황이 담긴 솥에 담근다. 기름을 바른 희생자를 매달고, 불이 붙은 거위 깃을 다트처럼 던진다. 잘 맞지 않지만, 명중하면 유황이 온몸에 번지며 심한 화상을 입는다고 한다.

손가락·발가락을 고정한 후 소나무 가지를 꽂아 불을 붙이는 고문도 있었다. 소나무는 기름이 많아 불이 잘 붙는다. 결박한 희생자의 몸에 타르를 바르고 횃불로 그슬리거나 달군 벽돌 위에 세워놓기도 했다. 프랑스에도 수지를 바른 손가락을 태워 고통을 주는 고문이 있었다.

불태워질 공포에 떠는 희생자들

효 과	소(燒)
용 도	협(脅) 고(拷) 사(死)
시대와 지역	중세 유럽 / 아즈치 모모야마 시대의 일본

도롱이 춤

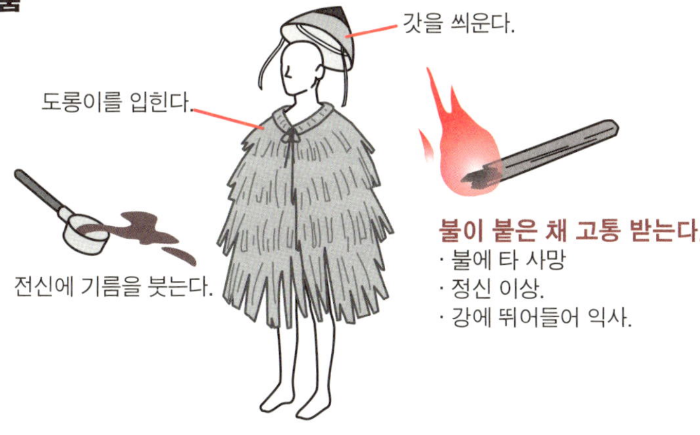

깃털을 다트처럼 던져 불을 붙이는 고문

손가락 불 고문

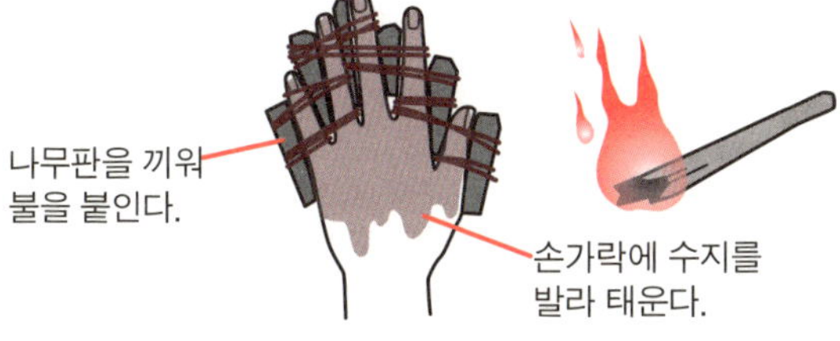

관련 항목

●불 고문→No.055/056/057/059/096

포락과 석사

중국에서도 서양과 마찬가지로 고대부터 불을 이용한 고문이 행해졌다. 그 중에서도 포락은 처형 쇼에 가까운 대규모 행사였다.

●중국의 화형과 불 고문

고대 중국의 **화형**으로 널리 알려진 것이 **포락**(炮烙)이다.

기원전 11세기, 은나라의 주왕과 그가 총애하던 후궁 달기에 의해 이루어진 것으로 죄수뿐 아니라 간언을 한 관리 등도 희생되었다. 여러 방식이 있었으며, 기록도 남아 있다.

그 중 하나가, 불을 피운 구덩이 위에 기름을 바른 청동 기둥을 다리처럼 가로질러 놓고 그 위를 맨발로 건너게 하는 것이었다. 다리를 끝까지 건너면 죄를 용서받을 수 있었지만, 누구도 성공하지 못했다.

세워놓은 청동 기둥을 끌어안은 형태로 결박한 후 불을 지펴 구워 죽이는 방식도 있었다. 또 주왕은 철망으로 사람을 굽기도 했다.

붉은 자수화는 청나라 시대에 행해진 **불 고문**으로, 시뻘겋게 달군 무쇠 구두를 신겨 자백을 강요하는 방식이었다. 이는 서양의 **장화** 고문에 해당한다.

석사(錫蛇)는 구리로 만든 파이프 형태의 고문 기구로, 손으로 구부릴 수 있을 정도로 부드러워, 희생자의 몸에 감을 수 있었다. 여기에 끓는 물을 부어 고통을 주는 것이다. 이렇게 하면 열을 오래 유지할 수 있고, 열상의 범위도 조절할 수 있어 사망 위험이 낮은 뛰어난 고문이었다.

언제부터 사용되었는지는 불분명하지만, 형벌에 대해 쓴 『문해피사(文海披沙)』에 따르면, 명나라 시대, 유공(劉公)이라는 관리가 그 잔혹성 때문에 폐지했다고 한다.

끓는 물을 이용한 고문 및 처형은 가까운 일본에서도 성행했다. 이시카와 고에몬(石川五右衛門)의 **가마솥 삶기**가 유명하며, 1573년에는 아사쿠라 요시카게(朝倉義景)가 부하를 고문하는 데 사용했다. 1651년에는 마루하시 주야(丸橋忠弥)가 그 희생자가 되었다. 대나무 바구니에 가둔 상태로 그대로 끓는 물에 담그고, 입안이나 상처 난 등 부위에도 끓는 물이나 녹인 납을 부었다고 한다.

아비규환의 지옥

효 과	소(燒) 열(熱)
용 도	고(拷) 사(死)
시대와 지역	고대 중국 / 명나라 / 청나라

포락

뜨겁게 달군 청동 기둥 위를 걷는다.

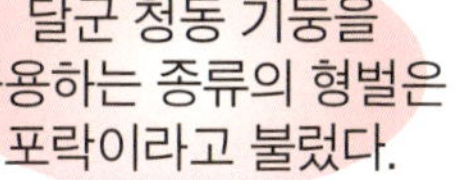

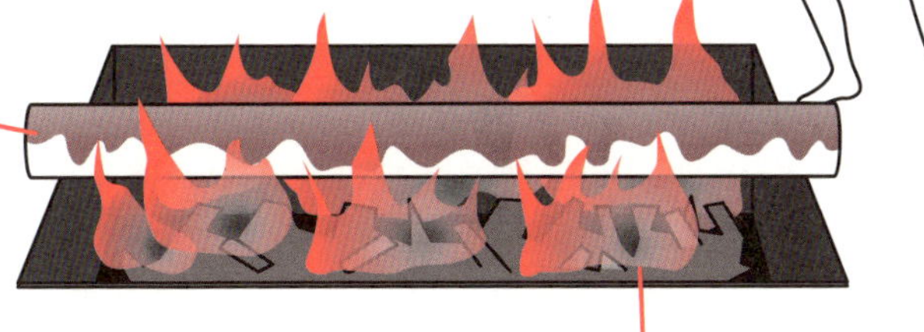

포락

희생자가 감싸 안은 청동 기둥에
열을 가한다.

석사

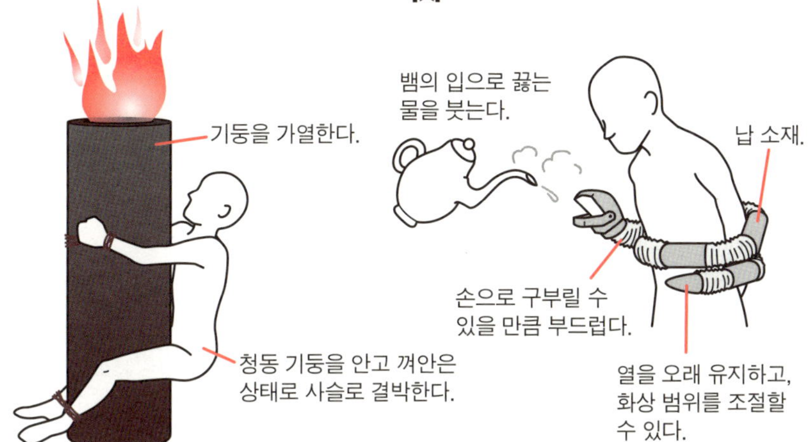

관련 항목

- 장화→No.008
- 화형→No.057/096
- 불 고문→No.055/056/057/058/096
- 가마솥 삶기→No.098

위커 맨에서 화형 오두막으로

거대한 인형 안에 희생자를 가두고 불태워 죽인다. 고대부터 이어진 이런 제물 의식은 중세에는 프랑스와 독일에서 특수한 화형으로 계승되었다.

●버들가지(wicker)로 엮은 인형 구조물

카이사르(기원전 100~44년)의 저서『갈리아 전기』나 스트라본(기원전 64?~24?)의『지리지』에는 켈트족의 풍습인 **위커 맨**에 관한 기술이 있다. 고대 켈트족의 사제 드루이드는 버들가지를 엮어 거대한 인형을 만들고, 그 안에 여러 명의 산 제물, 가축, 야생동물 등을 가두었다. 그리고 이 인형을 태워 풍작을 기원한 것이다.

하지(夏至)에 이루어진 이 의식은, 후세에 벨테인(Beltane) 축제 또는 미드서머 이브(Midsummer Eve, 성 요한의 축일)로 계승되었다. 살육과 재생을 의미하는 이 오래된 의식에 대한 기록은 많지 않다. 하지만 높이 7~10미터에 달하는 인형을 불태우는 요란하고 기이한 광경은 사람들의 기억에 선명히 남아 입에서 입으로 전해졌다.

기독교의 전파로, 이 고대 의식은 사라지는 듯했으나 '가둔 후 불태우는' 화형은 이후에도 종종 부활했다.

켈트의 피를 이은 갈리아 인들은 3세기 무렵까지 프랑스에서 번성했는데, 당시에도 사형수를 커다란 버들가지 바구니에 가두고 불을 붙이는 화형이 있었다. 버들가지로 엮은 바구니나 가두는 방식 등은 분명 위커 맨의 영향을 받은 것으로 보인다. 그러나 의식이 아닌 공개 처형이었으며, 죄수가 불타며 몸부림치거나 비명을 지르는 모습은 관중들에게 인기가 있었다.

14세기에도 프랑스에는 타르와 장작 그리고 나뭇가지 따위를 잔뜩 넣은 구덩이에 희생자를 밀어 넣고 불을 붙이는 **불구덩이**라는 화형이 있었다.

16세기 독일에는 **화형 오두막**이라는 것이 있었다. 교외의 언덕에 잔디 등을 이용해 둥근 돔 또는 텐트와 같은 작은 오두막을 짓는다. 지붕과 벽에는 기름을 바르고, 입구에는 화약 주머니를 매달았다. 그 안에 죄수를 넣고 불을 붙이면 순식간에 화염에 휩싸이며 불타죽는 것이다. 이 형벌은 중대한 범죄를 저지른 자에게 적용되었다.

효 과	소(燒) 폐(閉)
용 도	사(死)
시대와 지역	고대 켈트~중세 유럽

위커 맨

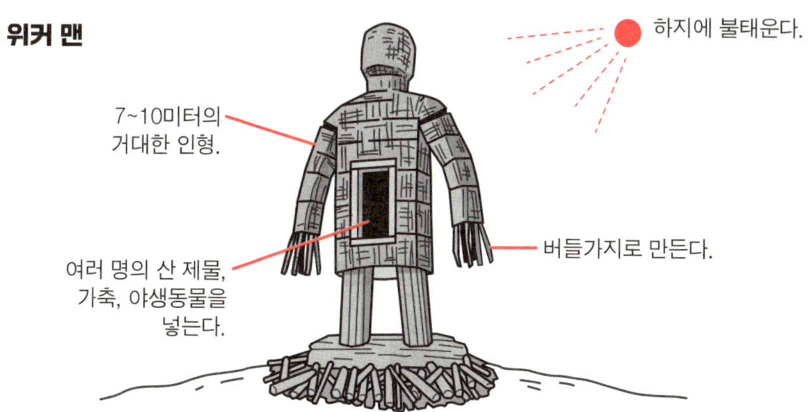

독일의 화형 오두막

중범죄자 처형 방식.

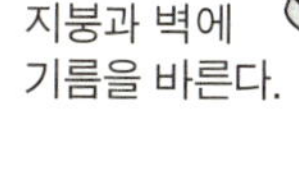

◆호러 영화와 위커 맨

위커 맨은 호러 영화의 소재로 다뤄지기도 했다. 잔혹한 고대의 풍습이 현대의 외딴 섬
에서 되살아난다는 내용으로, 두 차례 영화화 되었으며 TV 드라마로도 제작되었다.

중세 프랑스의 물 고문

17세기 파리의 귀족 사회에서는 독약과 검은 미사(Black Mass)가 유행했다. 그 와중에 발생한 사건으로 400명이 체포되고, 104명이 유죄, 36명이 사형을 당했다.

●끊임없이 덮쳐오는 공포

중세 서양에서 특히, **물 고문**(Water Torture)을 즐겨 사용한 것은 프랑스인으로, **장화** 고문이 도입되기 전까지 빈번히 사용된 형벌이었다. 깔때기를 이용하거나 물의 양으로 고문의 강도를 조절할 수 있었는데, 그 양은 '소(小) 심문'의 경우 7리터, '대(大) 심문'에는 **14리터**로 정해져 있었다. 참고로, 물 고문은 자백을 받아내기 위한 '예비 고문'으로 분류되었다. 또 예비가 아닌 '예지적 고문'으로, 저지른 죄에 대한 형벌의 일부로 집행되기도 했는데 이 경우 자백은 필요 없다.

인간의 위는 물을 흡수할 수 없는 구조로, 한 번에 너무 많은 물을 마시면 익사하기도 한다. 물이 장에서 체내로 흡수될 시간이 있다고 해도, 과도한 물은 혈액 농도를 낮춰 빈혈이나 사망의 원인이 된다.

집행 방식은 고문대에 결박한 희생자의 입에 소뿔로 만든 깔때기를 꽂고, 집게로 코를 막는다. 이렇게 숨을 쉴 수 없는 상태에서 물을 들이붓는다.

희생자는 질식하고, 불어난 위가 다른 장기를 압박해 고통을 느낀다. 이때 배를 때려 더 큰 고통을 주거나 끓는 물을 붓기도 했다. 하체를 상체보다 높게 들어 올려 고정하기도 했다. 체내에 가득 찬 물을 토해내도록 한 후 다시 고문을 반복하거나 배설구를 막아 방치하는 방식도 있다.

1677년, 루이 14세 치하에서 **태양왕 독살 미수 사건**이 발생했다.

용의자 중 한 명인 마리 드 브랭빌리에 공작부인은 사람들을 독살하려 했다는 혐의로 '엑스트라오르디네르(extraordinaire)' 즉, 특별히 엄격한 물 고문을 받게 되었다. 전라의 상태로 결박된 채 5시간이나 강제로 물을 마셨던 것이다. 랙에 묶여 물을 마시고 토하기를 반복하자 얼굴부터 가슴까지 검푸른 색으로 울혈이 생기다 급기야 전신이 보라색이 되어 경련을 일으키며 실신했다고 한다.

가장 참혹한 고문 중 하나인 물 고문

효 과	익(溺) 음(飲) 질(窒)
용 도	고(拷) 형(刑)
시대와 지역	고대 / 중세 / 현대

물 고문

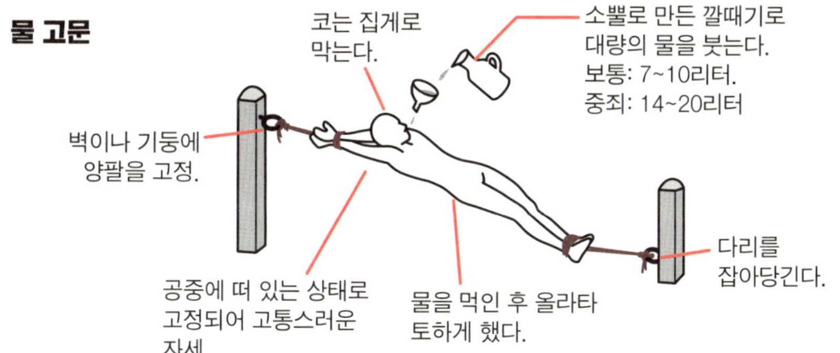

그 밖의 고문 방법

· 뜨거운 물을 마시게 해 더 큰 고통을 준다.

· 배설구를 막아 방치한다.

· 손이나 발에 다른 고문을 가한다.

· 랙에 고정한다(안정적인 자세로 집행인이 편하다).

· 머리를 아래로 향하게 한 후, 물 고문을 한다.

집행 중인 희생자의 상태

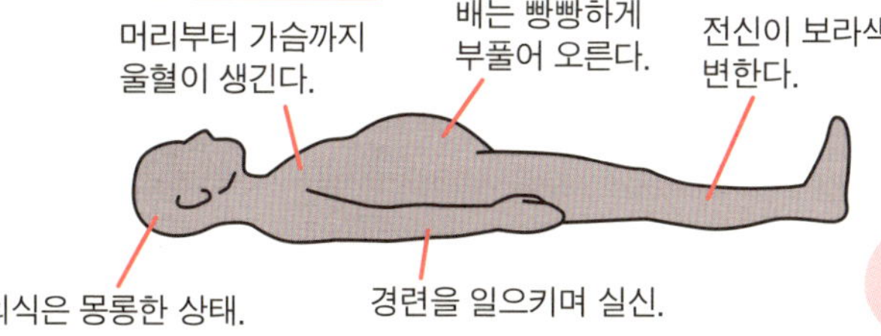

용어 해설

● 14리터→혹은 10리터, 특별히 엄격한 경우는 20리터로 정해져 있었다.
● 태양왕 독살 미수 사건→마녀 사냥 시대만큼 많은 사람이 고발된 것은 아니지만 사용된 고문 및 처형 방식 등은 당시와 비슷했다고 한다.

관련 항목

● 장화→No.008
● 물 고문→No.062/063/064
● 랙→No.033

수차 바퀴와 수뢰

물은 불과 마찬가지로, 세계 여러 지역에서 정화의 힘이 있다고 믿었다. 그런 이유로 처형 수단은 물론, 자백을 받아내기 위한 고문에도 사용되었다.

● 다양한 응용이 가능한 물 고문 장치

물 고문에는 희생자를 물에 담그는 방식과 강제로 물을 마시게 하는 두 가지 방식이 있다. 중세 서양에서는 전자의 대표적인 사례인 **물 고문 의자**와 후자의 대표적인 방식으로 다양한 속칭을 가진 다음과 같은 고문이 주로 사용되었다.

수차 바퀴는 수차 모양의 고문 장치로, 바퀴 하부는 물에 잠겨 있다. 강가의 수차를 그대로 이용할 수 있었다고 한다. 희생자는 바퀴 곡면에 몸을 활처럼 젖힌 상태로 묶이거나, 바퀴 측면에 대자로 묶였다. 얼굴을 물에 담근 상태로 멈추는 등의 조절이 가능하며, 빠르게 돌리면 기절하거나 원심력에 의해 육체에 손상을 입힐 수 있다. 그러면 물에 잠겼을 때 숨을 멈출 수도 없어 무방비 상태로 대량의 물을 마시게 된다. 앞에서도 말했지만, 바퀴를 이용한 고문은 **불 고문용 바퀴** 등 다른 고문으로도 쉽게 전용할 수 있다.

수뢰(水牢)는 세계 각지에 존재했던 고문 장치이다. 강가나 해안에 설치되는, 매우 좁은 감옥으로, 만조 때 물이 차오르는 구조이다. 예를 들면, 가로 45㎝×세로 60㎝×높이 120㎝ 정도의 좁은 공간에 턱이 가슴에 닿을 정도로 몸을 구부린 상태로 갇히게 되는데, 허리를 펴거나 앉을 수도 없다. 또 물에 젖은 피부가 불어 터지기도 했다고 한다.

15~16세기 영국 템스 강가에는 **쥐구멍**이라고도 불린 수뢰가 있었다. 강물이 차오르면 더러운 물과 함께 시궁쥐가 들어왔다. 프랑스에도 유사한 감옥이 있었다. 일본의 **미즈카고**(水籠)는 성을 둘러싼 해자에 둑을 쌓아 물에 잠기도록 만든 구조물이다. 연공을 내지 않는 농민을 벌하는 감방으로 사용되었으며, 수확기에만 설치되었다. 가마쿠라 시대에 등장했으며, 아즈치 모모야마 시대에는 규슈에서도 사용되었다는 기록이 있다.

현대에도 1960년대 북베트남에서 **호랑이 우리**라고 불린, 허리도 펴지 못할 정도의 좁은 수뢰에 미군 포로를 감금했다고 한다.

물에 빠트리는 수차 / 침수형 감옥

효 과	익(溺) 질(窒) 침(浸) 폐(閉)
용 도	고(拷) 사(死)
시대와 지역	고대 / 중세 / 현대

수차 바퀴

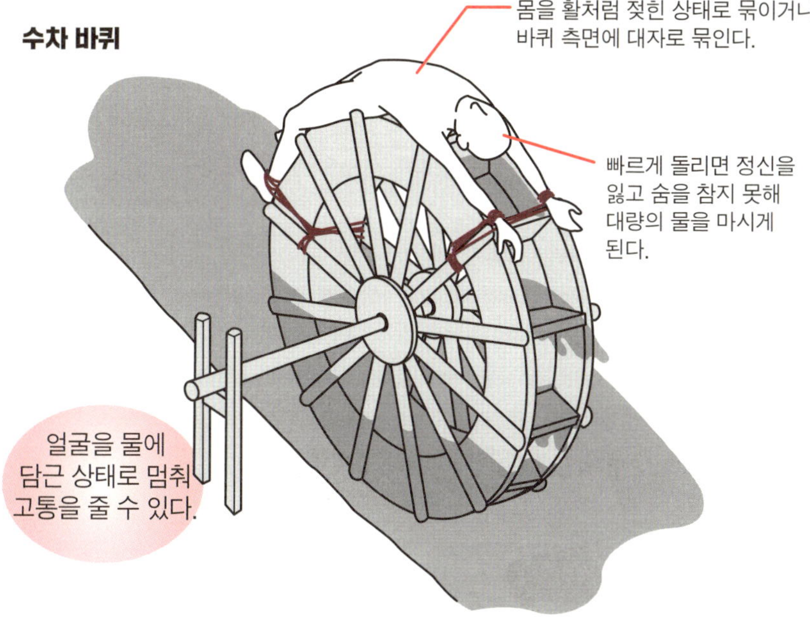

수뢰

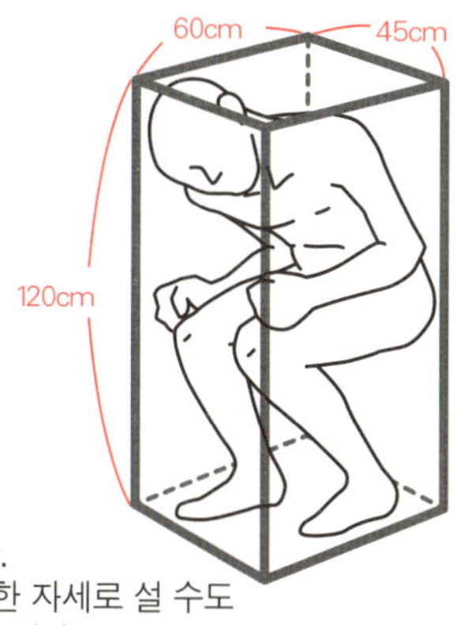

매우 좁다.
엉거주춤한 자세로 설 수도
앉을 수도 없다.

강가나 해안에 설치된다.
만조 때 물이 차오른다. 물에 젖은
피부가 불어 터졌다고 한다.

관련 항목

- 불 고문용 바퀴→No.056
- 물 고문→No.061/063/064

다양한 물 고문 기구

고문실 안에서 이루어지는 물 고문용으로 고안된 기구는 많지 않았다. 처형 역시 주로 강가에서 익사시키는 등 전용 기구는 드물었다.

●물 고문용 목마 / 물 고문용 욕조

물 고문용 목마는 네덜란드에서 주로 사용된 목마형 기구로, 등 부분을 파내고 중앙에는 십자형으로 봉을 가로질러 놓았다. 여기에 위를 향해 누운 희생자를 묶는데, 하체가 상체보다 높게 들어 올려 고정한다. 희생자의 얼굴에 천을 덮어씌우고 천천히 물을 부으면 단순히 물을 먹이는 것보다 질식 효과가 더 크다. 또 천이 체내로 들어가면서 장기에 상처를 입힌다. 자백을 강요하는 경우, 대화할 때마다 이 천을 끄집어내는데 이때도 엄청난 고통이 따른다. 물과 피로 뒤범벅이 된 천이 마치 희생자의 내장처럼 보였다고 한다.

일본의 가마쿠라 시대에도 젖은 천을 이용하는 고문에 대한 기록이 남아 있다. 희생자를 사다리에 묶어 비스듬히 세운 후, 얼굴에 천을 덮고 이마에 물을 붓는다. 숨을 쉬지 못하는 상태에서 물이 자연히 체내로 들어간다. 코나 귀에 물을 붓기도 하고, 사다리를 거꾸로 뒤집어 희생자가 피를 토하는 경우도 있었다고 한다. 이 고문은 1960년대 남베트남에서도 사용되었다. 이때는 물 대신 비눗물을 사용했기 때문에 희생자의 고통은 훨씬 심했을 것이다.

영국에서는 징역 중인 죄수에게 매주 채찍질 등의 벌을 주는 경우가 있었는데, 리버풀의 여성 교도소에서는 **물 고문용 욕조**가 있어 1779년까지 '매주의 목욕'이라고 칭하는 학대가 자행되었다. 깊은 욕조 끝에 기둥과 가로대를 설치하고 그 끝에 의자가 고정되어 있는 구조였다. 여기에 죄수를 앉혀 결박한 후 물 속에 3회 담갔다 뺐다고 한다.

현대에도 **잠수함** 현지어로는 **엘 수브마리노**(El Submarino)라고 하는 일종의 물 고문이 필리핀, 볼리비아, 우루과이, 브라질, 파라과이, 멕시코 등에서 사용되었다. 한계까지 물을 마시게 한 희생자를 바닥에 눕힌 상태에서 배를 힘껏 밟는 것이다. 과거의 물 고문과 다를 바 없는 방식이다.

피에 젖은 천

효 과	익(溺) 음(飮) 질(窒)
용 도	고(拷) 사(死)
시대와 지역	고대 / 중세 / 현대

물 고문용 목마

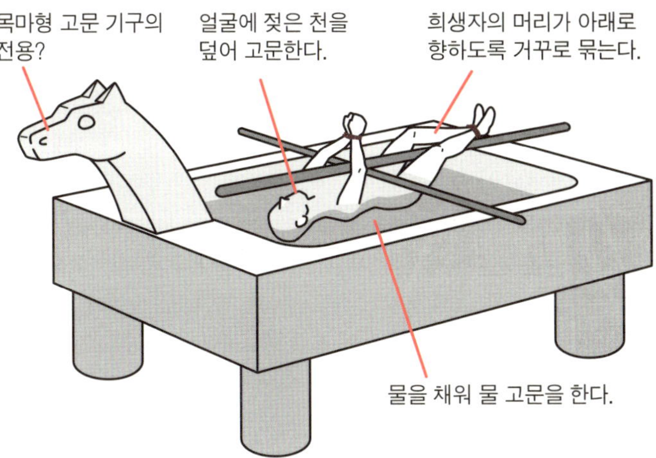

젖은 천

얼굴에 천을 덮고 물을 붓는다. 희생자가 입을 벌리면, 천이 체내로 빨려 들어간다. 자백을 위해 천을 끄집어내면 극심한 고통과 함께 출혈이 발생한다.

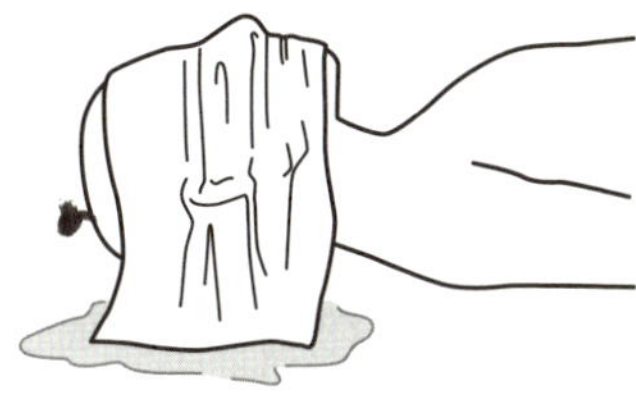

잠수함

중남미와 동남아시아의 스페인어권에서 행해진 현대적 물 고문. 물이 가득 찬 배를 밟으면 고래가 물을 뿜듯 입에서 물이 뿜어져 나온다. 이 방식은 중세의 물 고문과 다르지 않다.

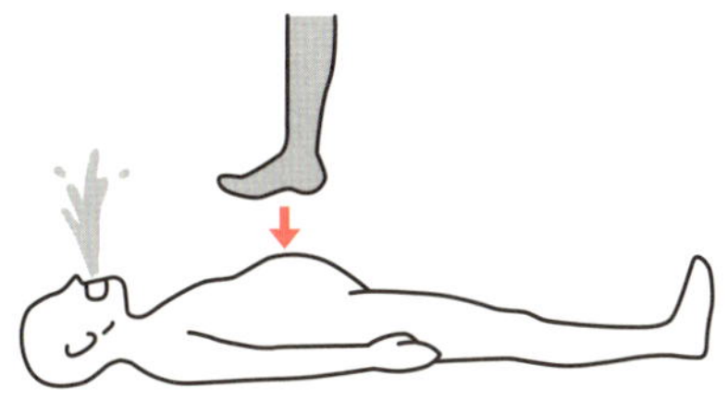

관련 항목

● 물 고문→No.061/062/064

물 고문 의자와 누아드

강이나 호수 등의 자연물을 이용한 물 고문은 일찍부터 이루어져 왔다. 가라앉히고 끌어올리는 것만 반복해도 충분한 고문이 된다.

●신성한 물의 심판

고대 그리스에서는 간통죄를 범한 아내를 뗏목에 태워 강에 떠내려 보냈다. 이것은 처형의 일종이다. 로마에서는 오랫동안 '쿨레우스(Culleus) 형'이 시행되었다. 쿨레우스란, 액체를 담아 운반하는 가죽 주머니로, 여기에 죄수와 동물을 함께 넣어 물에 던지는 것이다. 주로 살인범이 받는 형벌이었다.

강에 떠내려 보내는 형벌은, 희생자가 살아남는 경우도 있다. 고대에는 그것을 신의 뜻으로 여겨 사면하기도 했다.

중세 유럽에서는 희생자를 전용 기구에 묶어 물에 빠트렸다. **물 고문 의자**(Ducking Stool)는 15~17세기 영국에서 지방 자치단체의 비품으로 의무적으로 설치되었다. 강가에 거대한 시소 모양의 '**천칭**'을 설치하고, 한쪽 끝에 의자를 부착했다. 마녀 사냥 시기에 주로 사용되었으며, 가라앉히고 끌어올리는 행위를 반복해 고통을 주었다. 원래는 불륜이나 가사 방기 등의 죄를 지은 여성들을 벌하기 위한 장치였다. 그 밖에 경범죄를 저지른 자들을 **공개 처형**하는 용도로 사용한 지역도 있었으며, 의자가 아닌 커다란 철창을 설치하기도 했다. 참고로, 유럽의 오래된 다리 중앙에는 물 고문에 사용하기 위해 설계된 돌출된 공간이 있었다.

프랑스 혁명기에는 **누아드**(Noyades) 또는 **공화국의 결혼**(Mariage républicain)이라고 불린 형벌이 탄생했다. 정치가 장 바티스트 카리에(Jean-Baptiste Carrier, 1756~1794)가 지방도시 낭트에서 시행한 형벌로, 주로 나이든 남녀 혹은 젊은 남녀 등의 이성을 함께 처형했다. 아이도 예외가 아니었다.

벌거벗긴 두 사람을 함께 묶어 작은 배에 태운 뒤, 최소 30분 이상 대중 앞에 공개한 후 강 한가운데에서 떨어뜨려 익사시켰다. 떨어뜨리기 직전에 칼로 찌르는 경우도 있었으며, 헤엄쳐 나올 경우를 고려해 강가에 도끼나 곤봉을 든 처형인을 배치하기도 했다. 단두대가 있었음에도 상당히 진부한 형벌이었다.

효 과	익(溺) 침(浸)
용 도	고(拷) 사(死)
시대와 지역	고대~중세 유럽 / 근대 프랑스

천칭과 물 고문 의자

천칭은 자치단체가 의무적으로 설치하는 기구였다.
동양 특히, 고대 중국과 일본에서는 유사한 기구가 신탁 재판 등에 사용되었다.

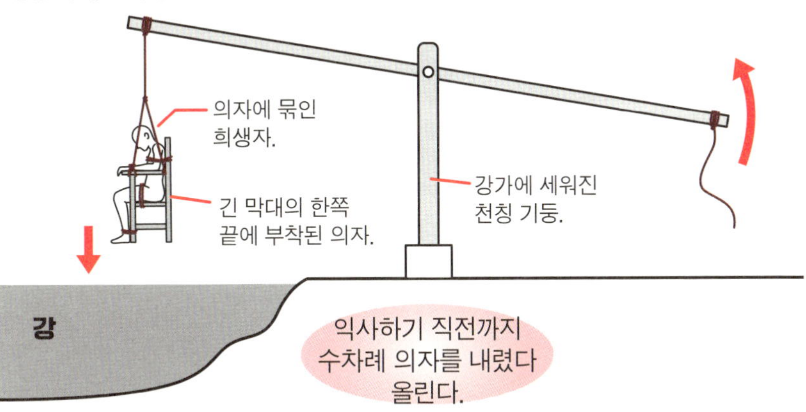

물 고문용 철창

의자 대신 설치. 여러 명을 수용할 수 있는 철창. 사용 방식은 동일하다.

다리 중앙의 돌출부

오래된 다리에는 물 고문에 사용하기 위한 공간이 마련되어 있었다.

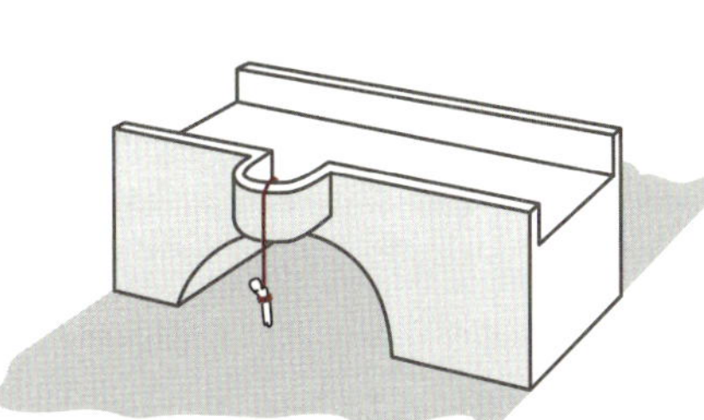

물 고문 의자가 생기기 전에는, 손발을 묶은 마녀를 다리에서 강에 던졌다. 떠오르면, 물이 사악한 영혼을 거부한 것이라며 화형에 처하고 가라앉으면, 무죄지만 익사한다. 양손 엄지손가락과 양발 엄지발가락을 묶는 것이 정식적인 방법이었다.

● 물 고문→No.061/062/063

터커 전화기 / 제젠

인체에 전류를 흐르게 하는 고문은 원리를 알면 조절이 가능하다. 생활을 편리하게 해주는 전기가 고문과 처형 도구로 쓰였다는 사실은 참으로 아이러니하다.

●터커 전화기

터커 전화기(Tucker Telephone)는 상자 형태의 전기 고문기구이다. 20세기 초의 전화기와 매우 비슷한 혹은 비슷하게 만들었거나 실제 전화기를 이용해 장치를 만들었다고 생각될 정도이다.

1960년대, 미국 아칸소 주의 터커 교도소에 수감된 베트남 전쟁 포로에게 사용되었다. 이 교도소의 의사였던 롤린스 박사가 고안한 장치이다.

본체 우측의 **크랭크 핸들**을 돌려 전기를 발생시키고, 둥근 벨 모양의 전극에서 뻗어져 나온 전선을 희생자의 신체에 대고 전기를 통하게 한다. 교도소 내에서는 이 고문 기구를 사용할 때 '장거리 전화를 건다'고 표현했다고 한다. 포로는 의식을 잃을 만큼 격렬한 전기충격의 고통을 느꼈을 것이다. 이 장치는 1968년까지 사용되었으며 20세기에는 전기 고문이나 처형 기구가 다수 고안되었다.

●제젠

1954년, 북아프리카의 알제리에서는 프랑스로부터의 독립을 목표로 한 혁명운동이 일어났다. 프랑스는 반란을 진압하고, DOP라는 특무기관에서 포로를 심문했다. 물 고문과 전기 고문이 사용되었는데, 이 전기 고문을 **제젠**(gégène)이라고 불렀다. 프랑스어로 발전기를 뜻하는 제네라퇴르(générateur)에서 비롯된 속칭이다. 통신용 발전기에서 전극을 끌어와 희생자의 신체에 연결했던 것이다.

DOP의 책임자 트랭키에 대령은 알제리에서 자행된 고문을 지휘했으며, 고문으로 숨진 사람의 시신은 교외에 유기하거나 생석회에 암매장했으며 헬리콥터로 바다에 던지기도 했다. 이런 비합법적인 고문은 독립 전쟁이 끝난 1962년까지 은밀히 이루어졌지만, 프랑스는 결코 이를 인정하지 않았다. 제젠은 최소 20세기 말까지 이라크 등지에서 사용되었다고 한다.

지옥에서 걸려오는 전화

효 과	전(電)
용 도	고(拷)
시대와 지역	20세기 아메리카 / 알제리 / 이라크 등

터커 전화기
터커 교도소에서 베트남 포로에
대한 고문에 사용되었다.

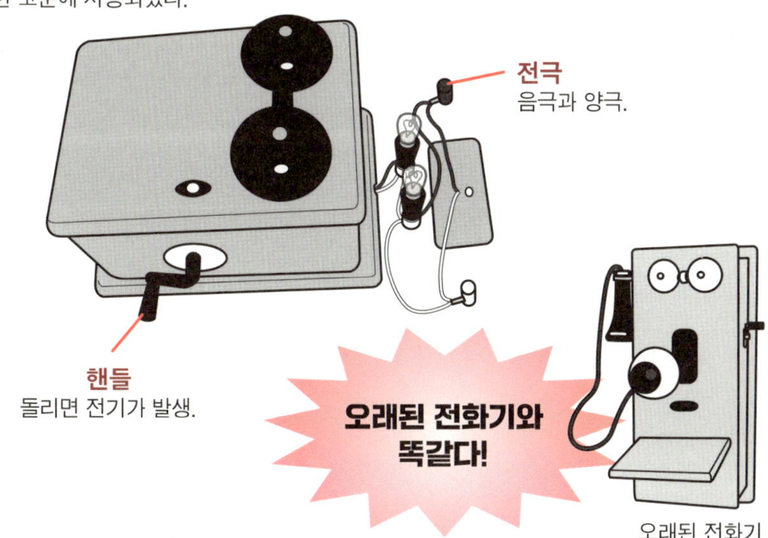

터커 전화기의 집행
'장거리 통화 중'
알제리에서 행해진 '제젠'도 유사한
전기 고문으로, 효과를 높이기 위해
성기 등에 전기를 통하게 했다.

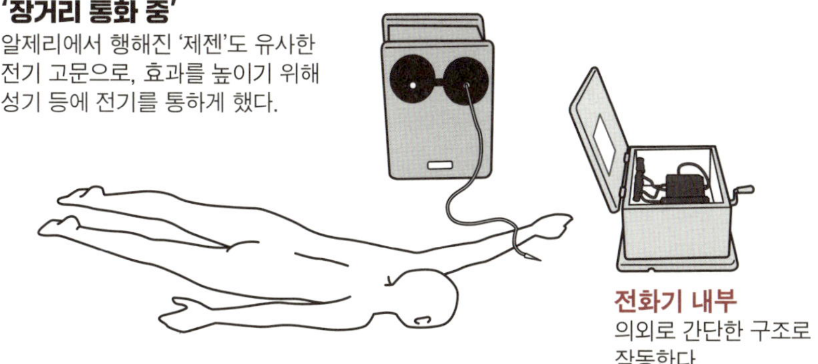

관련 항목

● 크랭크 핸들→과거의 전화기도 핸들을 돌려 전기를 발생시키는 방식으로 통화했다.

전기 봉 피카나

피카나는 본래 가축을 제어하는 전기 봉이다. 과거에는 소몰이 채찍 등을 사용했으나 20세기에는 이 도구가 채용되기 시작했다.

●가축용 전기 봉의 전용

스턴건과 같은 구조로 전기 충격을 가하는 **피카나**(Picana)는 1930년대 아르헨티나의 부에노스아이레스에서 처음으로 인간을 고문하는 데 사용되었다. 오늘날에도 동일한 기능에 구하기도 쉬운 스턴건이 있다. 실제 중동에서는 스턴건을 이용한 고문이 일상적으로 이루어지고 있다고 한다.

피카나와 스턴건의 장점은 고전압, 저전류라는 것이다.

전류가 낮기 때문에 죽지는 않지만, 고전압으로 고통을 줄 수 있다. 또 두 개의 전극이 가까이 배치된다. 전기는 전극에서 전극으로 흐르기 때문에 접촉하는 극히 일부, 체표의 피부 일부에만 영향이 미칠 뿐이다.

효과가 크지 않지만, 만만히 봐선 안 된다. 2002년 일본에서 발생한 기타큐슈 감금 살인사건에서는 주범이 '전기 충격'으로 일가족을 세뇌시켜 서로 살해하게 만든 끔찍한 범죄를 저질렀다.

피해자 중 몇 명은 전기 충격으로 정신 이상을 일으켰다. 전기 충격을 받으면 정신이 몽롱해지고 근육이 마비되는 경우도 있다고 한다.

고문의 경우, 희생자를 결박한 상태로 10~20회 반복해 전기 충격을 가하거나 성기와 같은 민감한 부위를 겨냥한다. 대부분의 전기 고문이 이런 방식으로 시행된다. 남성은 구리선을 감거나 철망을 씌우고, 여성은 질 내부에 전극을 삽입하는 경우도 있었다.

전기 고문의 메커니즘은, 인체가 전기 신호로 근육을 수축시키는 특성을 이용한 것이다.

체외에서 신경에 전기를 통하게 하면, 자신의 의지와는 무관하게 근육이 수축하고 뇌는 이를 통증으로 인식한다. 통전에 의한 근육 수축은 매우 강해서 고문 중에 자신의 근력으로 뼈를 부러뜨리는 경우도 있다.

전극과 전극 사이가 길면 고통은 더욱 커진다. 내장이 전기의 통로가 되면 위험하다. 전류를 높이면, 손상이 더 커지고 급기야 시커멓게 타버릴 것이다. **전기의자**에 의한 처형이나 감전사가 이에 해당한다.

효 과	전(電)
용 도	고(拷)
시대와 지역	20세기 아르헨티나·중동 외 세계 전역

피카나

축산업이 왕성한 중남미에서
주로 사용되는 전기 봉.

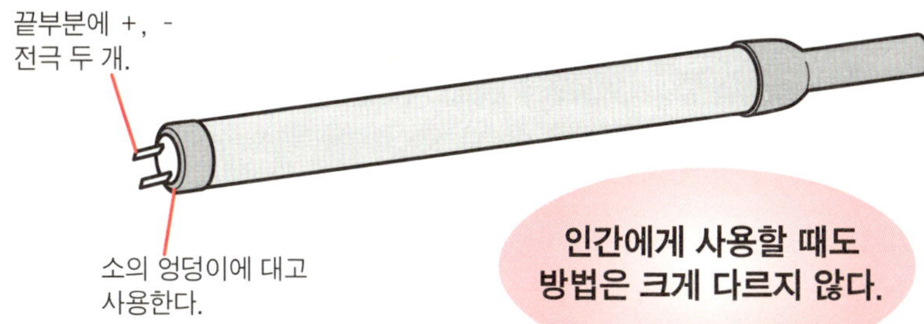

인간에게 사용할 때도
방법은 크게 다르지 않다.

스턴건

비교적 구하기 쉬우며, 감전사
를 초래할 정도의 성능은 없다.

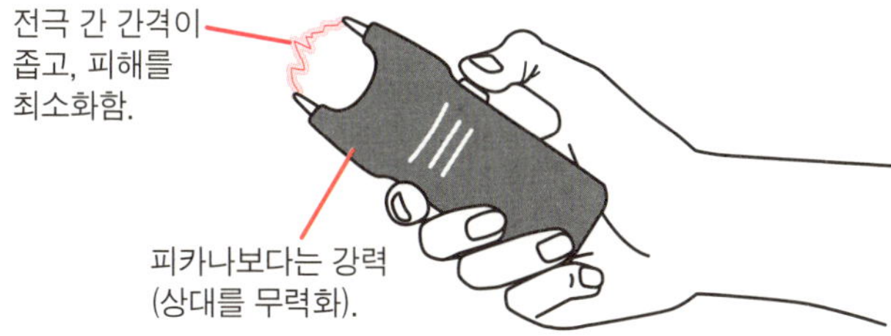

◆기타큐슈 감금 살인사건의 전기 충격

콘센트에서 전선을 끌어와 전기 충격을 가했다. 치명적이진 않지만 화상은 입을 정도.
신체가 마비되고, 한동안 정신이 몽롱해진다. 협박과 세뇌로 피해자를 살인에 가담시켜
가족 중 7명이 살해되었다.

관련 항목

● 전기의자→No.067

전기의자 / 파리야

장래에는 어떻게 될지 모르지만, 미국의 일부 주에서는 아직도 전기의자를 이용한 처형이 시행되고 있다. 사형수에게 고통을 주지 않는 인도적인 형벌로 여겨진다.

●전기의자

집행 시, 죄수를 확실히 죽음에 이르게 하기 위해 머리와 발목에 전극을 부착한다. 뇌라는 치명적인 기관을 통해, 신체의 거의 모든 곳으로 전기가 흐르도록 설계된 것이다.

전기의자는 나무로 제작되며, 의자 다리는 바닥에 고정한다. 또 머리, 가슴, 배, 양팔, 양 발목에 총 7개의 구속 벨트가 있다. 머리의 헬멧형 전극은 전기가 통하기 쉽게 물에 적신 스펀지를 올린 후 씌운다.

최소 두 번의 전류를 흘려 처형하는데, 처음에는 2,000볼트의 강력한 전압으로 기절시킨 후 8암페어의 전류로 완전히 절명할 때까지 반복한다. 피부와 머리카락 일부가 타고, 체온이 60도 정도까지 올라가며 탄 냄새가 처형실을 가득 채운다.

참고로, 전기의자가 실용화되어 사용된 것은 1890년대부터이다.

●파리야

파리야(Parrilla)는 칠레의 독재자 피노체트 정권 시기(1973~1990)에 일상적으로 사용된 전기 고문용 철제 침대이다. 고문의 호칭뿐 아니라 철제 침대의 프레임도 파리야라고 불린다. 스페인어로 바비큐용 '석쇠'를 뜻하며, 침대와 조작용 다이얼이 달린 발전기가 한 세트로 이루어져 있다.

희생자는 전기가 잘 통하도록 벌거벗은 상태로 몸에 기름까지 발라 침대에 결박된다. 여기에 발전기에 연결된 2개의 구리선을 몸에 접촉시켜 전류를 흘린다.

전기를 사용하는 것은 새로운 고문 방식이지만, 철제 프레임 위에서 고문하는 것은 로마나 중국에서 행해진 **철망** 고문과 유사하다. 이는 칠레뿐 아니라 1970~80년대 중남미 각국의 군사 정권이나 독재자가 애용했던 방식이다.

인도적으로 빠르게 죽이는 의자와 오랫동안 고통을 주는 침대

효과	전(電)
용도	고(拷) 사(死)
시대와 지역	19~20세기 미국 / 20세기 칠레

전기의자

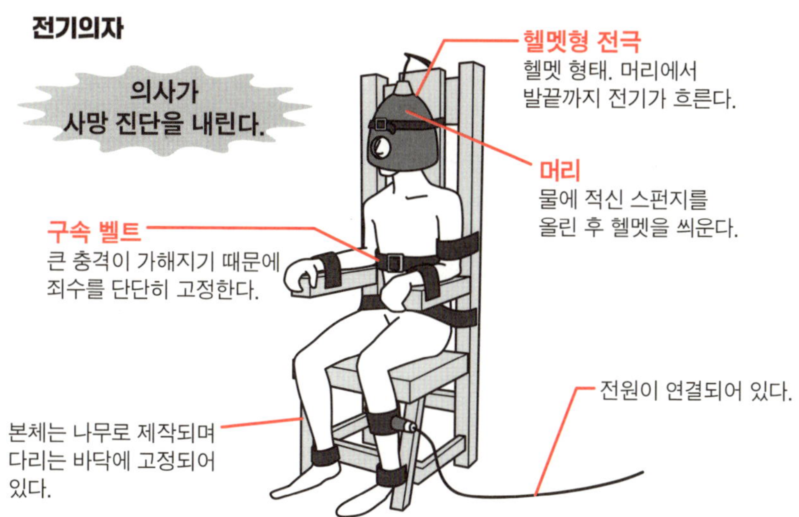

파리야

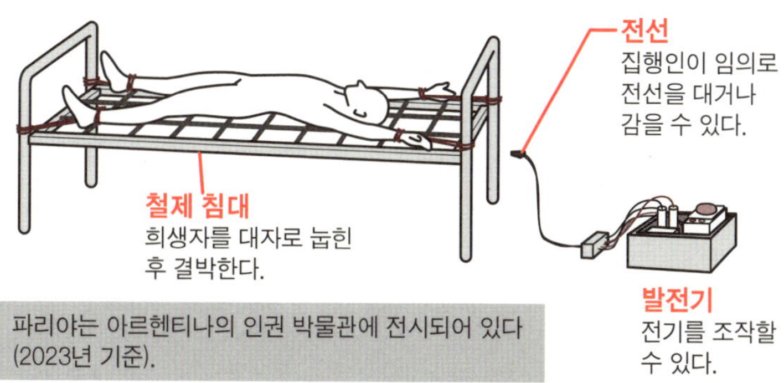

파리야는 아르헨티나의 인권 박물관에 전시되어 있다
(2023년 기준).

관련 항목

● 철망→No.053/093

단두대 시대의 문화

프랑스 혁명으로 맹위를 떨친 단두대는 무수한 이명(異名)을 가지고 있다. **운명의 수레, 공화국의 면도날, 애국의 단칼** 등은 정치적 배경에서 비롯된 속칭이며 **작은 창, 천창, 도구, 재단기**는 그 형태와 기능에서 붙여진 이름이다. 또 과부는 처형의 남발로 미망인이 늘어난 것에 대한 조롱, **카페**(Capet)**의 넥타이**는 루이 16세를 비롯한 왕족이 처형된 것에서 유래했다. 단두대형에 처해지는 것은 '고양이 구멍에 머리를 들이민다'거나 '창으로 머리를 내민다' 혹은 '바구니에 대고 재채기를 한다'와 같은 은유적 표현이 사용되기도 했다.

단두대는 무시무시한 도구이지만, 시대의 상징으로 일상생활의 일부로 녹아들면서 예술, 음악, 패션의 소재가 되었다. 사회현상이 되어 소설과 연극에 등장했으며 다양한 아이템도 만들어졌다.

단두대를 모티브로 한 브로치나 귀걸이와 같은 장신구는 물론 담뱃갑, 접시, 컵 등 다양한 분야에 걸쳐 활용되었다. 부유층의 집에는 실제와 똑같은 탁상용 모형이 있었다. 단두대의 칼날이 떨어지면, 인형의 목에서 붉은 액체가 뿜어져 나오는 장치를 갖추고 있었다. 이 붉은 액체의 정체는 부인들이 손수건에 적셔 사용하는 향수였다. 1794년에는 약 60㎝ 크기의 단두대 모형 완구가 판매되기도 했다. 아이들이 쥐나 새 같은 작은 동물의 목을 자르며 놀았던 것이다. 결국 의회는 교육상 좋지 않다고 판단해 경찰에 회수하도록 조치했다.

파리에서는 공개 처형이 일상적인 풍경이 되면서 처형에 대한 사람들의 감각도 둔해지고 사형수도 집행이 이루어지기 전까지 아무렇지 않게 일상을 보냈다고 한다. 죄수 중에는 '이곳을 잘라 달라'거나 잘릴 부분을 목에 문신으로 새기는 자도 있었다. 집행 전 스스로 목숨을 끊는 사람도 있었으나, 그 시신도 단두대에서 목이 잘렸다.

사형수는 모두 단두대형에 처해졌으며, 여자아이도 예외는 아니었다. 심지어 지방에서는 전제 군주의 인형이나 교회의 목제 성인상을 단두대형에 처하기도 했다. 브르타뉴 지방의 교사 기욤은 단두대를 교재로 삼아 학생들 앞에서 망명 귀족의 인형을 단두대형에 처했다고 한다.

상류 및 중류층 청년들 사이에서는 머리를 짧게 자르는 것이 유행했다. '티투스 커트(Titus cut)'라고 불린 이 스타일은 고대 로마의 위인을 흉내 낸 머리 모양이었으나 실은 단두대형에 처해진 희생자의 잘린 머리 모양을 연상시키는 스타일이었다. 실제 사형수들은 머리를 확실히 베기 위해 처형 전 머리카락을 짧게 잘랐다.

희생자를 모방한 유행은 공포 정치가 끝난 이후에도 계속되었다. 단두대에 처형된 이들의 유족이 모이는 '희생자의 무도회'라는 모임도 있었던 듯하다. 남성은 짧은 머리, 여성은 머리를 틀어 올리고 목에 붉은 리본을 감았다. 리본은 머리가 잘렸을 때 흘린 피를 상징한다. 오랜 지배 체제가 끝난 것을 축하하는 상급 시민의 연회로, 상복 혹은 초라한 드레스를 입고 샌들을 신거나 맨발로 모여 죽음을 향해 가는 가련한 희생자처럼 행세했다. 이런 집회가 인기를 끌면서 원래는 증명서가 발행된 유족들만의 모임이었으나 고액의 위조 증명서를 사서 참가하는 사람까지 있었다고 한다.

제 4 장
동물·불면·오물·간지럼·헛수고·성

뱀 고문 / 염소 핥기

맹수도 무섭지만 독을 지닌 뱀이나 벌레도 위험한 동물이다. 그 중에서도 특히 뱀은 당연하게도 고대부터 세계 각지에서 고문 및 처형에 이용되었다.

● 위험한 뱀은 물론 무해한 염소도 고문에 이용

동물을 이용한 형벌은 극적 효과가 높아 이목을 끌기 쉬우며, 최후에는 선혈이 낭자한 사체가 남는다. 실외에서 집행하면 구경거리가 되지만, 밀실에서도 빈번히 이루어지는 고문이었다.

뱀은 이런 고문 및 처형에 자주 이용되었다. 뱀은 신이나 악마의 사자로 여겨지기도 했으며, 생김새도 무서운 데다 독을 가진 종류도 많다. 항문 등의 구멍으로 파고드는 습성도 있어 고문에는 안성맞춤이었을 것이다.

뱀이 가득 든 구덩이나 나무통 등에 희생자를 던져 넣는 것이 가장 단순한 방법이다. 가죽 자루에 희생자와 뱀을 함께 집어넣고 강에 던지기도 했다.

기록이 확실히 남아 있는 예로, 스웨텐의 **장미의 동굴**이라는, 여러 종의 파충류를 풀어놓은 고문용 동굴이 있으며 스페인에서도 뱀이나 두꺼비를 풀어놓은 토굴이 사용되었다. 또 일본의 가마쿠라 시대에는 뱀을 입에 넣는 **뱀 고문**이 이루어졌다고 한다.

염소 핥기는 이름 그대로 염소가 핥게 만드는 고문이다.

먼저, 희생자를 고문대에 눕힌 상태로 결박하고 발바닥에 소금물을 바른다. 그리고 염소를 데려오기만 하면 된다. 소금을 좋아하는 염소는 희생자의 발바닥을 핥기 시작한다. 처음에는 간지러운 정도지만, 염소의 혀는 매우 거칠다. 얼마 안 가 고통이 찾아오고, 그대로 계속되면 피부가 벗겨지고 피가 배어나온다. 혈액에도 염분이 포함되어 있기 때문에 염소는 계속해서 환부를 핥고 또 핥는다. 참기 힘든 통증과 함께 뼈가 드러날 정도로 살점이 벗겨져 나갔다는 기록이 있으며 정신 이상을 일으킨 예도 있었다고 한다. 그럼에도 생명에는 지장이 없는, 유효한 고문법이라고 할 수 있다.

중세 시대의 고문 같지만, 17세기 아프리카의 다호메이 왕국(지금의 베냉 공화국)에서 시행되었다는 기록이 남아 있다.

고문에 사용된 뱀과 염소

효 과	독(毒) 열(裂) 박(剝)
용 도	고(拷) 사(死)
시대와 지역	고대 · 중세 · 근대의 유럽과 아프리카

유럽에서 고문에 사용된 독사

전 세계 약 3,500종의 뱀 중 600여종이 독을 가지고 있다. 수입된 것을 포함해 유럽에서 구하기 쉬웠던 뱀은 다음의 두 계통이다.

무시무시한 염소 핥기

❶발바닥에 소금물을 바른 후, 염소를 데려온다.

❷염소가 계속 핥기 때문에 피부가 벗겨지고 출혈이 발생한다. 염분이 많은 피도 기꺼이 핥는다. 살점이 떨어져 나가며, 극심한 통증을 느낀다.

관련 항목

●동물 형벌→No.069/070/090/092　　●염소 핥기→No.073/077

세계의 기묘한 동물 형벌

굳이 동물을 이용해 희생자를 고문하는 것은 본보기, 오락, 고통을 지연시키는 효과 또는 종교적 이유 등이 있었다.

● 일부러 다양한 동물을 이용

인도 북부에는 독수리 형벌이 있었다. 희생자를 목이나 어깨까지 땅에 묻고 독수리의 먹이가 되게 방치하는 것으로, 고대에는 공식적으로 인정된 **동물 형벌**이었다. 티베트의 조장(鳥葬)도 이 형벌과 관계가 있었을지 모른다.

인도와 카르타고에서는 군용 코끼리를 이용했기 때문에 코끼리로 죄수를 짓밟는 처형이 성행했다. 이 형벌은 19세기까지 이루어졌으며 특히, 실론(지금의 스리랑카)에서는 코끼리가 사형수를 공중으로 집어 던졌다가 떨어질 때 상아로 찌르는 곡예를 선보였다고 한다.

마다가스카르의 여왕 라나발로나 1세는 악어를 이용했다. 연평균 1만 명을 악어가 사는 강에 던졌다고 한다. 이 형벌은 1861년 여왕이 사망할 때까지 행해졌다. 고대 이집트에서도 인간을 악어의 먹이로 던졌다고 하는데 당시에는 형벌이라기보다 종교 의식(산 제물)의 색채가 강했던 것으로 보인다.

더욱 특이한 예로 피라냐, 상어, 곰치 등의 흉포한 수중 생물을 처형에 이용한 지역도 있었다. 카리브 해의 해적들은 바닷가에서 거꾸로 매달아 찔러 죽인 후, 게의 먹이가 되게 방치했다고 한다.

곤충을 이용하는 방법도 있었다. 로마에는 희생자의 몸에 꿀을 바르고 매달아 놓는 고문이 있었다. 이대로 실외에 방치하면 벌이 몰려든다. 희생자는 벌에 쏘여 고통 받는 것이다.

군대 개미가 서식하는 중남미, 아프리카, 동남아시아 일부 지역에서는 군대 개미가 지나는 경로에 희생자를 결박한 상태로 방치했다고 한다. 온몸에 꿀을 바르고 개밋둑에 묶어두는 방법도 있었는데, 이렇게 방치된 희생자는 하룻밤 새 뼈만 남았다고 한다.

일본의 **모기 고문, 개미 고문**은 희생자를 벌거벗긴 상태로 술을 발라 방치한다. 이렇게 하면 무수히 많은 모기에게 물리게 된다. 개미 고문의 경우에는 꿀을 발랐다.

지역별 동물 형벌과 고문

효 과	식(食) 궤(潰) 독(毒) 양(痒)
용 도	고(拷) 사(死)
시대와 지역	고대 / 중세 / 근세

독수리
인도 북부
결박한 희생자를 먹이가 되게 방치한다.

코끼리
인도 / 카르타고
/ 실론(지금의 스리랑카)
밟아 죽인다.

벌
고대 로마
꿀을 발라 쏘이게 한다.

악어
이집트 / 마다가스카르
먹이로 던진다.

개미
중남미 / 아프리카 / 아시아 등
꿀을 발라 물게 한다.

게
카리브
바다에 묶어 먹이가 되게 방치한다.

관련 항목

●동물 형벌→No.068/070/090/092

냄비 고문과 항아리 쥐 / 삶은 달걀

쥐는 무력한 존재이지만, 인간의 악마적인 지혜에 의해 무시무시한 동물 고문에 이용되었다. 그 몇 가지 예시를 소개한다.

●악마의 사자가 된 '쥐'

15~18세기 네덜란드와 스페인의 이단 심문 중 사용된 동물 형벌로, **냄비 고문**이 있다. 고대부터 비슷한 기법이 있었다고 한다.

준비할 것은 수십 마리의 생쥐 그리고 희생자의 배를 덮을 정도의 냄비뿐이다. 위를 향해 누운 상태로 결박한 희생자의 복부에 생쥐가 가득 든 냄비를 얹는다. 쥐를 싫어하는 사람에게는 그것만으로도 충분한 고문이 될 것이다. 특히, 중세 유럽에서 쥐는 페스트를 옮기는 동물이자 작물을 해치는 혐오스러운 존재였다.

다음으로 냄비 위에 불을 피운다. 열이 내부로 전달되면, 쥐는 도망갈 곳을 찾아 이리저리 움직인다. 하지만 단단하고 뜨거운 쇠냄비에 갇힌 쥐는 희생자의 체내로 향한다. 쥐가 날카로운 이빨로 갉으면, 복부의 피부와 살점이 파헤쳐지는 것은 시간문제이다. 작은 구멍이라도 뚫리면 쥐들이 잇따라 몰려들면서 내장을 파헤치며 몸속 깊숙이 침투한다. 그대로 방치하면 희생자는 사망에 이른다.

중국에도 냄비 고문과 유사한, 쥐를 이용한 고문이 있었다고 한다.

항아리에 쥐를 가득 넣고, 그 위에 희생자를 하반신을 벗긴 상태로 앉히는 것이다. 항아리를 가열하면, 쥐는 항문을 파헤치며 희생자의 체내로 파고든다. 냄비 고문은 위에서 가열하고 항아리 고문은 아래쪽에서 가열하는 것인데, 둘 다 쥐가 내장을 파헤치며 체내로 침입해 희생자에게 고통을 주는 방식이다.

동물은 아니지만, 생물이었던 것을 사용한 유사 형벌로 **삶은 달걀 고문**이라는 것도 문헌에 전해진다. 부패한 삶은 달걀을 결박한 희생자의 배에 올려놓는 것이다. 방치하면 삶은 달걀의 부식이 인체에까지 미치며 피부는 물론 내장까지 썩게 만드는 것인데, 진위 여부는 확실치 않다.

희생자의 복부를 파헤치는 세 종류의 동물 형벌

효 과	파(破) 열(裂) 부(腐)
용 도	고(拷) 사(死)
시대와 지역	중세 유럽과 중국

냄비 고문

❶희생자를 눕힌 후, 쥐가 가득 든 냄비를 배 위에 얹는다.

❷냄비를 가열하면, 쥐가 복부의 피부를 파헤치며 내부로 침입한다!

항아리 쥐

희생자를 쥐를 넣은 항아리 위에 앉힌 후, 가열하면 쥐가 항문으로 침입한다!

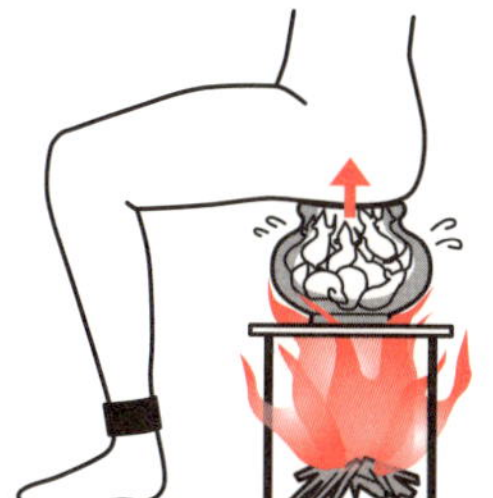

삶은 달걀 고문

부패한 삶은 달걀을 올려놓고 방치하면 복부의 피부까지 썩는다!

관련 항목

● 철망→No.053/093

불면 고문 / 직장 스코프

육체의 고통 대신 정신을 붕괴시키는 방법으로, 불면 고문이 있다. 또 중남미에는 현대적으로 변형된 동물 고문도 실재한다.

●불면 고문

한계를 넘은 상태까지 잠을 자지 못하면, 환각이 보이고 의지가 약해져 유도하는 대로 자백하게 된다. 급기야 정신 이상을 초래하는 경우도 있다.

불면 고문(Sleepless Torture)은 중세 이후부터 현대까지 빈번히 이루어진 고문 방식이다. 최초로 수면 방해 고문을 고안한 것은 16세기의 법학자 히포리토스 드 마르질리스(Hippolytus de Marsiliis)였다. 잠을 자지 못하게 감시하며 몽둥이로 찌르거나, 계속 걷게 하거나, 이마에 계속해서 물방울을 떨어뜨리는 등의 방법이다.

1930년대 소비에트의 스탈린 치하에서는 **컨베이어**(conveyor)라고 불린 불면 고문으로, 17일간이나 식사와 수면을 제한했다고 한다.

20세기 볼리비아에서 시행된 **라 캄파나**(La Campaña, 종이라는 의미)는 희생자의 머리에 쇠로 만든 양동이를 씌우고 계속해서 두드리는 고문이다. **엘 테레포노**(El Teléfono)는 칠레와 멕시코에서 사용된 고문으로, 관자놀이를 계속 두드려 그 진동으로 희생자를 굴복시키는 방식이다.

●직장 스코프

직장 스코프는 칠레의 독재자 피노체트(1915~2006)가 1970~90년대 자신의 정적에게 사용했던 고문이다. 항문에 삽입해 내부를 검사하는 의료기구와 유사한 형태이다. 부드러운 튜브 형태로 쥐가 통과할 수 있을 정도의 굵기이다. 항문에 밀어 넣으면, 튜브를 통해 쥐가 체내로 침입해 내장을 파헤친다. 중세 서양의 **냄비 고문**이나 중국과 인도에서도 이루어진 쥐를 항문으로 침입시키는 고문이 현대적으로 부활한 예라고 볼 수 있다.

피노체트 이전, 이 고문은 아르헨티나에서 유대인을 탄압할 때 사용되었다. 아르헨티나에서 발명되어 칠레에 전해졌다고 보는 편이 좋을 듯하다. 직장 스코프의 희생자는 주로 남성이었다고 한다.

정신을 갉아먹는 고문

효 과	불면(不眠) 파(破)
용 도	고(拷)
시대와 지역	중세 / 근세 / 현대

불면 고문

16세기의 법학자가 최초로 고안. 현대에도 각지에서 빈번히 이루어진다.

● 이마에 물방울을 계속 떨어뜨리는 불면 고문

절대 잠들 수 없다.	고문의 증거가 남지 않는다.
의식이 흐릿해진다.	시간이 걸리지만, 효과는 확실하다.
유도하는 대로 자백하게 된다.	

현대의 불면 고문

라 캄파냐
볼리비아
머리에 양동이를 씌우고
계속 두드린다.

엘 텔레포노
칠레 / 멕시코
관자놀이를 계속
두드린다.

직장 스코프
칠레 / 아르헨티나
실제 장을 관찰하는
기구는 아니다.

◆그 밖의 불면 고문

19세기 미국에서는 차가운 물로 계속해서 샤워를 시키는 고문이 있었다. 1858년 뉴욕의 한 죄수는 이 고문으로 30분 만에 사망했다. 일본의 에도 시대에도 '우쓰쓰제메(うつつ責め)'라는 불면 고문이 있었다.

관련 항목

● 냄비 고문→No.070

스카피즘

스카피즘이라는 단어는 영어이지만, 실은 페르시아에서 전해진 분뇨 고문으로 희생자를 산 채로 구더기에게 먹이로 주는 무시무시한 처형 방식이다.

●불결하고 고통스러운 굴욕적 형벌

곤충을 이용한 동물 형벌 중에서도 **스카피즘**(Skaphism)은 상당히 드문 유형이다. 희생자를 고문하기 위해 복잡한 준비가 필요하기 때문이다.

기원전 401년, 아케메네스조 페르시아의 군인 미트리다테스가 이 형벌의 희생자가 되었다. 당시의 황제 알타크세르크세스 2세 므네몬(기원전 430?~359?)은 동생 큐로스 소왕에게 왕위를 찬탈당할 위기에 처했다. 이때 큐로스를 물리친 영웅이 미트리다테스였다. 그런 미트리다테스가 거들먹거리며 으스대는 모습이 알타크세르크스의 분노를 산 것이다.

2척의 카누를 마주보게 합치거나, 나무줄기로 감은 관을 준비해 희생자의 머리와 손발만 내놓은 상태로 집어넣으면, 뒤집힌 거북이처럼 몸을 움직일 수 없게 된다. 그 상태로 더러운 연못이나 햇볕이 뜨겁게 내리쬐는 광장에 방치한다.

방치하기 전에 꿀이나 우유를 잔뜩 먹여 설사를 유도하고 머리와 손발에도 꿀을 바른다. 얼마 지나지 않아 카누 안은 오물로 가득 차고, 피부가 짓무르며, 피가 돌지 않아 괴사가 일어나고 구더기가 생긴다. 결국 구더기가 부패한 살점을 갉아먹으며 희생자는 서서히 죽음을 맞는다.

왕실 전속 의사 크테시아스는 미트리다테스가 이 고문으로 죽기까지 17일이 걸렸다고 기록했다.

이렇게 부패한 냄새나 부패에 의한 손상을 겨냥한 고문 중에는, 살인범과 그 피해자의 시신을 함께 사슬로 묶어 방치하는 고문이 있다. 12~13세기 유럽에서 '범죄에 희생된 공동체의 유대를 회복하기 위한' 의미로 시행된 형벌이었다. 다만, 피해자의 시신을 사용하는 것에 대한 반대도 있었을 것이다.

중세 유럽에는 부정한 자와 접촉하게 한다는 의미에서, 사형 집행인과 춤을 추게 하는 형벌도 있었다. 경범죄에 대한 처벌이었지만 혐오의 대상이었던 사형 집행인에 대한 인식을 느낄 수 있다.

오물과 구더기에 뒤덮여 죽는 수감자

효 과	부(腐) 식(食)
용 도	고(拷) 사(死)
시대와 지역	고대 페르시아

오물에 뒤덮여 죽는 수감자

❶ 2척의 카누를 마주보게 합치거나, 나무줄기로 감은 관을 준비한다.

▼

❷ 희생자를 머리와 손발만 내놓은 상태로 집어넣는다.

▼

❸ 뒤집어진 거북이처럼 몸을 움직일 수 없게 된다.

▼

❹ 꿀이나 우유를 잔뜩 먹여 설사를 유도한다.

▼

❺ 머리와 손발에도 꿀을 바른다.

▼

❻ 더러운 연못이나 햇볕이 내리쬐는 광장에 방치한다.

▼

❼ 관 내부가 오물로 가득 찬다.

▼

❽ 피부가 짓무르고, 피가 돌지 않아 괴사가 일어난다.

▼

❾ 구더기가 생긴다.

▼

❿ 구더기가 부패한 신체를 갉아먹으며 천천히 죽어간다.

▼

⓫ 희생자가 된 미트리다테스는 죽기까지 17일이 걸렸다고 한다.

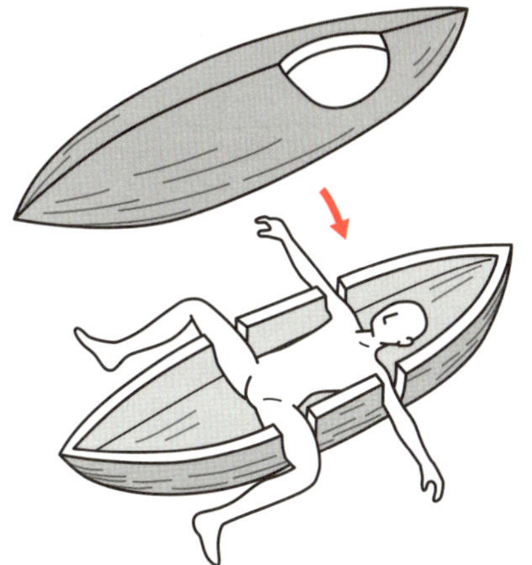

중세 유럽에서 사형 집행인과 춤을 추게 하는 형벌은 경범죄에 대한 처벌이었다.

사형 집행인과 춤추기　　검지 절단　　마을에서 추방

경범죄 ← ─────────────→ 중범죄

간지럼 고문

간지럼 고문은 전용 도구가 있을 만큼 실제로는 꽤 성행한 방식이다. 증거가 남지 않기 때문에 현대에도 은밀히 이루어지고 있는 듯하다.

●흔적을 남기지 않으면서 고통은 극대화

드물지만, 전 세계적으로 간지럼을 고문으로 사용한 사례가 존재한다.

일본 에도 시대의 유곽에서는 행실이 좋지 않은 유녀에게 **간지럼 고문**을 했다는 기록이 있다. 발바닥이나 겨드랑이를 간지럽히는 방식이었는데, 장시간 계속되면 숨을 쉬지 못할 정도가 된다. 온건해 보이지만 실제로는 상당히 고통스럽다고 한다.

중세 유럽에서는 **스페인식 간지럼 기구**를 사용해 고문했다. 고양이나 말의 꼬리털을 모아서 만든 갈퀴 모양의 도구로, 희생자를 고문대에 결박한 후 계속 간지럽히는 방식으로 사용한다. 이 고문을 받다 정신 이상을 일으킨 사람도 있었다고 한다. 그 밖에 염소에게 발바닥을 핥게 하는 **염소 핥기**도 간지럼 고문의 일종이다.

비교적 최근의 사례로, 제2차 세계대전 중 독일의 플로센뷔르크 강제수용소에 수감된 하인츠 헤거가 자신의 저서에서 나치 독일의 간수들이 유대인에게 간지럼 고문을 하는 것을 목격했다고 썼다.

알렉산드르 솔제니친도 그의 저서 『수용소 군도』(1973)에서 러시아의 비밀경찰이 강제수용소 내에서 간지럼 고문을 시행했다고 썼다. 고문 피해자는 '머리에 구멍이 뚫리는 듯한 고통'을 호소했다고 한다.

중국에서는 한 왕조 시대, 귀족에 대한 형벌로 간지럼 고문이 있었다고 전해진다. 단순한 처벌이 아니라 죽을 때까지 집행되는 방식이었다고 하는데, 과연 간지럼만으로 처형이 가능했을지는 의문이다.

참고로, 중국에는 즐류(櫛流)라는 형벌도 있었다. 간지럼은 아니지만 마찬가지로 온건한 형벌처럼 느껴진다. 실제로는 벌거벗긴 희생자를 눕혀놓고 물에 적신 후 2㎝ 정도의 쇠침이 잔뜩 박혀 있는 솔로 '머리를 빗듯이' 피부와 살점을 긁어내는 고문이다. 명 왕조를 세운 주원장(1328~1398)이 고안한 것이라고 한다.

끊임없이 온몸을 간지럽히는 고문

효 과	질(窒) 소(笑)
용 도	고(拷)
시대와 지역	에도 시대의 일본, 중국 / 현대

스페인식 간지럼 기구

간지럼 고문의 희생자들

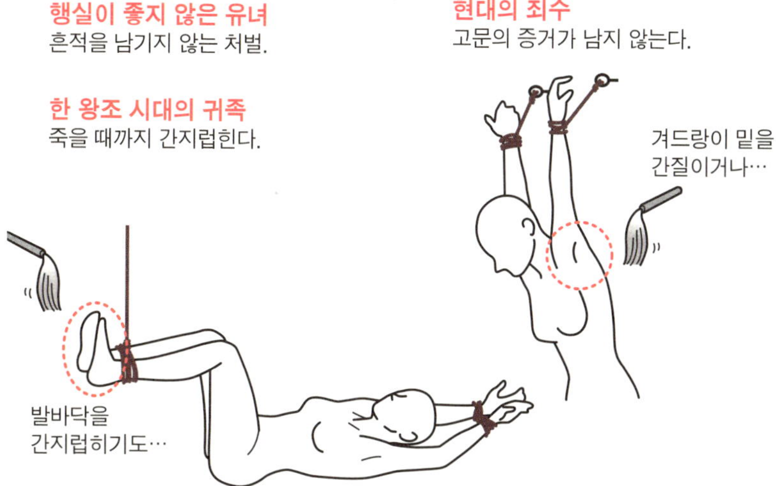

행실이 좋지 않은 유녀
흔적을 남기지 않는 처벌.

한 왕조 시대의 귀족
죽을 때까지 간지럽힌다.

관련 항목

● 염소 핥기→No.068/078

무자위

이 고문 장치의 발명자는 죄수들이 하루 종일 아무것도 하지 않고 공짜 밥을 먹으며 빈둥거리는 것을 보고, 이들을 벌하기 위해 만들었다고 한다.

●아무 의미 없는 작업을 시킨 교도소

19세기 영국에서는 교도소의 죄수에게 노역을 시켰다. 직업 훈련이나 사회 공헌이 아닌 순전히 몸과 마음을 피로하게 만들기 위한 고문 장치가 도입된 것이다. 이것이 악명 높은 **무자위**이다.

햄스터가 쳇바퀴 형태의 장난감을 돌리는 것을 보았다면 쉽게 상상할 수 있다. 그것의 인간판이 무자위이다. 발판이 달려 있는 커다란 바퀴를 사람이 올라가서 밟으면 바퀴가 회전하는 구조이다. 햄스터처럼 바퀴 안에 들어가진 않지만, 계단을 오르듯 계속해서 발판을 밟는 동작을 반복한다.

한 번에 10명, 대형 바퀴의 경우 40명의 죄수가 올라갈 수 있었다. 죄수들은 양손으로 봉을 붙잡고 발을 맞춰가며 발판을 밟는다. 게으름을 피우거나 속도를 맞추지 못하면 기계에 끼어 다칠 수 있다. 15분 정도 계속하면, 성인 남성이라도 녹초가 된다. 그때 다른 그룹과 교대하고, 15분 휴식한 후 또 다시 15분간 고행을 반복한다. 이것을 매일 15회 반복하면 자유 시간은 거의 없다고 볼 수 있다.

무자위는 영국의 많은 교도소에서 25년 이상 사용되었으며, 이후에는 **크랭크**(crank)가 등장했다. 복잡한 구조의 맷돌과 같은 장치로, 이 장치에 달린 무거운 손잡이를 돌리는 것이었다. 하루에 1만 회, 횟수를 채우지 못하면 엄벌에 처했다고 한다.

기계를 돌리다 사고사하는 사람도 있었으며, 무의미한 작업과 엄벌에 지쳐 스스로 목숨을 끊는 사람도 있었다.

상당한 에너지를 만들어낼 수 있었음에도 전혀 이용하지 않았다. 완전히 무의미한 작업을 오랫동안 반복하게 하면 인간은 절망에 빠지고, 정신도 피폐해진다. 그야말로 정신적인 고통을 주는 신종 고문인 것이다.

피로와 절망의 운동기구

효 과	동(動)
용 도	고(拷)
시대와 지역	19세기 영국

무자위

죄수의 시간을 뺏기 위해 만들어진 장치. 운동 부족은 해소되었겠지만, 하루 종일 혹사당했다. 체구가 작고 힘이 없는 소년 수감자가 휘말려 사망한 사례도 있었다.

19세기 영국에서 발명.

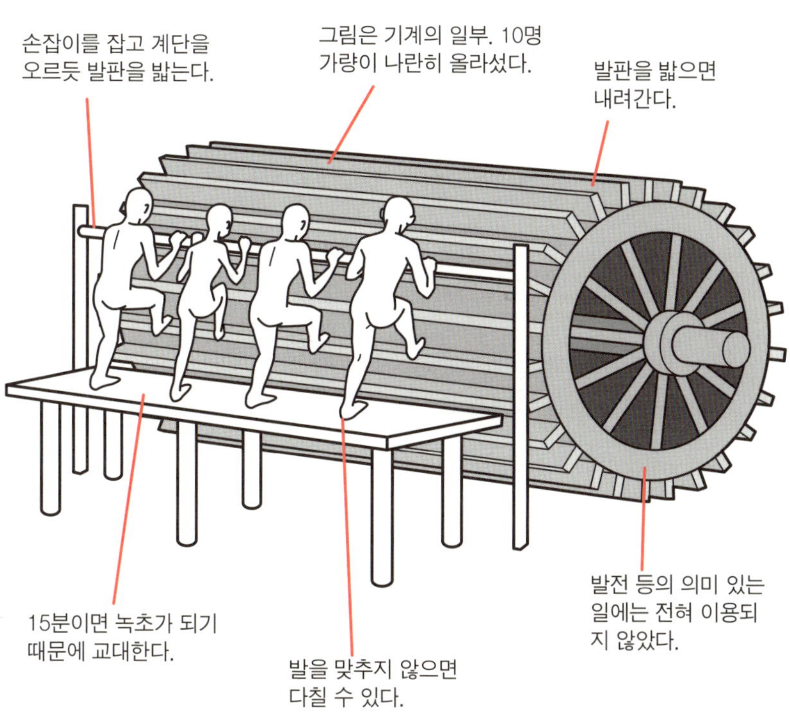

정조대

정조대는 강간이나 외도를 방지하기 위한 기구로, 정확히 말하면 고문 도구는 아니다. 하지만 자유를 박탈하는 형구라는 의미에서 고문 기구의 일종으로 간주해도 무방할 것이다.

●여성 생식기용 형구

정조대(Chastity Belt)는 다른 이에게 정조를 빼앗기지 않도록, 남편이 아내에게 착용하게 한 구속용 도구의 일종이다. 12~13세기 서유럽의 십자군 원정 시기에, 기사가 집을 비운 동안 아내에게 착용하게 했다는 이야기가 유명하지만 어디까지나 구전일 뿐이다. 실제 정조대가 널리 보급된 것은 15~16세기 르네상스기이다. 이탈리아의 부유층이 계약한 창부에게 입힌 것이 유행하면서 유럽 각지로 퍼졌다. 아프리카와 동남아시아에서도 정조대와 유사한 기능을 지닌 기구가 확인되었다. 현대에도 인터넷 등으로 구매할 수 있다.

두꺼운 천이나 가죽 또는 금속으로 제작된 것도 있고 자물쇠가 달린 종류도 있다. 기구 틈새로 배설이나 세정이 가능했지만 청결을 유지하기 어려워 장기간 착용하는 것은 건강에 해롭다. 특히, 금속제는 피부에 상처를 입히거나 알레르기 증상을 일으키기도 한다. 정조대는 대개 네 가지 유형으로 나뉜다.

허리에 두르는 벨트에 음부를 덮는 띠가 연결된 것은 가장 원시적이고 단순한 형태이다. 항문에 닿지 않고 성기만 보호하는 형태로, 착용으로 인한 피부 손상은 적지만 본래의 역할을 달성할 수 있었을지는 의문이다.

전부 금속으로 만들어졌으며, 사슬로 된 벨트와 사타구니의 보호판이 연결된 구조이다. 보호판에는 배설용 구멍이 있다. 외형은 아름답지만, 청결을 유지하기 어렵다.

허리 양옆에서 장착하는 금속 벨트와 사타구니의 보호판으로 구성된 형태가 기능적으로 가장 뛰어나며 다수 제작되었다. 사타구니의 굴곡에 맞게 제작한 판금에 허리 좌우의 벨트가 연결된 구조이다. 강도가 높고 착용 시 사이즈 조정도 가능하다.

마지막으로 금속제 반바지와 같은 형태가 있다. 두꺼운 천 위에 금속판을 덧붙여 만든 것으로, 골반과 대퇴부를 완전히 덮는 구조이다.

효 과	방(妨)
용 도	고(拷) 기타(그 외의 용도)
시대와 지역	고대? / 15세기 이탈리아~18세기

원시적인 정조대

항문을 보호하는 판 등이 없다.

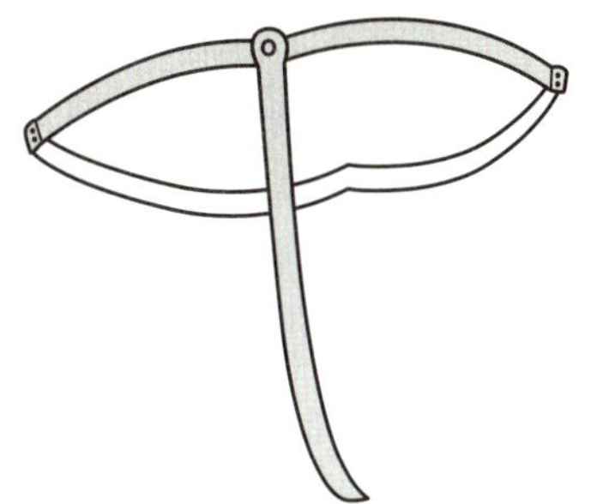

사슬 벨트와 금속 보호판

좌우 분할 벨트와 보호판

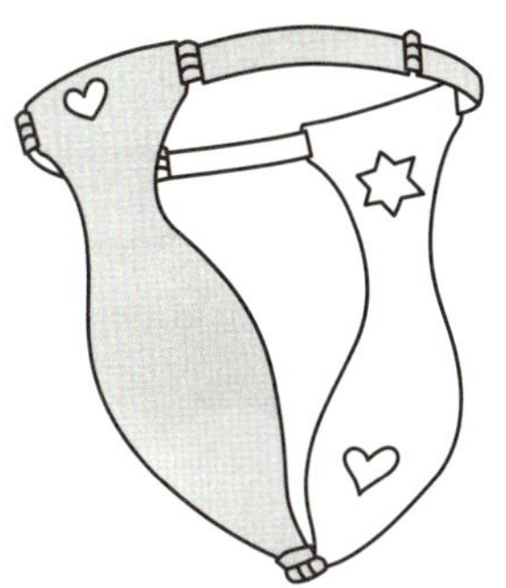

금속제 반바지

호박바지 형태.

◆자위 금지용 정조대

외도나 강간 외에, 기독교권에서는 자위행위가 신체와 정신에 해롭다고 여겨 기혼 여성
이나 창부뿐 아니라 사춘기 소녀에게도 정조대가 사용되었다고 한다.

성기 고문

성기는 민감한 부위이기 때문에 고문 효과가 뛰어나고 처형의 경우에도 고통이 크다. 또한 특별한 의미가 담겨 있는 경우도 있었다.

●성범죄와 성기 형벌

중세 기독교권에서는 일부 성범죄 및 성적 지향에 대해 매우 엄격한 처벌이 가해졌다. 동성애가 발각되면 성직자라도 사형에 처했으며, 수간은 성기를 절단한 후 화형에 처했다. 한편, 성적 쾌락을 단절하기 위해 클리토리스를 절제하는 수녀도 있었다.

참고로, 고대부터 근대까지 많은 지역에서 남성의 성기를 겨냥한 형벌이나 고문은 드물었다. 그것이 매우 효과적이라는 사실을 알았음에도 말이다. 집행인도 남성이었기 때문에 심리적·정서적으로 암묵적인 약속이 있었던 것이다.

그러나 현대에 이르면서 어느새 이런 금기가 사라졌다. 효율이 중시되면서 음부에 전기 충격을 가하는 등의 무자비한 **성기 고문**(Genital Torture)이 이루어지게 되었다.

물론, 고대에도 반역죄와 같은 중죄에 대해서는 의도적으로 음경이나 고환을 절제하는 형벌이 있었다. 도구로는 장도리, 펜치, 쇠가위 등이 사용되었다. 그 중에서도 펜치 모양의 장도리는 음경을 뜯어낼 때 주로 사용되었다. 본격적인 고문은 없었기 때문에 전용 도구는 발달하지 않았지만, 도구를 뜨겁게 달군 후 사용하기도 했다.

중국에서는 음경을 끈으로 동여맨 뒤 절단하는 **궁형**(宮刑)이라는 형벌이 있었다. 개념적으로는 사형 이상의 극형으로, 후손을 남기지 못하게 하는 불명예스러운 형벌이었다. 이것이 훗날 충성을 다할 각오나 반역의 의지가 없음을 보여주는 근거로 자진해서 성기를 절제하는 환관의 기원이 되었다.

형벌은 아니지만, 고대 로마 공화정 말기에는 소년의 성기를 봉쇄하는 풍습이 있었다. 사춘기에 성교나 자위를 하는 것이 좋지 않다고 여긴 것이다. 귀두를 밀어 넣고 포피를 끌어 모아 끝부분에 바늘로 구멍을 뚫는다. 그것을 '**피불라**(Fibula)'라는 장신구로 고정하는 것이다.

남성 성기에 대한 처벌과 정조 장치

효 과	절(切) 자(刺) 열(裂) 적(摘)
용 도	고(拷)
시대와 지역	고대~현대

성기 고문 도구

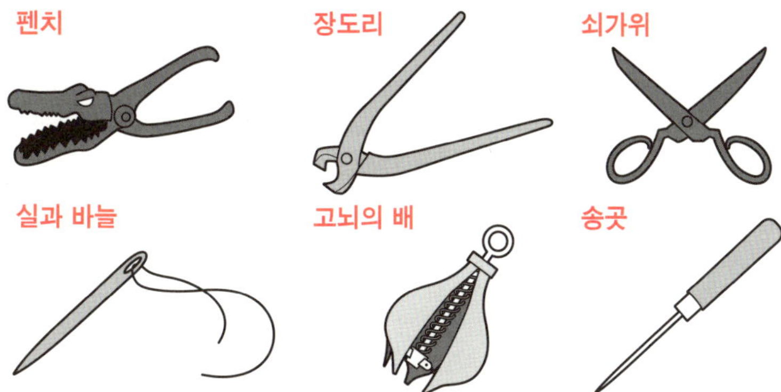

고대 로마의 남성 성기 봉쇄 장치

포피를 피불라라는 장신구로 고정해 성교·
자위를 제한.

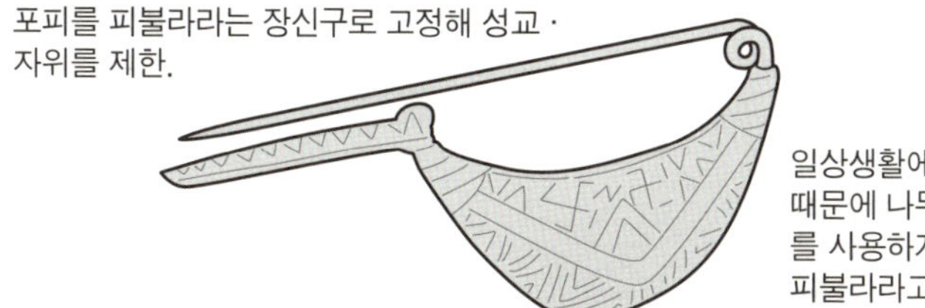

일상생활에 지장을 초래했기
때문에 나무로 만든 음경 덮개
를 사용하게 되었으며, 이것도
피불라라고 불리었다.

◆궁형을 받은 사마천

중국에서는 성기가 절단되어 자손을 남기지 못하는 것을 사형과 다를 바 없다고 여겼다.
『사기』의 저자 사마천(기원전 145~87년)도 궁형을 받은 전과가 있어, 자손을 남길 수 없었기
때문에 역사 편찬에 열의를 쏟았다고 한다.

용어 해설

●피불라→본래는 안전핀이나 브로치를 가리킨다.

처형을 즐기는 민중과 차별받은 집행인

고대부터(현대의 일부 국가에서도) 공개 처형은 빈번히 이루어져 왔다.

특히, 중세 유럽에는 오락거리가 많지 않은 민중들이 나들이옷을 차려 입고 처형을 구경하러 나왔을 정도였다. 프랑스에서는 관람권이 판매되고 광장에는 노점이 들어서기도 했다. 이러한 풍경은 단두대에 의한 공개 처형이 막을 내리는 20세기까지 이어졌다.

실제 처형에 사용된 도구나 유물은 기념품으로 거래되기도 했다. 이가 빠진 칼날을 비롯해 처형대에서 떨어진 머리카락이나 뼛조각, 교수형에 사용된 밧줄 조각, 바퀴 등의 부품 심지어 처형 기구를 제작할 때 나온 톱밥까지도 상품이 되었다.

도둑의 잘린 손가락을 부적처럼 지니거나 사형수의 피를 마시면 간질이 낫는다는 미신도 있었다. 혁명으로 루이 16세가 처형되었을 때, 왕의 피가 행복을 가져온다고 믿은 민중들이 그의 피를 천에 적시기 위해 단두대로 몰려들기도 했다.

특히, 프랑스 혁명 시기에는 잦은 단두대 처형으로 부품도 자주 교체되었으며 상당량이 부적으로 유통되었다고 한다. 그 중에서도 루이 16세의 목을 베었다는 증명서가 딸린 단두대 칼날은 고가에 거래되었다. 여러 개가 팔렸지만, 모두 가짜였다고 한다. 파리의 사형 집행인 상송에 따르면, 국왕을 처단한 칼날은 무뎌졌을 때 고물상에 팔았다고 한다. 그 밖에도 유명 인물들의 처형에 사용된 단두대는 고가에 거래되었으며, 19세기 후반 처형이 줄어들자 사용하지 않게 된 단두대나 칼날이 경매에 등장하기도 했다.

그 무렵 관광 사업에 뛰어든 상송 가문은, 관광객을 호화로운 자택 응접실로 안내해 가문의 역사를 소개하고, 소장하고 있던 단두대에 짚 인형을 올려 처형 장면을 재현하는 등의 볼거리를 제공하며 수익을 올렸다고 한다. 상송 가문의 저택이 있던 거리는 관광 명소가 되었다. 1889년 파리 만국 박람회에서는 에펠탑보다 단두대에 의한 공개 처형이 더욱 인기였다고 한다.

이 책에서는 고문이나 처형을 집행하는 사람을 '집행인'으로 통칭하고 있지만 정확히는 형리와 처형인으로 나누어야 할 것이다. 겸임하는 경우도 많았는데, 가장 널리 알려진 파리의 상송 가문은 의사로 활동하기도 했기 때문에 원래대로라면 차별과 빈곤 속에서 일생을 마쳤을 처형인으로서는 예외적으로 부유한 생활을 한 사람도 있었다.

유럽에서 전임 집행인이 출현한 것은 13세기 무렵이다. 그들은 종교적인 배척과 차별의 대상이었다. 마을에 살거나 술집에서 술을 마시거나 공공 목욕탕은 물론 교회 출입도 거부당했다. 사냥할 때는 늑대만 잡을 수 있었으며, 일반인과 친하게 지내면 그도 차별의 대상이 되었다. 심지어 길을 걸을 때는 옷에 방울을 달거나 종을 쳐서 알렸으며, 한눈에 알아볼 수 있는 차림을 해야 했다. 결혼은 먼 곳에 사는 같은 집행인 가문 출신이거나 사형 판결을 받은 여성을 특별 사면해 아내로 맞는 것만 가능했다. 자식은 부모의 업을 잇는 것 외에 다른 진로를 선택할 수 없었다. 그런 그들도 이단 심문이나 마녀 사냥 시대에는 세상의 필요에 의해 지위가 향상되었던 듯하다.

제 5 장
공개된 고통과 죽음

망신형과 치욕의 가면 / 샤리바리

희생자의 치욕스러운 모습이나 한심한 모습을 대중에게 공개함으로써 망신을 주는 형벌이 있다.
자존심에 상처가 나겠지만, 기본적으로 생명의 위험은 없다.

●중세 시민의 몇 안 되는 오락거리

오락거리가 거의 없던 당시 사람들에게 공개적인 **망신형**이나 희생자에게 가해지는 사적 제재는 평소의 울분을 쏟아낼 수 있는 최대의 기회였다. 현대에도 그렇지만, 자의적으로 정의를 실현하려던 사람도 있었을 것이다. 희생자에 대한 폭력은 공동체의 결속을 다지는 의식이었으며 동참하지 않으면 배척당할 가능성도 있었다. 관리도 민중의 폭력을 저지하지 않았다.

●치욕의 가면

험담, 폭식, 엿듣기, 거짓말 그리고 권위에 반항하는 등의 '부도덕한 사람'을 벌하기 위해 씌우는 가면이다. **잔소리꾼의 굴레**(Scold's Bridle)와 비슷한 의미로 사용되며, 구별하지 않는 지역도 있다. 미간을 잔뜩 찌푸린 표정의 가면, 커다란 코와 기묘한 형태의 귀와 뿔이 있는 가면도 있다. 독일 남부 로텐부르크에서는 여성 희생자에게 **치욕의 가면**을 씌우고 '집안의 용'이라고 적힌 팻말을 들게 했다고 한다. 집안에서 시끄럽게 떠드는 모습이 용과 같다는 의미이다.

외도한 아내에게는 디자인이 약간 다른 치욕의 가면과 **악덕의 돌**을 들게 했다. 이 돌은 나무 상자에 들어 있어 정체가 분명치 않다. 로텐부르크에서는 남편에게 복종하지 않는 아내에게 치욕의 가면을 씌우고, 남편도 족쇄에 묶어 공개 망신형에 처했다고 한다. 남편은 제대로 관리하지 못한 책임을 물은 것일까.

●샤리바리

샤리바리(Charivari)는 성범죄자에 대한 형벌로 프랑스 남부, 스페인, 포르투갈 등지에서 이루어졌다. 나무통을 이용한 공개 망신형으로, 벌거벗긴 상태로 머리에 작은 통을 씌우거나 머리만 내놓은 상태로 커다란 통에 집어넣는 방식도 있었다.

형을 집행하는 동안, 관중이 희생자에게 돌을 던지는 관습이 있었다. 원래 이교도의 관습이었다고 하는데 아마 이슬람권에서 유래된 형벌로 여겨진다.

망신형에 사용된 기이한 가면

효 과	쇄(晒) 욕(辱)
용 도	형(刑) 기타(그 외의 용도)
시대와 지역	고대 / 중세 / 근대

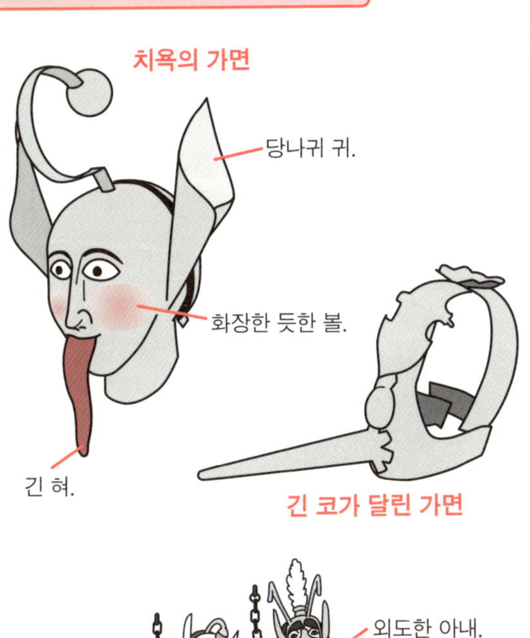

치욕의 가면

당나귀 귀.

화장한 듯한 볼.

긴 혀.

긴 코가 달린 가면

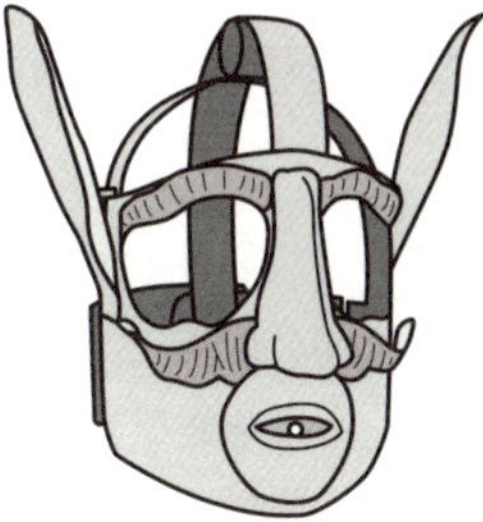

16세기 스코틀랜드에서 사용된 마스크

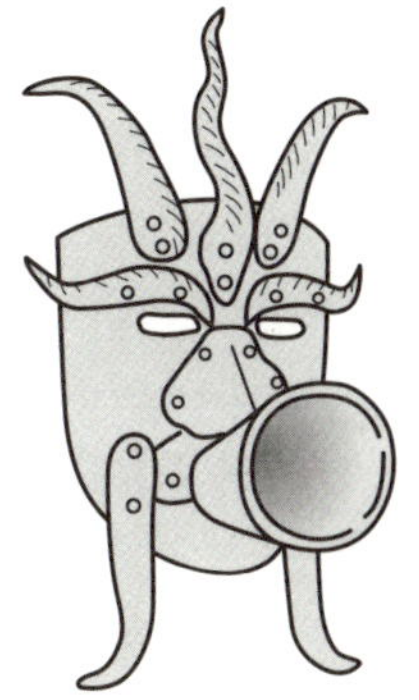

나팔을 물고 있는 가면

잔소리꾼.

악덕의 돌.
상자에 든 정체
불명의 돌.

외도한 아내.

'집안의 용'이라
고 쓰인 팻말.

로텐부르크에서 공개 망신형에 처해진 여성

샤리바리
·성범죄자에 대한 공개 망신형.
·머리에 전용 나무통을 씌운다.
·관중이 돌을 던진다.
·커다란 통에 집어넣고 머리만
 내놓기도 한다.

관련 항목

● 잔소리꾼의 굴레→No.079

공개 처형대

공개 망신형은 전용 기구 없이도 집행할 수 있지만, 중세에는 다양한 방법과 전용 기구가 고안되었다. 그 중에서도 공개 처형대는 꼭 필요한 형구였다.

●관중에 의한 고문

공개 처형대는 도시 중심의 광장 등에 설치되었다. 그만큼 일상적으로 **망신형**이 이루어졌다는 것을 의미한다.

손과 머리를 구박하는 장치는 **필러리**(Pillory)라고 불리었다. 땅에 세워놓은 기둥 끝에 직사각형의 나무판이 고정되어 있다. 이 나무판 중앙에는 목을 넣는 커다란 구멍과 양옆으로 손을 집어넣는 작은 구멍이 하나씩 뚫려 있다. 희생자는 여기에 머리와 양 손목을 집어넣은 상태로 서서 형을 받는다.

양 손목만 집어넣은 나무판을 벽에 사슬로 연결해 집행하는 필러리도 있었다. 이때 쇠사슬을 높은 위치에 고정하고, 희생자를 비좁은 받침대 위에 세우는 방식도 있었는데, 자칫 발을 헛디디면 공중에 떠있는 상태로 폭행을 당했다.

양발을 집어넣어 고정하는 처형대는 **스톡**(Stocks)이라고 불리었다. 구멍이 뚫린 직사각형 나무판에 발목을 집어넣는 것이다. 양손과 양발을 모두 집어넣는 스톡이나 여러 명을 함께 처형하는 대형 처형대도 있었다. 스톡을 높은 위치에 설치하고, 거꾸로 매달 듯 고정하기도 했다. 이는 상당히 고통스러운 방식으로, 고문의 기법으로도 사용되었다.

희생자를 마구 때리거나 분뇨를 끼얹는 등의 폭행은 흔한 일이었으며, 오물을 가져와 희생자의 입, 귀, 콧구멍 등에 쑤셔 넣거나 머리카락에 바르기도 했다. 때리고, 차고, 돌을 던지고, 불에 달군 쇠나 횃불을 가져다 대고, 신체 일부를 절단하는 일도 드물지 않았다. 발바닥이나 겨드랑이를 계속해서 간지럽히는 경우도 있었으며 **염소 핥기** 등의 고문을 병행하기도 했다.

공개 처형대는 기아형에 사용되기도 했다. 사람들의 눈에 띄지 않는 숲 등에 설치하고, 희생자의 사지를 결박해 죽을 때까지 방치하는 것이다.

웃음거리로 만드는 무정한 형구

효 과	쇄(晒) 욕(辱) 기(飢)
용 도	고(拷) 형(刑) 사(死)
시대와 지역	고대 / 중세 / 근대

필러리

양손과 머리를 끼워 고정하는 형구.

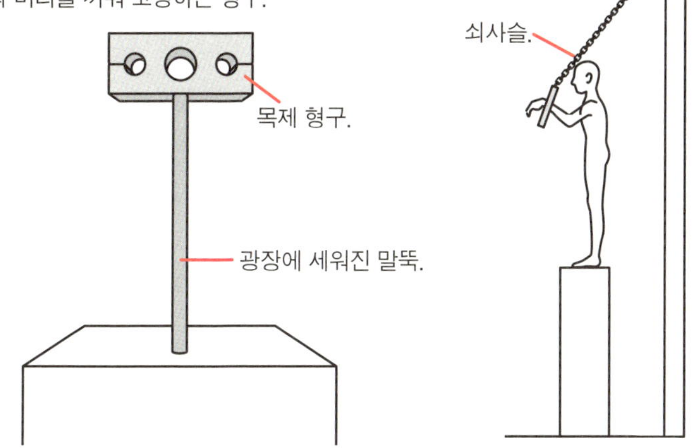

스톡

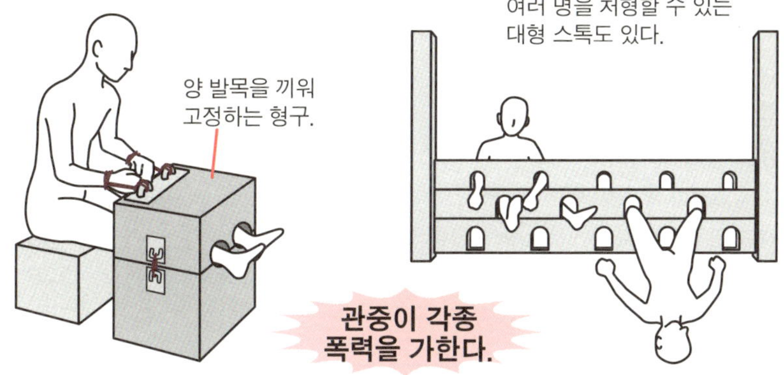

관련 항목

- 염소 핥기→No.068/073
- 공개 처형→No.077/079/080/081/082/083/084/085

잔소리꾼의 굴레

주로 철 등의 소재로 만든 공개 망신형 가면이 각지에서 제작되어 지금도 박물관에 다수 보존되어 있다. 그 중에서도 가장 널리 알려진 가면이다.

●말 많은 여성의 입을 막고 벌을 주기 위한 가면

16~19세기 유럽에서 사용된 대표적인 공개 망신형용 도구로, 가면 또는 투구 형태가 있다. 이것은 속칭 **잔소리꾼의 굴레**(Scold's Bridle) 혹은 **잔소리꾼의 가면** 등으로 불리었다.

영국에는 그 원형으로 보이는 **질책의 고삐, 질책의 재갈, 수치의 당나귀** 등으로 불린 기구가 있다. 철제 가면과 '재갈'로 구성된 이 가면은 자물쇠로 잠글 수 있게 되어 있다.

발전형으로, 돼지나 당나귀 머리를 본뜬 인상적인 가면도 있다. 돼지는 미천하고 불결한 동물, 당나귀는 **어리석은 동물**의 대표격이었다.

이런 가면은 설화의 원흉 특히, 여성을 벌하기 위해 사용되었다. 공개 처형대에 세우지는 않고, 사슬로 손목을 묶어 말뚝에 고정하는 정도였다.

눈여겨보아야 할 것은, 가면 안쪽의 구조이다. 입 부분에 있는 쇳조각을 희생자의 입안에 밀어 넣게 되어 있다. 그러면 신음소리밖에 낼 수 없다. 가면을 벗긴 후에도 한동안(혹은 영원히) 입을 열지 못하게 쇳조각에 날카로운 가시나 칼날을 부착하기도 했다. 눈가에 돌기가 박혀 있어, 가면을 벗은 후에도 둥글게 멍이 남는 경우도 있었다.

이런 여성은 마녀로 오해받기도 했다. 그런 경우에는, 마력을 빼앗는 효과가 있다는 **브랭크스**(Branks)라는 새장처럼 생긴 가면이 사용되었다. 이 가면을 쓴 마녀는 동물로 변신하거나 하늘을 날아 도망칠 수 없다고 믿었던 것이다.

현대의 관점에서 '잔소리꾼'으로 몰린 여성들은 억울한 누명을 쓴 피해자이다. 중세의 여성에게는 인권이 없었으며, 집안에서는 노예와 같은 취급을 받았다. 또 도시 인구를 유지하기 위해 늘 임신 상태에 놓였다. 그런 상태에서는 정신적으로도 불안정해져 히스테리를 일으키거나 이상한 말을 하는 사람도 있었을 것이다.

커다란 대가—비웃음과 얼굴의 상처

효 과	쇄(晒) 묵(默) 욕(辱)
용 도	고(拷) 형(刑)
시대와 지역	고대 / 중세 / 근대

질책의 재갈
런던탑에서 사용된 예.

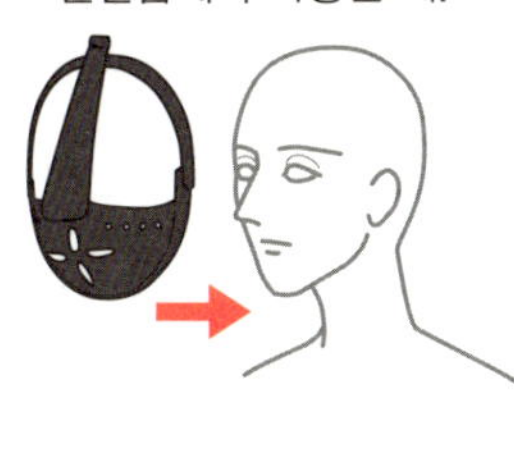

원시적인 잔소리꾼의 굴레
1550~1800년대 독일에서 사용.
머리 위에는 방울, 입 부분에는
금속 이가 달려 있다.

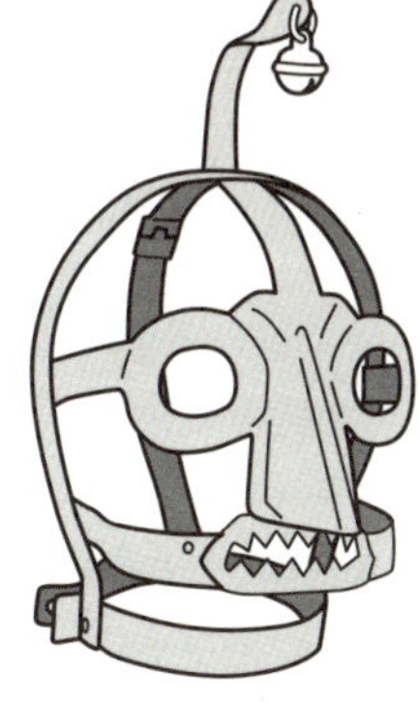

잔소리꾼의 굴레
중세 폴란드에서 사용.

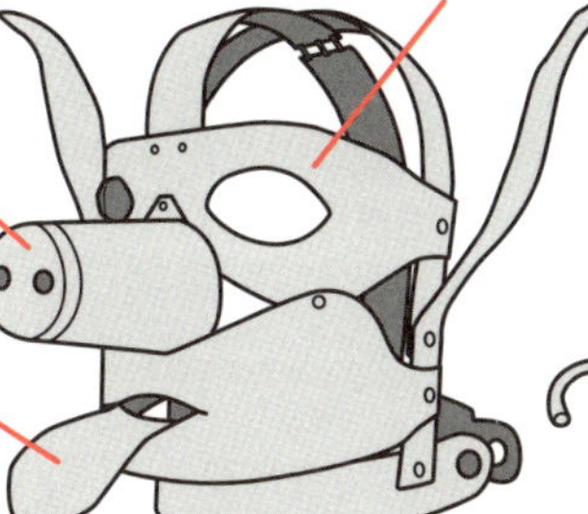

눈 안쪽에
돌기.

미천하고 불결한
동물인 돼지를
본따 만들었다.

입 안에 쇳조각을
밀어 넣는 구조.

목에 달린 커다란
자물쇠.

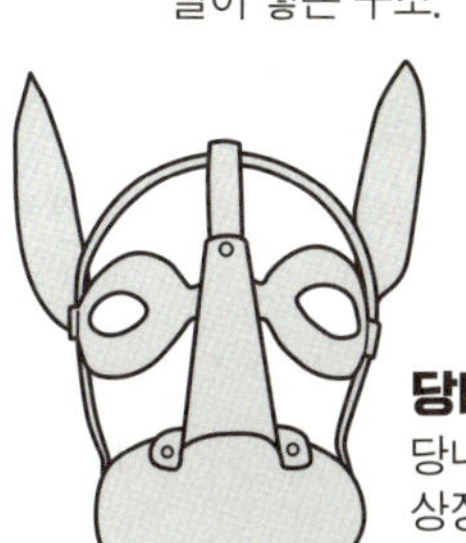

당나귀 가면
당나귀는 어리석음의
상징.

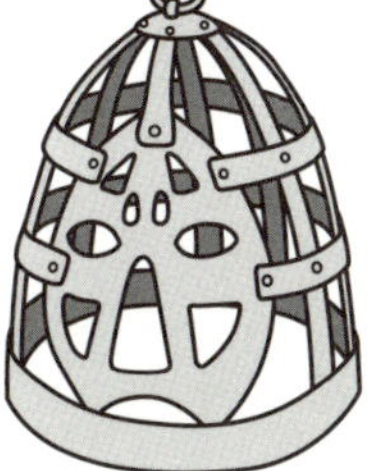

브랭크스
골조 가면. 마녀의
능력을 빼앗는다
고 여겼다.

용어 해설
- 어리석은 동물→지금도 이탈리아, 프랑스, 스페인에서는 당나귀를 '바보'라는 의미로 사용한다.

관련 항목
- 잔소리꾼의 굴레→No.077
- 공개 처형→No.077/078/080/081/082/083/084/085

피리와 바이올린 형태의 형구

피리나 바이올린을 본뜬 형구도 자주 쓰였다. 손가락을 조이는 등의 추가적인 고문도 가능하며, 망신형에 사용하는 도구였음에도 상당히 공들여 제작되었다.

●피리형 형구

16~17세기 공개적인 **망신형**에 사용된 것으로, 소리가 나거나 음악에 관련된 기구는 아니다. 세로로 긴 피리 형태로, 한쪽 끝에 금속 고리가 있고 본체와 평행한 위치에 손가락을 끼우는 쇠붙이가 달려 있다. 이 쇠붙이 안쪽은 물결 모양으로 홈이 파여 있다.

먼저, 희생자의 목에 금속 고리를 끼우고, 자물쇠로 잠가 고정한다. 다음으로 양손의 모든 손가락을 본체에 딸린 쇠붙이 안쪽에 끼운 후 빠지지 않도록 나사로 조인다. 손가락이 물결 모양으로 파인 쇠붙이에 눌리면서 고통스럽다. 그러면 피리를 연주하는 듯한 자세가 된다. 유사한 형구로, 독일에는 **아이저르너 가이게**(Eiserne Geige)라는 종이 달린 나팔 모양의 기구도 있었다.

손가락을 조이는 고문은 집행인의 의지에 따라 압박이 느껴지는 정도부터 살이 짓이겨져 뼈가 드러날 정도까지 조이기도 한다. **손가락 압박기**라는 고문 기구의 역할도 했다.

●바이올린형 형구

16~19세기 무렵의 유럽과 노예제도가 폐지되기 전까지 미국에서 널리 사용되었다. 여성 전용 형구로서 매우 가볍고 휴대가 편리했다. 본체에는 세로로 3개의 구멍이 뚫려 있다. 가장 아래쪽에 있는 큰 구멍에 머리를 끼우고, 나머지 두 개의 구멍에 양 손목을 집어넣어 고정한다.

바이올린처럼 생긴 특이한 형태 때문에 이런 이름이 붙었다. 음악과는 무관하며, 실제로는 남근을 의미한다고 한다. 이 형구를 장착한 모습이 양손으로 남근을 입으로 가져가는 것처럼 보였기 때문이다.

두 사람이 동시에 장착하는 종류도 있다. 크기가 조금 더 크고, 양쪽 끝에 머리를 집어넣는 구멍이 있으며 그 사이에 손목을 끼우는 네 개의 구멍이 뚫려 있다. 희생자들은 서로 마주 보는 자세로 형구에 고정된다. 얼굴을 마주보게 하여 더 큰 수치심을 느끼게 한 것이다.

웃음거리가 된 악사

효 과	쇄(晒) 욕(辱)
용 도	고(拷) 형(刑)
시대와 지역	고대 / 중세 / 근대

피리형 형구

피리를 부는 듯한 자세
로 망신형에 처해진다.

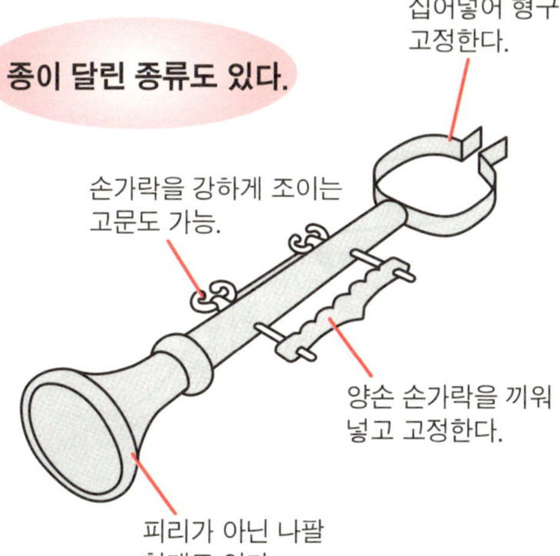

바이올린형 형구

실제로는 바이올린이 아닌 남근을
나타낸다.
→양손으로 입으로 가져가는 모습
　을 표현했다.

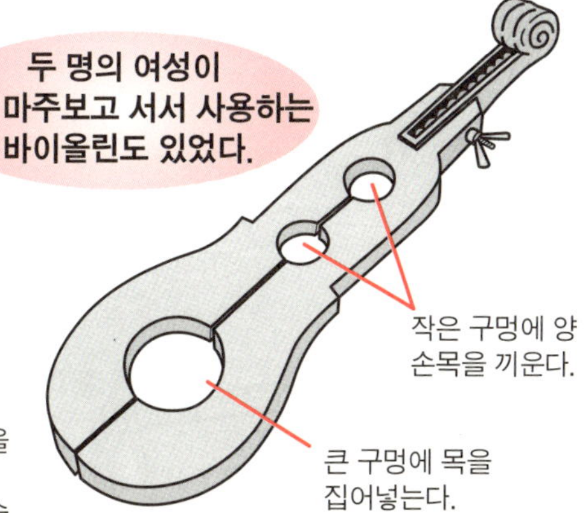

관련 항목

- 손가락 압박기→No.004
- 공개 처형→No.077/078/079/081/082/083/084/085

망토와 목걸이 형태의 형구

죄상을 나타내는 목걸이 등을 목에 걸거나, 통에 집어넣고 구경거리로 만드는 등의 우스꽝스러운 연출도 공개 망신형의 특징 중 하나이다.

●술고래의 망토

술꾼에 대한 처벌로 사용된 **주정뱅이의 망토**에는 두 종류가 있다. 하나는 사람 한 명이 들어갈 수 있는 크기의 통에, 희생자와 함께 분뇨나 썩은 물을 붓는 것이다. 이 상태로 방치하거나 더 큰 굴욕을 주기 위해 돼지나 당나귀 가면을 씌우기도 했다.

며칠 정도라면 참을 수 있겠지만, **스카피즘**과 마찬가지로 오물의 독소가 몸속에 침입해 썩기 시작한다. 분뇨에는 구더기도 생겨 피부를 갉아먹을 것이다. 위험한 형벌이다.

또 하나는 밑바닥이 없는 통을 뒤집어쓰고 이리저리 끌려 다니는 것이다. 통이 꽤 무겁기 때문에 계속 걷는 것은 상당한 고통이었을 것이다.

●훈계의 목걸이

서양에서는 죄상에 따라 특정한 목걸이를 거는 관습이 있었다. 무거운 나무나 돌을 엮어서 만드는데, 이런 목걸이는 관중에게 죄상을 알리는 플래카드와 같은 역할을 한다. 희생자는 이 목걸이를 걸고 광장 등에 설치된 말뚝에 묶인다.

술꾼은 술병을 나타내는 장식, 도박죄는 주사위나 카드, 흡연자에게는 담배 등의 커다란 모형, 저울을 속여 부정한 이익을 취한 상인에게는 저울의 추나 쇠로 만든 거대한 동전 모양의 장식을 매달았다. 밀렵꾼에게는 그가 잡은 짐승의 사체를 매달고 그 사체가 썩어서 떨어질 때까지 공개 처형이 계속되었다.

주로 유럽의 관습이지만, 미국 버지니아 주에도 비슷한 망신형이 있었다. 맛없는 빵을 만든 제빵사의 머리에 빵 반죽을 얹거나 도둑의 머리에 훔친 물건을 얹는 등의 방식이었다. 목걸이는 아니지만, 죄와 관련된 아이템을 함께 전시한 것이다.

술꾼 및 온갖 악덕에 대한 철퇴

효　과	쇄(晒) 욕(辱)
용　도	고(拷) 형(刑)
시대와 지역	고대 / 중세 / 근대

술고래의 망토

밑바닥이 없는 통을 씌워 이리저리 끌고 다닌다.

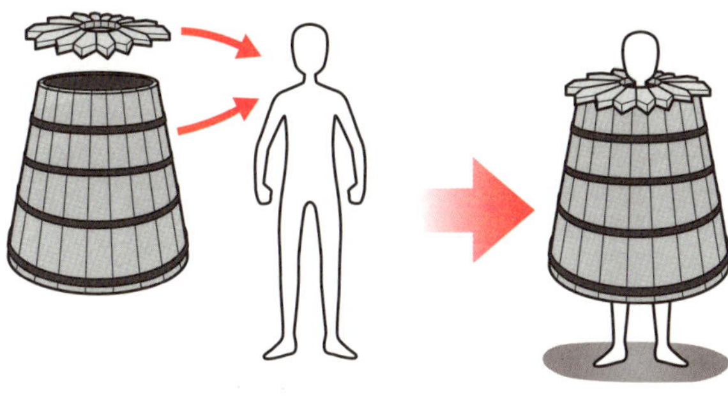

통에 가둔 채 수일 방치하기도 한다.

자신의 오물에 의해 병에 걸리기도 하는 위험한 형벌.

훈계의 목걸이

죄상과 관련된 소품을 엮은 목걸이를 걸어 전시한다.

도박죄
주사위나 카드 모형.

흡연 죄
거대한 파이프 모형.

부정 거래
저울의 추나 커다란 동전 모형.

밀렵꾼
사냥한 짐승의 사체가 썩을 때까지 목에 건다.

관련 항목

- 스카피즘→No.072
- 공개 처형→No.077/078/079/080/082/083/084/085

조그 / 우리

공개 처형은 가면이나 형구를 이용한 방식이 많지만, 우리에 가둬 구경거리로 삼는 경우도 많았다. 이것은 서양과 중동에서 볼 수 있는 형벌이다.

●조그

스코틀랜드에서는 예배를 소홀히 하는 등의 불신자에게 **조그**(Joug)라고 불리는 쇠 목걸이를 채웠다. 희생자는 이 목걸이를 걸고 자물쇠가 채워진 상태로 광장에 묶여 망신형에 처해졌다.

훈계의 목걸이와 비슷한 형구로, 다른 지역에서는 커다란 십자가 목걸이를 걸기도 했다. 배교자로 고발되면 처형 가능성도 있었지만 먼저, 교회가 나서서 경고를 한 것이다.

●공개 처형용 우리

루이 11세가 통치하던 프랑스에서는 경범죄자에 대한 처벌로, 우리에 가둬 방치하는 형벌이 있었다. 이 우리는 루이 14세 시대까지 사용되었으며, 때로는 사나운 살쾡이를 함께 집어넣기도 했다. 살쾡이를 더 사납게 날뛰도록 우리를 뜨겁게 가열하는 경우도 있었다. 1306년 영국에서는 한 백작 부인이 버릭 성의 목제 우리에 감금되었다. 이 우리는 에드워드 1세의 명령으로 제작되었다. 이 형벌이 널리 퍼지면서, 중세 서양에서는 싸움이 끊이지 않는 부부를 함께 우리에 넣는 형벌을 **요람에 넣는다**라고 하거나 두 사람을 함께 묶어 망신형에 처하는 것을 **지붕 들추기**라고 부르기도 했다.

한편, 중동에서는 14세기 무렵 티무르 대제(1336~1405)가 오스만 제국의 술탄 바예지드를 사로잡아 철창에 가두고 구경거리로 삼았다. 현대의 아프가니스탄에도 강도를 우리에 감금하는 형벌이 남아 있다.

일본의 에도 시대에는 **오케부세**(桶伏せ)라는 형벌이 있었다. 거대한 통을 덮어씌워 감금한 채 찻잔 한 그릇 정도의 밥과 소금만 주었다. 용변도 통 안에서 해결해야 했기 때문에 희생자는 자신의 분뇨 속에서 5~6일을 지냈다. 유곽에서 놀고 돈을 내지 않은 손님에 대한 처벌로, 친족이 돈을 가져오면 풀려났다.

몸은 자유롭지만 도망칠 수 없는 형벌

효 과	쇄(晒) 폐(閉) 욕(辱)
용 도	고(拷) 형(刑)
시대와 지역	중세~근대

조그
불신자에 대한 훈계.

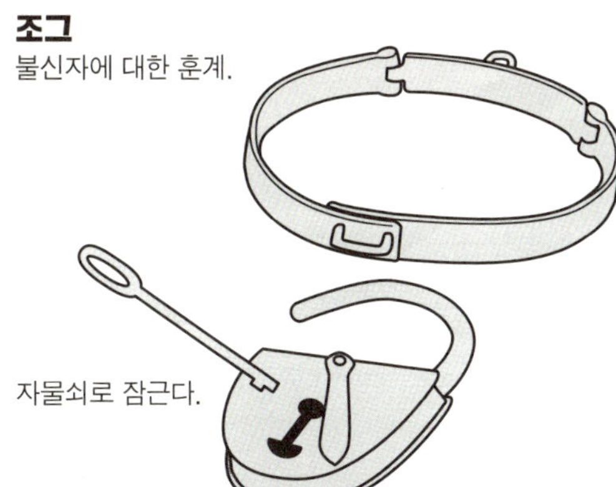

자물쇠로 잠근다.

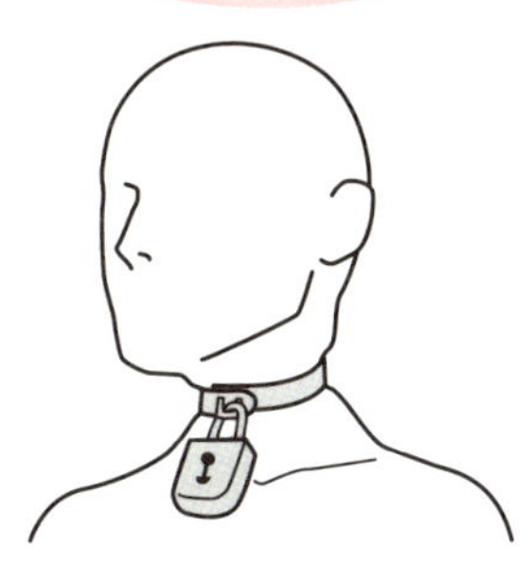

이대로 광장에 전시된다.

공개 처형용 우리
경범죄자에 대한 처벌이었지만, 귀족이나
왕도 이 형벌의 대상이 되었다.

살쾡이 고문
우리에 살쾡이를 함께
넣고 가열한다.

오케부세
일본 에도 시대에 유흥
비를 떼먹은 남자를 큰
통에 가두었다.

강도 수용
현대의 아프가니스탄에서
사용된 형벌.

요람에 넣기
싸움이 끊이지 않는
부부를 함께 감금.

지붕 들추기
싸움이 끊이지 않는
부부를 결박해 감금.

우리가 아닌 거리 한복판에 놓아둔 의자에 앉혀 결박하는 '불명예의 의자'라는 망신
형도 있었다.

용어 해설
● 쇠 목걸이→목걸이이기 때문에 관중의 폭행 혹은 사고로 질식해 목숨을 잃은 사례도 보고되었다.

관련 항목
● 공개 처형→No.077/078/079/080/081/083/084/085
● 훈계의 목걸이→No.081

철제 우리 지벳

유럽의 사원을 관광하다 보면 높은 곳에 새장처럼 생긴 철제 우리가 매달려 있는 광경을 볼 수 있다. 이것은 중세의 유물로, 죄수가 죽을 때까지 감금되었던 처형 장치이다.

● 중죄인용 공개 처형 기구

공중에 매단 철제 우리는 **하이웨이맨스 코핀**(Highwayman's coffin) 즉, **노상강도의 관**이라고 불리었다. 직사각형의 바구니나 새장 또는 인체의 실루엣을 본뜬 형태가 있으며, 모두 밑바닥이 뚫려 있다. 이 우리에 벌거벗은 희생자를 넣고 매달아, 굶주림과 목마름 혹은 더위나 추위로 숨이 끊어질 때까지 방치했다. 죽은 뒤에도 뼈만 남은 유해가 아래로 떨어져 우리가 빌 때까지 그대로 방치되었다.

장기간 방치되어 수척해진 희생자가 틈새로 도망칠 가능성이 있었기 때문에, 떨어지면 절명할 정도로 높은 곳에 매달았다. 여기에는 민중에 의한 폭력을 막아, 오랫동안 살려두기 위한 목적도 있었다. 그럼에도 막대로 찌르거나 돌을 던지는 구경꾼들이 있었다고 한다.

노상강도의 관이 진화한 혹은 더 오래 전에 사용된 철제 우리 전반을 **지벳**(Gibbet)이라고 부르기도 한다. 양 다리가 각각 들어가게끔 만들어진 독특한 형태의 철제 우리이다. 당연히 희생자는 몸을 거의 움직이지 못한다.

17~18세기 무렵부터 사용된 지벳은 가는 철판으로 인체의 실루엣을 본떠서 만든, 전신 깁스와 같은 형구이다. 바구니나 우리라기보다는 '인간 매달기 위한 장치'라고 하는 편이 맞을 것이다. 고통을 가중시키기 위해 의도적으로 대퇴부와 머리 부분이 조이게끔 만들었다. 신체 일부를 절단한 뒤 매달기도 했다. 경찰서나 교도소 벽에 매달고 음식까지 주면서 고통 속에서 죽음을 맞게 했다.

시대가 흐르면서, 형벌보다는 본보기로서의 효과를 중시하게 되었다. 교수형에 처한 시신을 타르에 담갔다가 지벳에 매다는 방식으로 바뀐 것이다.

특히, 영국 등에서는 해적에 대한 경고의 의미로 사용되었다. 1701년 해적 윌리엄 키드의 시체는 타르에 절여져 수년 간 높은 곳에 매달려 있었다. 이 시체의 **공개 처형**은 1832년까지 계속되었다고 한다.

중죄인을 사후까지 가둬두는 공중 우리

효 과	쇄(晒) 폐(閉) 조(吊) 기(飢) 욕(辱)
용 도	사(死)
시대와 지역	중세~근대

새장형 하이웨이맨스 코핀
비좁고, 바람에 흔들려 불안정.

해적에 대한 경고용 지벳
1701년, 유명한 해적 윌리엄 키드를
타르에 절여 지벳에 매달았다.

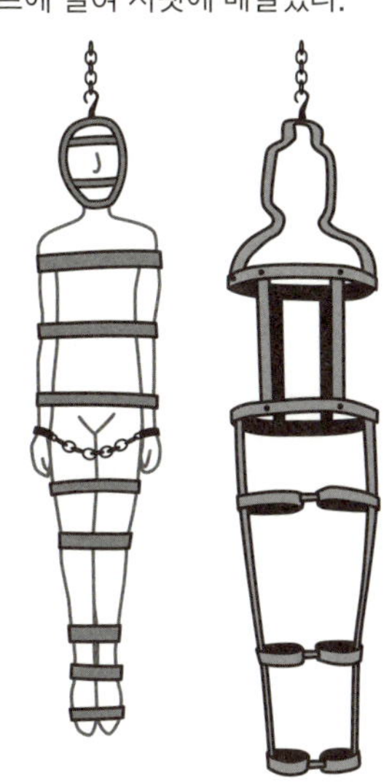

철판으로 만든 인체형 지벳
선 자세로 죽을 때까지 고통 받는다.

◆타르에 절인 시체

지벳에 매달기 전, 오래 보존하기 위해 시신을 타르에 담갔다.
고대 유럽에서는 죄를 씻거나 신에게 바치는 제물로서 죄수의 시체에 타르를 바르거나
깃털을 붙이는 관습이 있었다.

관련 항목

● 공개 처형→No.077/078/079/080/081/082/084/085

차별—복장과 자수와 문신

공개 처형의 일종으로, 서양에서는 처벌을 받은 시민에게 특정 색상의 옷을 입거나 자수를 강제했다. 동양에서는 죄인의 표식으로 문신을 새겼다.

● 유대인의 노란색 모자

복장의 색과 형태에는 상징적인 의미가 담겨 있었다. 중세 서양에서는 이를 **공개 처형**의 일환으로 활용했다.

돈을 갚지 못한 채무자는 노란색 모자, 경작이 서툰 농부는 흰색 모자의 착용을 의무화했다. 1215년 라테란 공의회에서는 유대인에게 끝이 뾰족한 삼각모와 노란색 천을 가슴에 달도록 강제했다.

또한 의복에 죄명을 나타내는 머리글자를 수놓기도 했다. 술꾼에게는 드렁컨니스(Drunkenness)의 D, 신성모독죄는 블래스퍼미(Blasphemy)의 B를 새기는 식이다. 지역에 따라, 옷이 아닌 피부에 낙인을 찍기도 했다. 경범죄가 아닌 살인이나 강도에 대해 처형 대신 낙인을 새겨 처벌을 감면하기도 했다.

중국과 일본에서는 죄인을 **문신형**에 처했다. 팔이나 이마 등에 선이나 글자를 새겨 전과자라는 것을 나타내는 것이다. 저지른 범죄의 종류나 무게에 따라, 어느 부위에 어떤 문신을 새길지 법으로 정해져 있었으며 전과가 많을수록 문신의 수도 늘어났다.

일본에서는 에도 시대 중기에 정착했으며, 지역에 따라 문신을 새기는 부위와 내용이 달랐다. 에도 지방에서는 아래팔에 2줄의 선을 새겼으나 교토에서는 2개의 탁점을 찍고, 조슈에서는 위팔에 마름모꼴을 새겼다. 팔이 아닌 이마에 문신을 새기는 지역도 있었다. 고야산은 〇, 히젠은 ×, 아와에서는 3줄의 선을 새기는 식이다. 히로시마의 경우, 초범은 'ㅡ', 재범은 'ノ'를 새기고 3번째는 2획을 더해 '犬(개 견)'이라는 글자로 만들었다.

문신은 평생 지워지지 않기 때문에, 다른 지역으로 가더라도 전과 여부가 쉽게 드러났다. 죄수를 관리하는 효과적인 방법이었다. 관리는 문신의 유무로 신원을 파악할 수 있었으며, 전과 횟수에 따라 죄질을 판단하여 처형하기도 했다.

색상을 통한 차별과 일본의 문신

효 과	쇄(晒) 표(標) 욕(辱)
용 도	형(刑) 기타(그 외의 용도)
시대와 지역	중세~근대

서양의 표식

채무자
노란색 모자.

경작이 서툰 농부
흰색 모자.

유대인
삼각모와 노란색 천.

일본 에도 시대의 전과자 표식

팔의 문신

에도
검은 선 2줄.

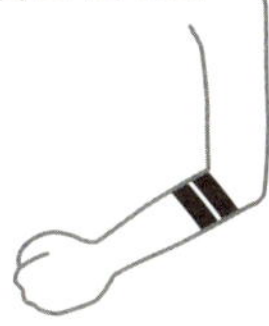

교토
탁점 2개.

조슈
마름모꼴.

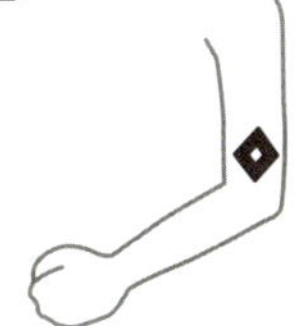

이마의 문신

고야산
검은색 원.

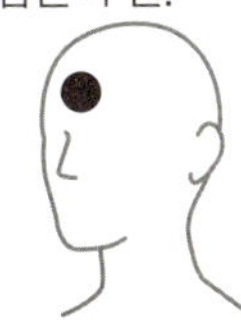

히젠
×표시.

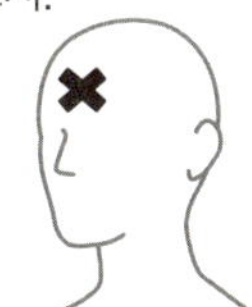

아와
이마와 팔에 3줄의 선.

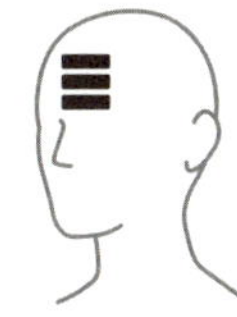

에도
惡(악할 악).

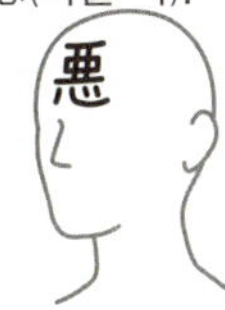

단바
大(큰 대).

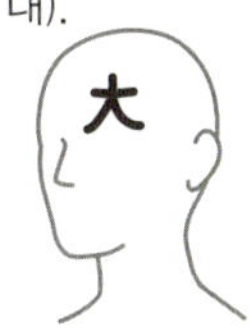

히로시마
삼진 아웃법(3단계)으로
'犬(개 견)'이 된다.

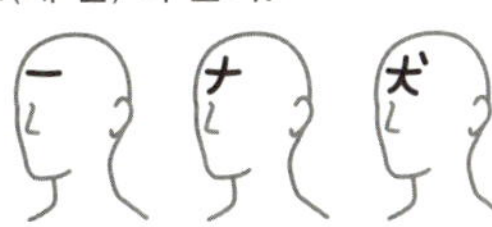

관련 항목

- 공개 처형→No.077/078/079/080/081/082/083/085

처형 후의 공개와 옥문

공개 처형은 광장에 일정 기간 구속하는 것뿐이지만, 대중의 폭력이 격화되면서 목숨을 잃는 경우도 있었다. 공개 처형이나 사체의 방치도 망신형의 하나이다.

●경범죄자의 망신형과 극형의 공개

서양에서 **망신형**은 경범죄자에게 수치심을 주기 위한 처벌이다. 사소한 사회 규범을 위반하거나 이웃에 피해를 주는 등 처벌이 필요한 자를 망신형에 처했다. 그 이외도 **공개 처형**이 이루어지는 경우가 있다. **수레바퀴형**의 최종 단계와 같이 처형 후 사체를 공개해 대중에 본보기로 삼았다. 애초에 공개 처형도 망신형의 요소가 있었기 때문에 유럽의 한 재판소는 '자식이 보는 앞에서 처형할 것'이라는 판결을 내린 적도 있다.

●옥문

극형 이후 시신을 공개하는 것으로는, 일본에서 참수형에 처한 시신의 머리를 전시하는 **옥문**(獄門)이 유명하다. 과거에는 감옥 문 앞에서 효수했기 때문에 옥문이라고 불린 것이다. 에도 시대에는 **조리돌림** 후 형장으로 데려가 죽인 후 효수했다.

옥문대는 약 105㎝ 높이의 각목 2개와 머리를 올려놓는 120×30×6㎝ 크기의 판자로 구성된다. 2~3개를 함께 올려놓는 경우, 더 긴 판자가 사용되었지만 에도에서는 1806년의 법 개정 이후 옥문대 하나에 하나만 올리게 되었다. 머리를 올린 후 판자 아래쪽에서 못을 박아 고정했으며 점토를 둘러 보강했다.

옥문대 옆에는 죄인을 잡을 때 쓰는 창 등의 도구를 늘어놓고, 깃대도 세웠다. 여기에 희생자의 성명·국적·연령·주거 유무·죄상·형벌을 적어 게시한다. 또 180㎝ 높이의 '팻말' 5장에 같은 내용을 적어 형장과 에도 시내 곳곳에 30일간 세워두고 널리 알렸다.

머리는 낮에만 내놓고, 밤에는 작은 통을 씌웠다. 관리들이 불을 지피고 등불을 비추며 24시간 감시하며, 동물이나 도둑에 의해 훼손되지 않도록 지켰다. 사흘간 효수한 후, 불에 태우거나 근처에 버렸다. 대개는 동물의 먹이가 되었다고 한다.

본보기로 삼기 위해 공개된 사체

효 과	쇄(晒) 욕(辱)
용 도	형(刑)
시대와 지역	중세~근대 / 일본의 에도 시대

옥문이 이루어지던 모습

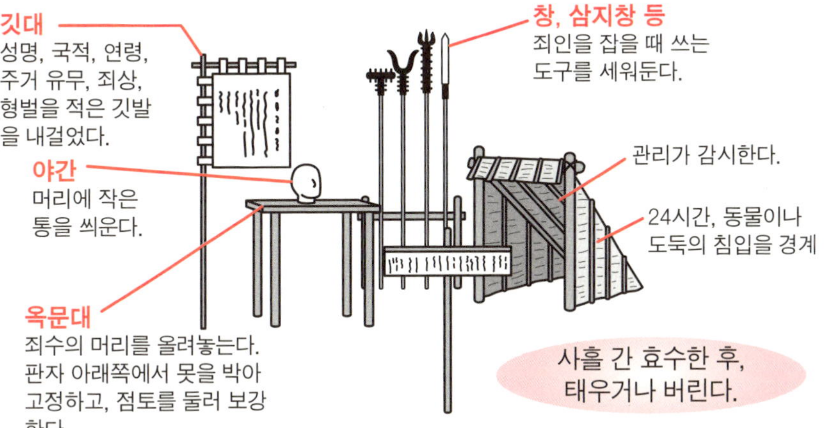

◆에도의 조리돌림

손을 뒤로 묶은 뒤 말에 태워 마을 곳곳을 끌고 다니는 형벌로, 사형수는 '마지막 에도 구경'이라며 좋아했다고 한다. 휴식이나 용변도 허용되고, 관리가 대접하는 술, 물, 차, 음식도 먹을 수 있었다. 50명 가까운 관리와 조수가 죄수와 함께 걷는다. 최대 200명 이상의 대행렬이 되기도 했다.

관련 항목

- 수레바퀴형→No.017/ 018
- 공개 처형→No.077/078/079/080/081/082/083/084

단두대의 기원

단두대는 무자비하게 목을 베어버리는 세계에서 가장 널리 알려진 처형 도구일 것이다. 그 기원에 대해 알아보자.

●참수의 효율화

도끼나 칼에 의한 참수는 세계적으로 흔한 처형 방식으로, 이를 기계화한 것이 바로 **단두대**(Guillotine)이다. '프랑스 혁명의 단두대'가 특히 유명하지만, 18세기에 처음으로 등장한 것은 아니다.

가장 오래된 참수대는 사각형 구멍에 희생자의 머리를 집어넣고 위쪽에 칼날을 놓은 뒤 이것을 집행인이 망치로 내리치는 방식이었다. 이것이 날카롭고 무거운 칼날을 떨어뜨리는 방식으로 바뀐 것이다.

유럽 각지에 유사한 기구가 있었는데, 목판화 등의 상세한 기록이 남아 있는 것은 14세기 영국 요크셔에서 사용된 **할리팩스 지벳**(Halifax Gibbet)이다. 네모난 벽돌이나 나무 받침대 위에 단두대와 같은 직사각형 목제 틀을 세우고, 그 사이에 무게 추가 달린 도끼날을 끼워 넣은 구조였다. 희생자를 앉힌 후 도르래를 이용해 도끼날을 들어 올린 다음 쐐기를 박아 고정한다. 이제 도끼날을 떨어뜨리는 밧줄을 당기면 사형이 집행되는데, 이 밧줄은 그 자리에 모인 누구든 당길 수 있었다. 가축 도둑은 훔친 소나 말에 밧줄을 묶어 형을 집행했다.

이 처형 기구는 16~17세기에 개량되어 **메이든**(Maiden) 또는 **스코티시 메이든**(Scottish Maiden)이라고 불리었으며, 귀족 등 특권 계층에 대한 처형에 주로 사용되었다. 목제 틀을 지지하는 기둥이 특징이다. 메이든은 효율화된 처형 기구로 실패가 적었다. 집행인이 직접 도끼를 휘두르는 이상, 실수가 생길 수 있고 희생자 역시 불필요한 고통을 겪을 가능성이 있었다. 메이든으로 '편히 죽을 수 있는 특권'을 얻게 된 것이다.

15세기 독일과 네덜란드의 디이레(Diele), 16세기 이탈리아의 만나이아(Mannaia, 정육용 칼, 처형인의 도끼라는 의미)도 유사한 구조의 참수 장치였으며, 프랑스도 1632년 남서부 툴루즈에서 도루아르(Doloire)라는 목제 틀에 도끼를 끼운 단두대와 유사한 기구로 참수형이 집행되었다.

칼날을 떨어뜨려 목을 베는 형구

효 과	절(切)
용 도	사(死)
시대와 지역	14세기 영국~17세기 유럽

할리팩스 지벳

프랑스 혁명 시대 단두대의 원형.
형상은 거의 비슷하다.

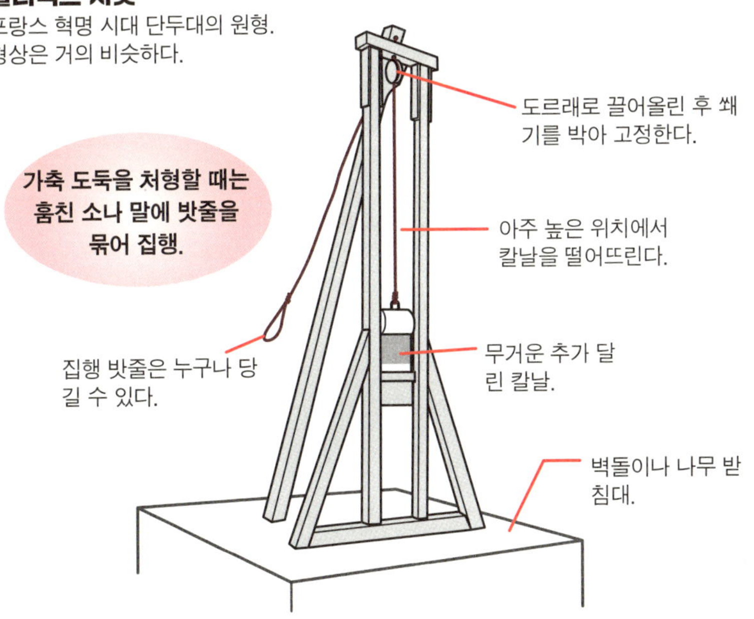

14세기 무렵 등장해 각지로 퍼진 단두대의 유형.

14세기	할리팩스 지벳(영국)
16~17세기	스코티시 메이든, 메이든
15세기	디이레(독일, 네덜란드)
16세기	만나이아(이탈리아)
17세기	도루아르(프랑스)

관련 항목

● 단두대→No.087/088

단두대

목을 집어넣으면, 낙하하는 무거운 칼날에 의해 한순간에 잘려나간다…단두대는 가장 유명한 처형 장치 중 하나일 것이다.

●사형 효율화에 따른 대량 살인 도구

단두대는 두 기둥 사이에 매단 무거운 칼날을 떨어뜨려, 아래에 눕혀놓은 희생자의 목을 절단하는 장치이다.

참수 기능을 가진 과거의 처형 기구를 개량한 것으로, 기능적으로도 크게 발전했다.

개량된 구조 중 하나가, 희생자의 신체를 결박하는 널판 또는 벨트 그리고 머리를 고정하는 구멍의 형태이다. 과거에는 갑자기 사형수가 몸을 움직여 형이 실패하는 경우가 많았다.

개량된 후에도 여전히 사고는 발생했는데, 칼날이 목이 아닌 머리로 떨어져 즉사하지 못한 경우도 있었다. 이를 방지하기 위해 머리를 좌우로 절단하는 칼날을 추가하자는 안도 나왔지만 실현되지는 않았다.

칼날의 형태도 개량되었다. 이전에 사용했던 수평 칼날 대신 수직으로 떨어질 때보다 비스듬한 칼날이 더 잘 잘린다는 점에 주목해, 45도 각도로 비스듬히 자른 칼날이 채택되었다.

이후 피가 엉겨 붙어 일어나는 작동 불량을 방지하기 위해 금속 틀로 바꾸고, 떨어지는 칼날의 충격을 흡수하기 위해 고무를 추가했다. 칼날이 튀어 올라 희생자의 목을 여러 번 베는 경우가 많았기 때문이다.

1분에 한 명꼴로 처형할 수 있었지만, 속도를 더 높이기 위해 칼날이 2개, 3개, 많게는 4개까지 달린 단두대가 고안되었으나 실용화되지는 않았다. 1793년에는 칼날이 9개나 달린 시제품이 등장했지만, 실험은 실패에 그쳤다.

기능이 떨어지는 초기의 단두대는 피가 사방으로 튀어 악취가 진동하고 파리가 들끓는 것도 모자라 들개까지 몰려들면서 주민들의 원성을 샀다. 결국 처형장을 광장에서 교외로 옮기기도 했다.

1794년 공포 정치가 끝날 때까지, 많을 때는 하루 평균 46명이 처형되었으며 파리에서는 13개월간 1만 6,594명이 단두대의 이슬로 사라졌다.

당시의 최신 과학이 집대성된 살인 기계

효 과	절(切)
용 도	사(死)
시대와 지역	18세기 프랑스

단두대의 개량 포인트

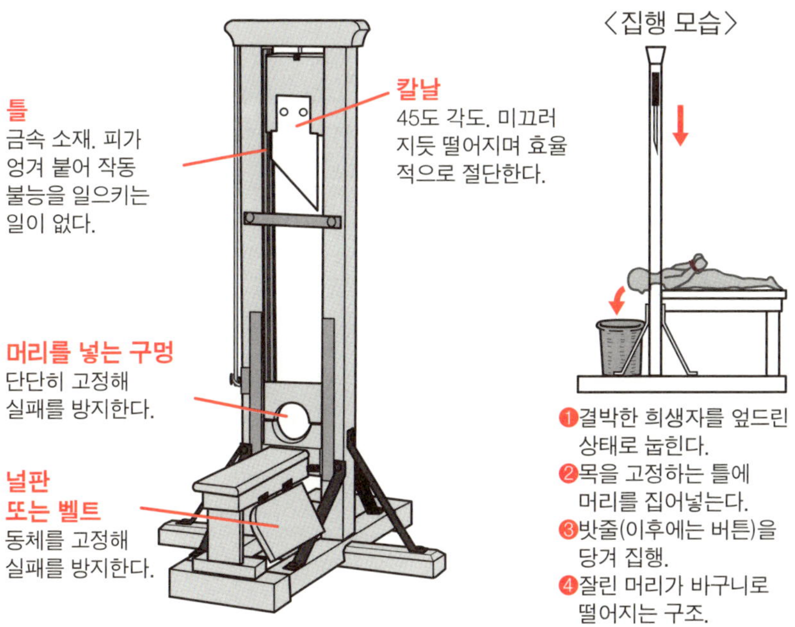

틀
금속 소재. 피가
엉겨 붙어 작동
불능을 일으키는
일이 없다.

칼날
45도 각도. 미끄러
지듯 떨어지며 효율
적으로 절단한다.

머리를 넣는 구멍
단단히 고정해
실패를 방지한다.

**널판
또는 벨트**
동체를 고정해
실패를 방지한다.

〈집행 모습〉

❶ 결박한 희생자를 엎드린
상태로 눕힌다.
❷ 목을 고정하는 틀에
머리를 집어넣는다.
❸ 밧줄(이후에는 버튼)을
당겨 집행.
❹ 잘린 머리가 바구니로
떨어지는 구조.

◆절단된 머리

절단된 머리가 얼굴을 붉히거나 이를 갈았다는 등 잘린 머리에 아직 의식이 남아 있다는
소문이 돌기도 했다. 실험을 통해 수 초에서 1분가량 출혈이 시작되기 전까지 의식이 남
아 있다는 것이 밝혀졌다. 한 의사가 사후에 개의 피를 수혈했더니 부활했다는 이야기도
있지만, 이는 헛소문이었다.

관련 항목
● 단두대→No.086/088

단두대의 탄생과 귀족의 처형

프랑스에서는 평민은 교수형, 귀족은 참수형 등으로 계급에 따라 처형 방식이 달랐으나 시민 혁명 이후에는 계급에 관계없이 단두대 처형으로 바뀌었다.

● 새로운 시대에는 사형도 공정하게

1789년 혁명 이후 프랑스의 의학부 교수 **기요탱**(Joseph-Ignace Guillotin) 박사는 '공정하고, 자비롭고, 확실하게' 목을 자를 수 있는 장치를 고안했다. 칼로 목을 베던 처형인 **상송**도 찬성했다. 혁명 이후 사형수가 늘어나면서 날이 쉽게 무뎌지는 칼로는 처형을 감당하기 어려웠던 것이다. 혁명 정부는 프랑스 전역에 다수의 처형대를 공급해야 했다.

발명가이자 외과의였던 루이 박사가 **단두대**의 원형을 설계하고, 상송의 지인이자 피아노 제작자 토비아스 슈미트가 제작을 담당했다. 토비아스는 독자적인 발상의 단두대를 제안하기도 했다. 그리하여 1792년 당시 설계자의 이름을 딴 **루이제**(Louiset)라고 불린 단두대가 처음 세상에 등장했다.

다수의 왕족·귀족·정치인을 처형해 유명해진 단두대는 이후에도 계속 사용되었으며, 1939년 살인범 바이들만이 최후의 공개 처형자가 되었다. 제2차 세계대전 중에는 나치 독일의 괴뢰 정권하에서 많은 이들의 목을 베는 데 사용되었다. 그리고 사형이 폐지되는 1981년까지 사용 가능한 상태로 남아 있었다.

● 혁명기의 참살

프랑스 혁명 초기, 흉포해진 빈민에 의해 학살된 귀족도 있었다. 폭도들은 칼을 들고 모여, 내장을 끄집어내거나 사지를 절단하기까지 했다. 마리 앙투아네트의 지인이었던 랑발 공작부인은 재판소로 가는 도중 목이 베여 창에 꽂혔다. 시체는 몇 시간이나 끌려 다니며 심장이 도려내지고 유방과 치부도 잘려나갔다. 그 외에도, 과학자 라부아지에와 시인 슈니에 등도 희생되었으며, 귀족이 즐겨 키우던 소형견 파피용도 다수 학살당했다.

로베스피에르가 권력을 잡았을 무렵, 낭트에서는 귀족의 자녀 500명이 초원으로 내몰려 도끼로 목이 잘렸다. 어리다보니 목이 아닌 머리가 베여 죽는 아이도 있었으며, 처형인조차도 정신적으로 무너졌다고 한다.

단두대의 실용화와 영향

효 과	절(切)
용 도	사(死)
시대와 지역	18세기 프랑스

발안자 : 기요탱 박사

처형인 상송

토비아스 슈미트가 제안한 처형 장치

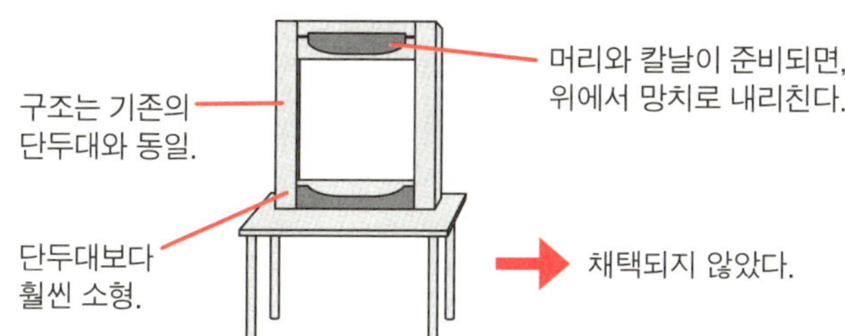

프랑스 혁명 혼란기의 희생자들

귀족이나 정치가뿐 아니라 크게 관련이 없는 생명도 희생되었다.

과학자 라부아지에

시인 슈니에

귀족의 애완견 파피용

용어 해설

- 기요탱 박사→단두대(Guillotine)라는 명칭의 유래가 되어 유명해진 인물.
- 상송→샤를 앙리 상송(Charles-Henri Sanson). 1739~1803년. 6대에 걸쳐 사형 집행인을 배출한 상송 가문의 4대.

관련 항목

- 단두대→No.086/087

바이킹의 피의 독수리

바이킹은 잔혹한 의식을 즐기며, 사체에까지 손을 대는 독특한 문화를 가지고 있다. 전설이나 우화로도 해석될 수 있는 피의 독수리 등이 그 대표적인 예이다.

●바이킹의 엽기적 처형

북유럽의 무장 집단 바이킹은 8세기부터 11세기에 걸쳐 유럽 각지를 장악했다. 그 잔재라 할 수 있는 중세 아이슬란드의 오래된 운문 시에 그들의 잔인한 처형법인 **피의 독수리**에 대한 기술이 있다. 또 스웨덴의 고틀란드 섬에서는 피의 독수리 형벌을 묘사한 비석도 발견되었다.

결박한 희생자의 등을 갈라 갈비뼈를 벌린 후 좌우의 폐를 꺼내 펼쳐놓는 것이다. 희생자가 숨을 쉴 때마다 피범벅이 된 양쪽 폐가 크게 부풀어 날개처럼 보였는데, 이것이 마치 날갯짓하는 독수리처럼 보였기 때문에 이런 이름이 붙은 것이다.

해부하듯 뼈와 장기를 꺼내는 것은 무척 어려워 보이지만 연구자들에 따르면, 당시의 기술로도 불가능한 일은 아니었다고 한다. 다만, 희생자가 살아 있는 상태에서 그것도 의식이 깨어 있는 상태로 갈비뼈와 폐를 꺼내는 것은 어려웠을 것이다. 폐를 부풀리려면 공기를 들이마셔야 한다. 사체에서 꺼낸 폐를 펼치거나 널빤지 위에 올린 후 집행인이 숨을 불어 넣으면 날개처럼 보였을 것이다.

이 형벌은 굴욕적인 방식으로 살해된 자의 아들이 아버지의 명예를 회복하기 위해 하수인에 대한 복수로 이루어졌다.

아이슬란드의 산문 작품집 『사가(Saga)』에는 이 밖에도 뱀 굴에 던지거나 건물에 불을 붙이거나 산 채로 토탄 늪에 가라앉히거나 내장을 끄집어내는 등의 잔인한 의식과 형벌이 묘사되어 있다. 그 중에서도 산 제물이나 죄수의 배를 가른 후 내장을 끄집어내 떡갈나무에 못 박는 형벌은 꽤 유명하다. 켈트족 드루이드에게는 점을 치는 기법이었으며, 희생자는 자신의 내장을 질질 끌면서 나무 주위를 돌아야 했다.

장을 끄집어내는 형벌은 고대 오리엔트나 지중해 인근 그리고 중국에서도 이루어졌으며 도르래에 감아 공개 처형하기도 했다.

폐를 꺼내는 형벌 / 내장을 꺼내는 형벌

효 과	절(切) 욕(辱)
용 도	사(死)
시대와 지역	고대 북유럽 / 켈트 / 지중해 / 오리엔트 / 중국

피의 독수리

❶ (아마도 살해한 후의)희생자의 등을 창 끝 등으로 절개한다.

❷ 갈비뼈를 잘라내고, 양쪽 폐를 끄집어낸다.

❸ 독수리 날개처럼 크게 펼친다.

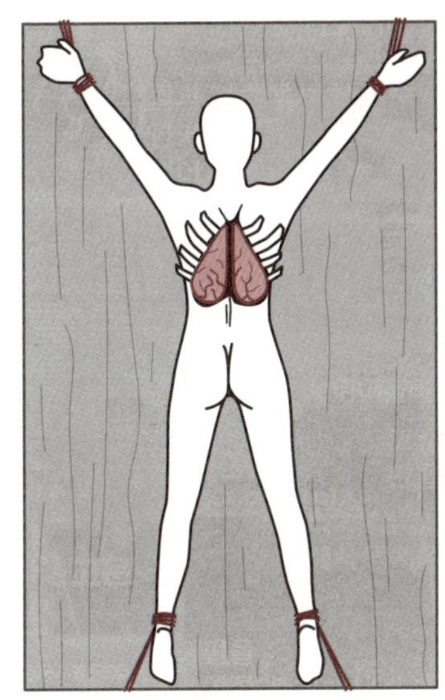

켈트의 내장 점

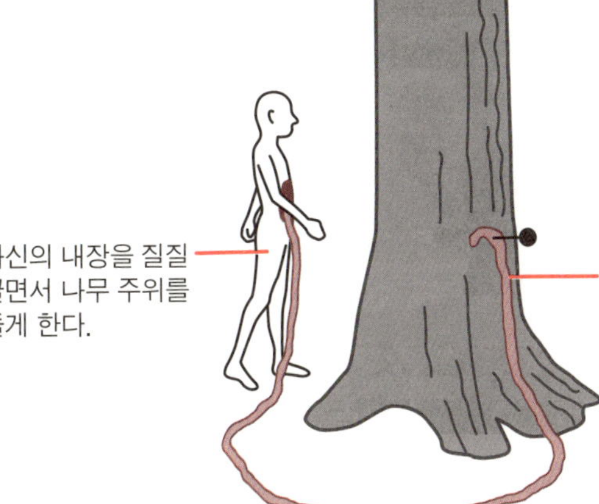

자신의 내장을 질질 끌면서 나무 주위를 돌게 한다.

산 제물의 장을 끄집어내 떡갈나무에 못박았다.

소나 말을 이용한 거열형

사지를 절단하는 거열형 중 소나 말에 묶어 끌게 하는 경우는 특히, 희생자에게 큰 고통을 주었다. 처형은 주로 광장에서 공개적으로 이루어졌다.

●너무 잔인해 거의 시행되지 않은 형벌

동물 형벌은 사람이 타거나 짐을 운반하는 용도의 가축이 주로 이용되었으며, 말에게 희생자의 사지를 묶어 끌게 하는 **거열형**은 세계 각지에서 행해졌다. 지역에 따라 말 대신 소나 낙타를 이용하기도 했다.

일본에서 시행된 가장 오래된 기록은 1572년 사누키국의 왕 미요시 나가하루(三好長治)에 의한 처형이었다. 죄를 지은 소년의 다리를 2마리 소에 각각 묶고 끌게 하자 몸이 두 동강 나며 피와 내장이 쏟아졌다고 한다. 이 사건으로 나가하루의 포악함이 드러나면서 민심을 잃었다고 한다. 네 마리를 이용해 사방에서 끌거나 소뿔에 묶기도 하고 소 등에 얹은 건초에 불을 붙여 몰아대기도 했는데 실제 이런 무자비한 처형은 자주 시행되지는 않았다.

서양에서도 유사한 방식의 말을 이용한 거열형이 시행되었으며, 모반·반역·중요 인물 암살 등의 중대 범죄에 대한 형벌이었다.

프랑스에 그 자세한 기록이 남아 있다. 1610년 국왕 앙리 4세를 암살한 죄로 **프랑수아 라바야크**(François Ravaillac)가 그레브 광장에서 공개 처형되었다. 칼을 쥐었던 오른손과 가슴을 불에 지지는 예비 형벌에 처한 후, 사지를 말의 다리에 묶어 끌게 했다. 팔이 탈구되어 늘어나고, 힘줄이 끊어져 피부가 검푸르게 변한다. 1시간가량 끌었지만 찢어지지 않았다고 한다. 결국 흥분한 관중이 달려들어 죄수를 갈기갈기 찢어 죽였고, 그 살점에 약효가 있다고 믿은 사람들이 그것을 가져가 먹었다고 한다.

1757년 루이 15세를 암살하려 한 로베르 프랑수아 다미앵(Robert-François Damiens)도 말을 이용한 거열형에 처해졌으며, **형 집행에는 수 시간**이 걸렸다. 거듭된 고문과 예비 형벌로 가사 상태에 빠진 그는 도끼로 사지 관절을 절단한 후에도 숨이 붙어 있었다고 한다. 머리가 하얗게 센 죄수는 끝내 화형에 처해졌다.

효 과	열(裂) 적(摘)
용 도	사(死)
시대와 지역	중세~근세 서양 및 일본

동서양의 거열형

오체를 찢어 죽이는 형벌은 중국에서 거열(車裂), 거절(車折), 오마분시(五馬分屍) 등으로 불린다. 일본에서도 거열이라고 하며, 소나 말을 이용한 거열도 그 일종이다. 그러나 서양에서는 죄수를 커다란 바퀴에 묶어 구타하는 형벌을 가리키는 경우도 있다.

루이 15세 암살 미수로 거열형을 받은 다미앵

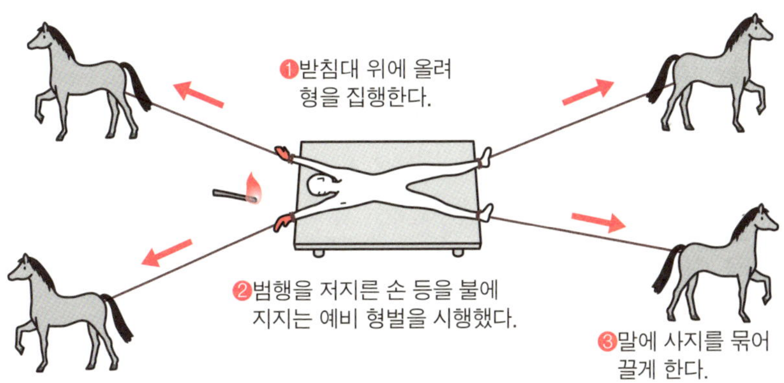

◆동물을 이용한 거열형의 기원

고대 게르만인은 야생말에 희생자의 머리카락을 묶어 죽을 때까지 끌고 다녔다. 주로 여성에 대한 형벌로, 613년에는 네우스트리아의 왕비 프레데공드의 아들인 클로타르 2세가 오스트라시아의 왕비 브룬힐트를 이 방법으로 처형했다.

용어 해설

- ●프랑수아 라바야크(François Ravaillac)→국왕 암살이 성공한 예는 드물지만 그의 경우, 태어난 마을이 사라지고, 부모는 국외로 추방되었으며, 친척들은 이름을 바꾸도록 강요당했다.
- ●형 집행에는 수시간→끄는 시간에 대해서는 4시간이었다는 설과 1시간 반이 걸렸다는 설이 있다.

관련 항목

- ●거열→No.017/095
- ●동물 형벌→No.068/069/070/092

세계의 관통형

드라큘라의 모델로 유명한 블라드 체페슈 공은 적의 병사를 창에 꿰어 죽이는 것으로 악명이 높았는데, 사실 그것은 동유럽의 전통적인 처형 방식이었다.

● 인간의 잔혹함을 형상화한 공포의 형벌

관통형은 고대 오리엔트와 아시아에서 탄생해, 세계 각지로 전파되었다. 오리엔트에서는 전쟁 시 적국의 도시를 포위하면, 포로를 말뚝에 꿰어 전시함으로써 위협했다. 이것이 오스만 튀르크에 계승되어, 항복하면 재산을 빼앗고 저항하면 말뚝에 꿰어 죽였다. 일찍이 아시리아와 페르시아에서도 사용되었으며, 복부에 말뚝을 꽂아 옆구리나 입으로 꺼내는, 세계적으로도 드문 방식이었다.

동유럽이나 러시아 등에서는 항문이나 질에 말뚝을 꽂아 넣었다. 엎드린 희생자의 다리를 벌리고, 양팔은 지면에 못으로 박아 고정하거나 뒤로 결박했다. 항문에 기름을 바르거나 칼로 찢어 벌린 후, 말뚝을 찔러 넣는다. 이후 망치로 때려 더 깊이 밀어 넣는 것이다. 50㎝ 이상 들어가면 말뚝을 수직으로 세워, 미리 파둔 구덩이에 박아 넣는다. 나머지는 희생자의 체중에 의해 말뚝이 관통한다.

러시아에서는 말뚝이 입으로 나오는 것을 이상적으로 여겨, 끝부분을 뾰족하게 만들었다. 그러면 말뚝이 장기를 관통하고, 희생자도 빠르게 절명했다.

말뚝이 뾰족하지 않으면 옆구리나 가슴 또는 등이나 배로 뚫고 나오는 경우가 많다. 복부를 뚫고 나오는 경우, 중요 기관의 큰 손상 없이 수일간 살아남기도 한다. 중동, 북아프리카, 동남아시아 등에서는 오랫동안 고통을 주기 위해 이런 방식을 즐겨 사용했다.

18세기 아프리카에서는 처형이 아닌 의식으로서, 산 제물로 바쳐진 처녀들을 관통형에 처했다.

중국의 관통형은 속을 비운 대나무나 시뻘겋게 달군 쇠말뚝을 사용했다.

자신의 체중에 의해 관통되는 무자비한 말뚝

효 과	자(刺)
용 도	사(死)
시대와 지역	고대 오리엔트와 아시아 / 15세기 러시아와 동유럽 / 근대 세계

관통형의 절차

1. 다리를 벌리고 항문 부위를 칼로 절개.
2. 손은 못을 박아 지면에 고정.
3. 말뚝을 50㎝가량 밀어 넣는다.
4. 말뚝을 들어 올려 세운다.

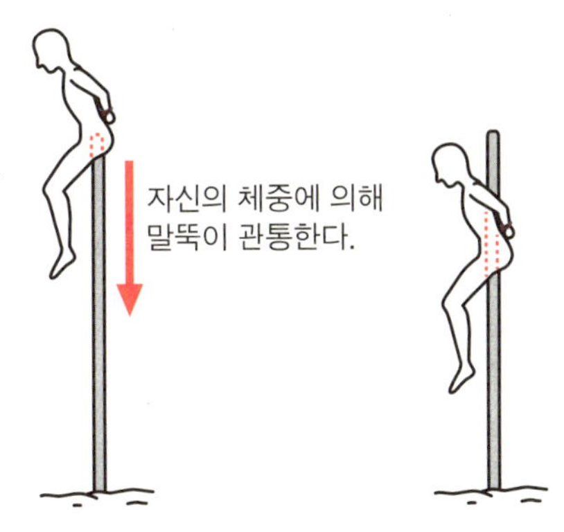

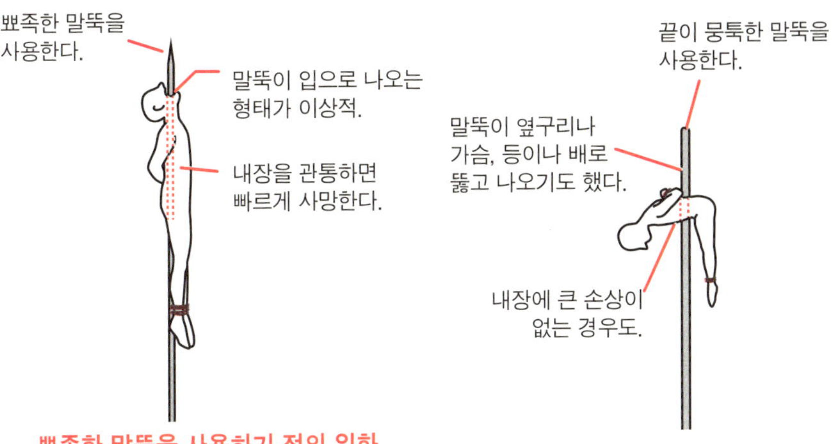

뽀족한 말뚝을 사용하기 전의 일화

- 이반 4세(뇌제)에 의해, 관통형에 처해진 대귀족은 이틀간 고통에 몸부림쳤다.
- 표트르 대제의 황후의 정부는 관통형에 처해진 후 12시간 넘게 의식이 있었으며, 대제의 얼굴에 침을 뱉었다고 한다.

관련 항목

- 관통형→No.097

투기장에서의 동물 처형 쇼

인간 이외의 동물을 처형이나 고문에 이용하는 것은 오래 전부터 이루어져 왔다. 맹수는 인간에게 없는 이빨과 발톱 그리고 압도적인 힘을 지녔다.

●흉기로 이용된 동물

하 왕조 걸왕의 후궁에는 여악사가 3만 명이나 있었다고 하며, 그 집단에 호랑이를 풀어놓고 도망치는 모습을 보며 즐겼다는 기록이 있다.

고대 로마에서는 개에게 남성의 생식기를 물어뜯게 하거나 사람과 개를 함께 매달아 공격하게 하는 등 동물과 관련된 고문(Animal Torture)이 많았다. 그 중에서도 콜로세움과 같은 투기장에서 죄수와 함께 사자 등의 맹수를 풀어놓는 형벌이 가장 유명할 것이다.

사자 외에도 코끼리, 하이에나, 호랑이, 표범, 곰, 늑대 등 국내외에서 모은 다양한 맹수를 가두고 굶겼다. 그리고 굶주린 맹수에게 죄수를 공격하게 한 것이다. 갈기갈기 찢겨 고깃덩어리가 될 때까지 멈추지 않는 경우도 있었지만, 대부분의 동물이 이내 공격을 멈추기 때문에 마지막 일격은 집행인의 몫이었다. 5세기까지 학살 쇼가 계속되었으며, 전성기에는 10만 명에 이르는 관중이 몰릴 만큼 인기였다고 한다. 이후 묶여 있던 죄수에게 약간의 무기를 쥐어줘 분위기를 고조시키기도 했다. 결국 죽긴 했지만, 여러 마리의 맹수를 해치우는 자도 나타나며 관중을 열광시켰다. 또 신화를 모티브로, 죄수를 프로메테우스처럼 독수리에게 내장을 쪼아 먹히도록 방치하거나, 헤라클레스처럼 곤봉을 쥐어주고 황소와 싸우게 만들기도 했다.

여성의 경우, 상대는 음탕함의 상징으로 여겨지는 곰이나 당나귀였다고 한다. 다만, 당나귀에 의해 처형이 가능했을지는 의문이다.

살인범, 강도 등의 사형수를 비롯해 탈주병, 노예, 포로, 기독교도, 반항적인 이민족 등도 처형 대상으로, 식민지 등 주변 지역에서도 빈번히 집행되었다. 로마인들은 **동물 형벌**을 치욕으로 여겼기 때문에, 위정자들은 이를 범죄 억제를 위한 본보기로 삼았다. 검투사가 등장하는 맹수 쇼도 인기였지만, 처형과는 다르므로 여기서는 설명하지 않는다.

투기장에서 맹수 쇼가 시작되기까지

효 과	식(食) 열(裂) 적(摘) 욕(辱)
용 도	사(死)
시대와 지역	고대 / 중세 / 근세

형 집행까지의 절차

❶ 형이 집행되기 전, 죄수는 죄상이 적힌 팻말을 목에 걸고 투기장 안을 한 바퀴 돈다.

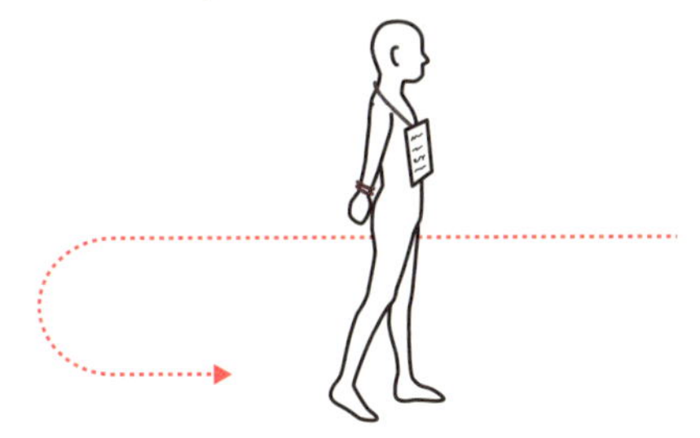

❷ 도망치지 못하게 말뚝에 묶거나 족쇄 혹은 무거운 추를 매달고, 말뚝에는 죄상을 적은 팻말을 못으로 박아 고정한다.

❸ 굶주린 맹수가, 투기장 지하에서 승강기에 실려 올라온다.

◆곰 주의!

다양한 맹수가 이용되었으나 희생자에게 가장 최악의 상대는 곰이었다고 한다. 개나 고양잇과 동물은 상대를 빠르게 죽이지만, 곰은 완전히 죽이기 전에 내장을 파먹기 때문이다.

관련 항목

●동물 형벌→No.068/069/070/090

로마 제정기의 기독교도 처형

초기의 기독교 신자들은 로마 황제로부터 가혹한 탄압을 받았다. 책형에 처해진 예수와 같이 신도들도 본보기로 삼기 위한 처벌이 가해졌다.

●특히 가혹한 형벌을 내린 권력자들

기독교가 로마에 전파되자, 1세기부터 2세기 말까지 신도들은 혹독한 탄압을 받았다.

예를 들어, 제5대 황제 네로(37~68년)는 로마에서 일어난 대화재를 기독교도의 탓으로 돌리고, 야생 동물의 가죽을 뒤집어씌운 뒤 개를 이용해 갈가리 찢어 죽였다고 한다.

처음에는 다른 죄수들처럼 목을 베었지만 2세기 말에는 책형이나 화형과 같이 극도의 고통을 주는 형벌에 처해지는 경우가 많아졌다. 철망 화형에 처해진 성 로렌티우스의 일화가 인상적이다. 석탄에 달군 철망 위에서 천천히 구워지던 그는 '한쪽만 너무 익히지 말고 뒤집어 달라'고 말하며 스스로 몸을 뒤집었다고 한다. 또 마지막에는 '잘 구워졌으니, 먹어도 된다'는 말을 남기고 죽었다.

맹수의 먹잇감으로 던져지는 형벌 혹은 맹수 쇼가 인기였던 만큼, 신도들은 종종 투기장에 갇혀 굶주린 표범이나 멧돼지 또는 사자 등의 공격을 받았다. 네로가 행한 형벌이 그러했듯이, 동물 형벌은 인간의 존엄을 짓밟는 치욕적인 형벌로 여겨졌으며 라틴어로 'damnatio ad bestias'라고 불리며 특별히 무거운 형벌로 간주되었다. 참고로, 현대 로마의 콜로세움에는 추모의 십자가가 세워져 있다. 그만큼 많은 신도들이 피를 흘렸던 것이다.

기독교에서는 형을 받아 죽으면 성인으로 추앙받기 때문에 죽음을 두려워하지 않는 태도를 취하는 신도가 많았다. 이런 태도가 권력자에 대한 도전 또는 도발로 받아들여져 형은 더욱 잔혹해졌다. 일본 에도 시대의 기독교도 탄압도 이런 심리가 반영된 탓인지 잔혹한 처형이 행해졌다.

로마에서는 다음 장에 있는 것처럼, 다양한 방식의 처형이 자행되었다.

관중을 열광시킨 기독교도 처형 쇼

효 과	열(裂) 식(食) 절(切) 자(刺) 소(燒) 욕(辱)
용 도	사(死)
시대와 지역	1~2세기 로마

철망 위에서 천천히
구워 죽인다.

성 로렌티우스

화형대에 묶어
불태운다.

성 폴리카르포스

불에 달군 석탄 위를
걷게 한 후 처형.

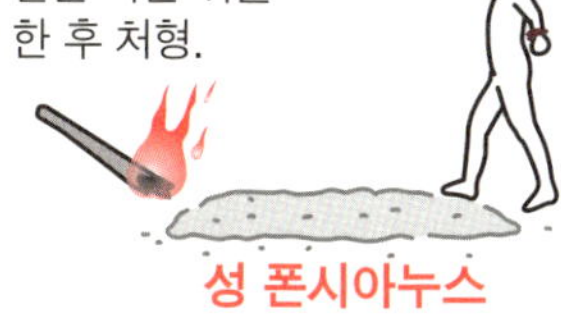

성 폰시아누스

맷돌로 으깨
죽인다.

성 아르테미우스

타르를 적신 셔츠를
입혀 불을 붙인다.

손발을 묶어 끓는 기름이
담긴 커다란 솥에 넣는다.

손발을 묶어 끓는 물이 담긴
커다란 솥에 넣는다.

피부를 벗긴 후, 흩뿌린 도자기
파편 위를 질질 끌고 다닌다.

팔다리를 떼어낸다.

매달아놓고 내장을
끄집어낸다.

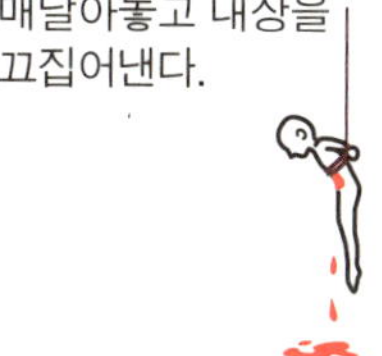

수십 명의 남녀를 줄지어 매달고
동시에 책형에 처한다.

누가 먼저 죽는지 내기하는
관중도 있었다.

에도 시대의 포박술과 포승의 종류

일본의 포박 기술은 세계 최고라고도 한다. 발버둥 치면 칠수록 강하게 옥죄거나 손을 움직이면 목이 조이는 등의 복잡하고 교묘한 포박술이 다양하게 존재한다. 체형이나 성별과 같은 육체적 특성을 고려한 포박술도 고안되었다. 이런 포박술의 변형 및 고문 방식은 단순히 고문이나 형벌의 분야에만 그치지 않는다. SM(Sadomasochistic) 역할극 세계에서도 **깃코시바리**(亀甲縛り)는 외국에서도 예술적이라는 평가를 받는다. 일본인의 포박 기술은 문화로 불릴 만큼 다채로웠다.

포박 기술이 고도로 발달한 데는 이유가 있었다. 전국 시대, 적장을 사로잡는 것이 최고의 공적이었기 때문이다. 포박술은 무술의 유파로 발전했으며 야에가키류(八重垣流)의 『수인강취도지권(囚人講取渡之巻)』와 이와세키류(岩関流)의 『승강·청포도지비전(縄綱·請捕渡之秘伝)』에는 그림을 곁들인 다양한 포박 기법이 전해진다.

에도 초기부터 봉행소(奉行所, 에도의 행정·사법·치안 등을 담당하는 관청)의 관리들도 유사한 기능의 포박술을 습득했다. 포박 관리는 짚 인형으로 연습했다고 한다.

다음은 기록에 남아 있는 포박술 및 특수한 포승의 종류이다.

- 하야나와(早縄): 하야가케나와(早懸縄), 하야토키나와(早解縄)라고도 한다. 허리에 차고 다니는 밧줄을 이용한다. 고리를 만든 후 손가락을 넣어 밧줄을 풀어낸 후, 상대를 열십자 혹은 대각선으로 빠르게 결박한다.
- 가기나와(鉤縄): L자 또는 U자형 갈고리가 달린 밧줄을 이용한다. 옷깃, 허리춤, 소매에 감아 제압한다.
- 혼나와(本縄): 각 봉행소에서 고덴마초에 있는 감옥으로 죄수를 호송할 때 사용한다. 길이가 9~24m에 이르며 북부는 흰색, 남부는 감색, 간조봉행(勘定奉行)에서는 '세 가닥으로 꼰 흰색 밧줄(みつぐり白縄)'을 사용했다.
- 로나와(牢縄): 봉행소의 호출로 죄수를 호송할 때 사용한 감색 밧줄. 아가리야나와(揚屋縄)라는 포승으로 양손을 느슨하게 묶는다. 오오나와(大縄)나 후타마로(二間牢)라는 포승은 손을 뒤로 돌려 묶을 때 사용한다. 처형 시에는 세쓰나와(切縄)라고 불린 가는 밧줄로 손을 뒤로 젖혀 묶은 뒤 어깨나 몸통도 구속해 형장으로 데려간다.
- 고시나와(腰縄): 경범죄용. 현대의 일본 경찰도 사용하는 방식이다.
- 가타테나와(片手縄): 병자나 몸이 불편한 사람의 한쪽 팔만 묶는 방식. 혹은 한쪽 손목에만 수갑을 채워 연행한다.
- 렌반(連絆): 렌바쿠나와(連縛縄)라고도 불리며, 여러 명의 죄수를 결박해 호송할 때 사용한다. 3인, 5인, 7인을 연결해 결박하는 방식이 있다.
- 사라시나와(晒し縄): 죄수를 오랫동안 공개 처형할 때 사용한다. 팔 부위 2곳을 단단히 결박한다.
- 온나나와(女縄): 뉴하즈시(乳はずし), 뉴켄나와(乳懸縄)라고도 불린 여성용 포박술. 가슴을 피해 손을 뒤로 젖혀 묶는다. 팔과 등을 밀착하듯 결박한다.
- 지고나와(稚児縄): 유아의 팔을 뒤로 젖혀 묶는 방식. 어린아이도 연좌제에 의해 처벌받기도 했다.

제 6 장
일본의 고문과 형벌

고대 일본의 처형

일본은 7세기 아스카 시대에 정식으로 형법이 제정되었다. 그전까지 주인에게 달려 있던 노비에 대한 처벌 등도 엄격히 제한되었다.

● 다섯 가지 형벌

일본에서는 645년 이후, 법이 정비되었다. 672년의 내분을 거쳐 701년 「다이호 율령」이 완성되었다. 이 율령에 따라 공식적인 형벌이 규정되었다. 중국의 법령을 참고해 만들어졌으며, 율령의 '율(律)'은 형벌을 의미한다.

주요한 형벌은 다섯 가지로 태형(笞刑), 장형(杖刑), 도형(徒刑), 유형(流刑), 사형(死刑)이며, 그 내용은 다음과 같다.

> 태형 : 가는 막대로 등을 때린다. 10, 20, 30, 40, 50회의 5단계.
>
> 장형 : 굵은 막대로 등을 때린다. 60, 70, 80, 90, 100회의 5단계.
>
> 도형 : 징역형. 1년, 1년 반, 2년, 2년 반, 3년의 5단계.
>
> 유형 : 유배형. 유배 거리가 가까운 거리, 중간 거리, 먼 거리의 3단계.
>
> 사형 : 목숨을 끊는 형벌. 교형과 참형의 2종류. 교형은 교수형, 참형은 참수형으로 참형이 더 무거운 처벌이다. 중국 사상에서 잘린 육체는 재생할 수 없다고 여겼기 때문이다.

이 20단계의 형벌로 모든 죄를 다스렸으며, 70세 이상과 16세 이하의 죄수는 형량을 감해주었다. 범죄의 종류에 따라 형벌을 세분화했는데 예를 들어, 강도는 훔친 금품의 양, 무기의 유무, 살상 여부에 따라 15단계로 나뉘었다.

고문도 엄밀히 규정되어, 과도한 처벌을 경계했다. 심문은 3회, 폭행은 200회까지로 제한했으며 이를 위반하면 집행인이 곤장 100회의 처벌을 받는다. 고의로 사망에 이르게 한 경우에는 도형 2년에 처했다.

참고로, 헤이안 시대로 접어든 810년부터 346년간은 실질적으로 사형이 폐지되었다. 무사들이 대두한 다음 시대까지 모든 형벌은 가벼워지는 경향을 보였다. 단, 방화 강도만은 별개로 공개적인 장소에서 **격살**(格殺)이라는 일본의 독자적인 형에 처해졌다. 방화 강도는 중국에서 징역에 해당하는 죄였지만, 가옥이 타기 쉬운 일본에서 방화는 중죄로 여겨졌으며 대부분 사형에 처해졌다.

효 과	타(打) 절(切) 교(絞)
용 도	고(拷) 형(刑) 사(死)
시대와 지역	고대 일본

고대 일본의 다섯 가지 형벌

태형
5단계의 횟수. 가는 막대로 등을 때린다.

장형
5단계의 횟수. 굵은 막대로 등을 때린다.

도형
5단계 기간의 징역형.

유형
가까운 거리, 중간 거리, 먼 거리의 3단계 유배형.

사형
교수형과 참수형의 2단계.

톱질형과 혈쇄형

톱질형은 고대부터 세계 각지에 존재하던 형벌로, 일본에서는 헤이안 시대에 확인되었다. 이후 한동안 시행되지 않았으나 전국 시대에 부활했다.

●반역자 · 암살자 · 배신자에 대한 특별한 처단

전국시대의 처형 방식에는 **책형, 역(逆) 책형, 화형, 거열형, 소를 이용한 거열형, 팽형, 수형** 그리고 **톱질형**이 있다. 살벌한 시대 배경도 있었지만, 각국의 다이묘들이 중국의 서적을 읽고 참고했기 때문에 잔혹한 형벌이 많다.

전국 시대에는 명확한 법령이 없었기 때문에 양 손목과 목을 절단해 죽이거나, 7일간에 걸쳐 죽이거나, 죄수에게 원한이 있는 자는 누구든 톱질을 할 수 있게 하는 등의 다양한 방식이 가능했다. 톱질형은 참수보다 더 오래 고통을 주었기 때문에, 반역자나 중범죄자에 대한 극형으로 사용되었다.

에도 시대에는 주군이나 부모를 죽인 죄인의 목만 내놓고 생매장한 뒤 피가 묻은 대톱을 옆에 놔두는 방식으로 바뀌었다. **혈쇄**(穴晒)라고 불린 형벌로, 톱질형이 아닌 **공개 처형**의 일종이다.

혈쇄형에는 사방 90㎝, 깊이 75㎝의 상자 형태의 전용 형구가 사용되었다. 철판 바닥에 거적을 깐 이 상자를 땅에 묻고, 길이 180㎝(목을 내놓는 구멍의 지름은 18㎝)의 칼을 쓴 희생자를 집어넣는다. 희생자는 말뚝에 묶인 상태로 앉는다. 그런 후, 목에 쓴 칼이 움직이지 않도록 흙을 넣은 부대를 앞뒤로 3개씩 쌓는다. 마지막으로 긴 자루가 달린 대톱(칼날 길이 42㎝)을 왼쪽에, 쇠톱(칼날 길이 48㎝)을 오른쪽에 세워 둔다. 그리고 죄수의 어깨를 내리쳐, 흘러나온 피를 톱에 묻혔다. 사흘간 방치한 뒤, **조리돌림**을 한 죄수를 책형에 처했다.

통행인이 톱을 들고 형을 집행하는 것이 **전국 시대에는 가능**했지만, 이 무렵에는 금지되었다. 겐로쿠 시대에는 실제 톱질을 한 사람이 있었기 때문에, 이를 감시하는 관리까지 두었다.

에도 시대의 6대 극형 중 가장 무거운 형벌로, 설령 죄수가 형이 집행되기 전 고문으로 사망한 경우에도 그 시신을 소금에 절여 형을 집행했다.

잔혹한 처형에서 공개 처형으로 바뀐 톱질형

효 과	절(切) 쇄(晒)
용 도	사(死)
시대와 지역	일본의 헤이안 시대 · 전국 시대 · 에도 시대

혈쇄형과 전용 형구

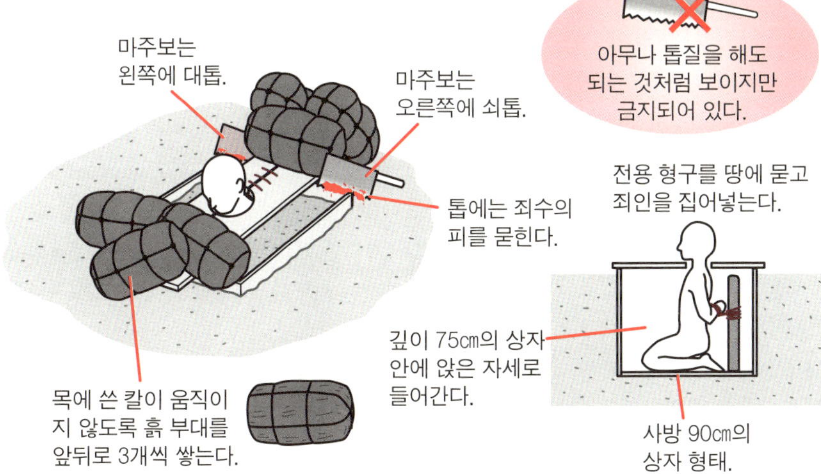

◆전국 시대의 톱질형 사례

· 『도키쓰구경기(言継卿記)』에 따르면, 1544년 교토 모도리바시에서 죄인이 양손과 목의
순서로 톱질형에 처해졌다. 죄인과 집행인 모두 피범벅이 되었다고 한다.
· 오다 노부나가는 그를 저격하려 한 스기타니 젠주보(杉谷善住坊)를 대톱을 이용해 7일에
걸쳐 죽였다.
· 『미카와 모노가타리(三河物語)』에 따르면, 도쿠가와 이에야스의 가신 오가 야시로(大賀弥
四郎)가 적과 내통한 죄로 톱질형에 처해졌다고 한다. 다리의 힘줄을 끊고 구덩이에 묻은
뒤 목에 칼을 씌웠다. 손가락을 하나씩 잘라 전시하고, 통행인들이 옆에 놓아둔 대톱과
쇠톱으로 목을 베면서 하루 만에 사망했다.

용어 해설

● 전국 시대에는 가능→실제로는 죄수가 날카롭게 노려보고 있었기 때문에 톱질을 하지 못했다고 한다.

관련 항목

● 거열형→No.017/090

일본의 화형

목조 건축물이 주류였던 일본에서는 화재를 두려워해, 화형이나 불 고문을 공식적으로 인정하지 않았으나, 집행된 예는 결코 적지 않다.

●에도와 오사카의 불 고문

『다이헤이키(太平記)』에는 호조 정권 전복을 기원하는 주술을 행했다는 죄로 다이고지(醍醐寺)의 승려 대아자리(大阿闍梨)가 **불 고문**을 받았다는 기록이 있다. 숯불 위에 올린 대나무 위를 걷게 하는 방식이었다. 1600년대 나가사키의 기독교도 탄압에도 사용된 고문으로, **숯불 고문**이라고 불리며, 숯불 위에 앉히기도 했다.

철판구이는 화형의 일종으로, 실제 사용된 것은 거대한 쇠 냄비였다. 뜨겁게 달군 냄비 안에 희생자를 집어넣는 것이다. 몸부림치는 희생자의 피부가 냄비에 눌러 붙어 벗겨지고, 그 시체는 차마 눈뜨고 보기 힘들 정도였다고 한다.

에도 시대가 되면, 외도한 부녀자를 불에 그슬리는 **아부리제메**(あぶり責め)라는 형벌에 처했다. 희생자의 양 팔다리를 대자로 펼쳐 고정한다. 그 상태로 양 옆구리와 가랑이 사이에 양초를 이용해 오랫동안 불에 그슬리는 것이다. 불에 덴 상처에 소금을 잔뜩 발라 문지르기도 한다. 소금 대신, 고양이에게 환부를 핥게 해 고통을 주기도 했다. 까슬까슬한 고양이의 혀가 닿아 극심한 고통을 준다고 한다.

형벌의 기법이 진화한 에도 시대, **화형**은 방화범에 대한 형벌이었으며 에도와 오사카에서의 집행 방식이 각기 달랐다.

에도에서는 죄인을 말뚝에 묶고 700여 개의 짚단을 산처럼 쌓아올렸기 때문에 **화덕 쌓기**라는 속칭으로도 불리었다. 그 상태로 불을 붙였기 때문에 구경꾼들에게는 보이지 않았다. 그러나 희생자는 의식을 잃었다 정신을 차릴 때마다 비명을 질러댔다. 8㎞ 거리까지 울린 그 소리 때문에 주민들은 덧문을 닫고 귀를 막으며 염불을 외었다고 한다. 형을 마치면 시신을 확인하고 불이 붙은 짚단으로 코와 고환(여성은 유방)을 태운다. 이를 '도메야키(止め焼き)'라고 한다.

오사카에서는 희생자의 목을 180㎝가량의 사슬로 묶어 말뚝에 고정하고, 주위에 짚단이나 장작을 쌓아 불태운다. 몸을 움직일 수 있기 때문에, 불길 속에서 이리저리 날뛰다 죽음을 맞는다.

아비규환의 지옥도

효 과	소(燒)
용 도	고(拷) 사(死)
시대와 지역	가마쿠라~에도 시대의 일본

아부리제메

외도한 부녀자에 대한 처벌

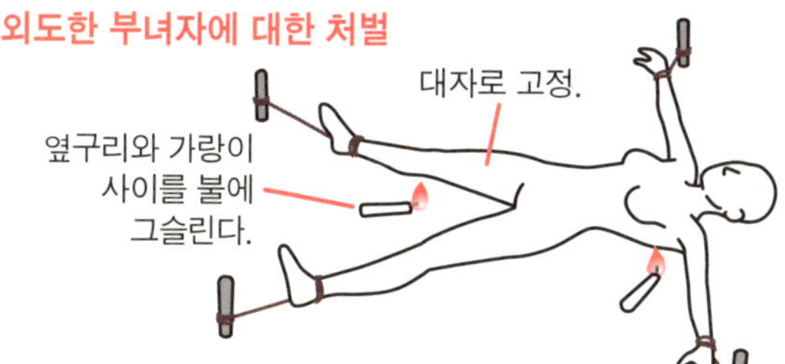

에도의 화형

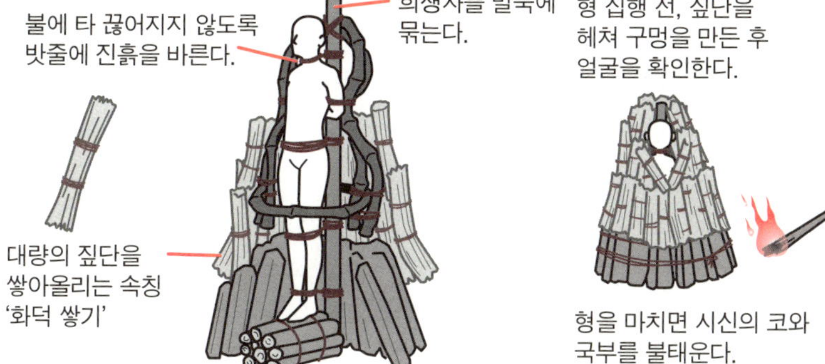

오사카의 화형

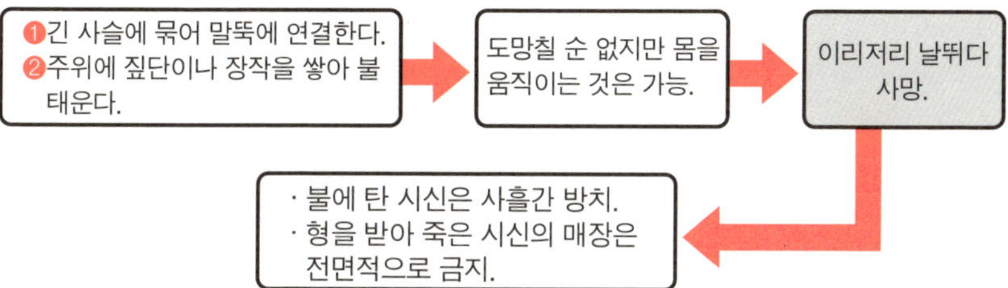

관련 항목

● 불 고문→No.055/056/057/058/059　　　● 화형→No.057/059

일본의 책형 / 관통형

책형은 본보기로서의 효과가 뛰어난 처형법으로, 전국 시대 이전부터 빈번히 시행되었으며, 에도 시대의 공인된 처형 방법 중 하나였다. 쉽게 죽을 수 있을지는 관리에게 달려 있다.

● 고통보다 외관상 더 끔찍한 처형

책형은 십자형 나무 기둥에 다리를 고정하는 가로 기둥이 더해진 처형대에 희생자를 묶고 좌우에서 창으로 30회 찔러 죽이는 형벌로, 여성의 경우는 십자형 기둥에 묶였다.

남성용 처형대는 사방 15㎝, 길이 360㎝의 기둥을 땅에 90㎝가량 박아 세우고, 길이 180㎝의 기둥을 가로로 2개 연결한다. 두 기둥 중간에는 걸터앉을 수 있게 돌출된 구조가 있다. 양팔과 양다리를 벌리고 손목, 발목, 팔, 허리를 기둥에 묶어 고정한다. 여성의 경우도 거의 동일한데, 발을 디딜 수 있는 원형 받침대가 달려 있어 그 위에 세웠다. 옷은 가슴부터 허리까지 잘라내 상반신을 노출시켰다.

다음으로 10명 이상이 힘을 모아 기둥을 세우고, 마지막으로 본인 확인을 한다. 90㎝ 길이의 창을 든 집행인 2명, 예비 관리 4명이 형을 집행한다.

철컥하는 소리와 함께 좌우에서 창을 교차시키며 '이여차, 이여차'라고 외치며 찌르기 시작한다. 대각선 아래쪽에서 교대로 30회, 어깨까지 관통하도록 창을 찌른다. 형을 집행하다 보면 피와 살점 때문에 창끝이 무뎌지기 때문에 수건 따위로 창을 계속 닦으며 집행한다. 마지막은 갈퀴로 얼굴을 들어 올린 후, 턱에 창을 꽂아 마무리한다.

희생자는 일찌감치 심장을 찔려 절명한 상태일 테지만, 그 끔찍한 모습을 본 관중은 사흘간 식사도 제대로 하지 못할 정도였다고 한다. 시신은 그대로 사흘간 방치되었다.

● 관통형

전국 시대부터 빈번히 이루어진 끔찍한 형벌이 **관통형**이다. 세계적으로 다양한 방식이 있지만, 일본에서는 항문으로 창이나 꼬챙이를 넣어 입까지 관통시켰다. 다만, 희생자가 몸부림쳐 집행이 힘들단 이유로 교살 또는 기절시킨 후 집행했다. 1560년 이후, 이마가와군의 인질로 잡힌 도쿠가와의 가신과 그 가족 11명이 관통형에 처해졌다고 한다. 또 1656년 『고요군칸(甲陽軍鑑)』에 따르면, 오다 노부나가와 적대 관계에 있던 이세국의 관리 기타바타케 도모노리(北畠具教)가 인질을 관통형으로 처형했다고 한다.

책형의 기둥과 집행 모습

효 과	자(刺)
용 도	사(死)
시대와 지역	전국 시대~에도 시대의 일본

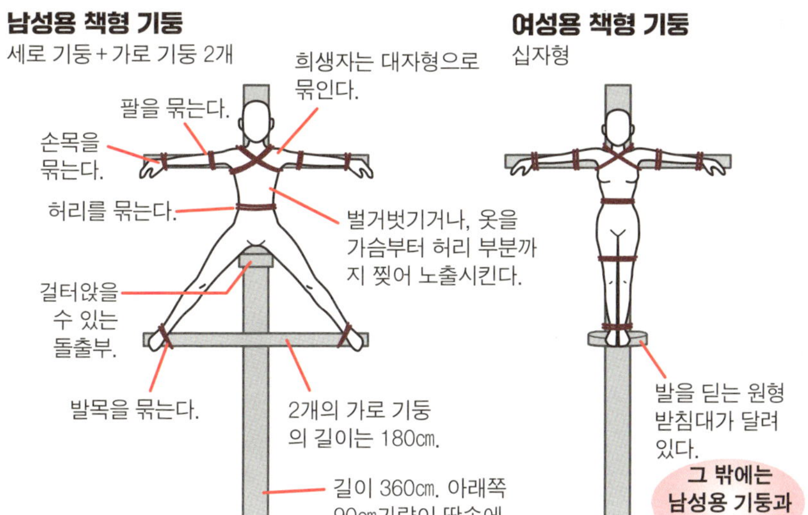

집행 절차

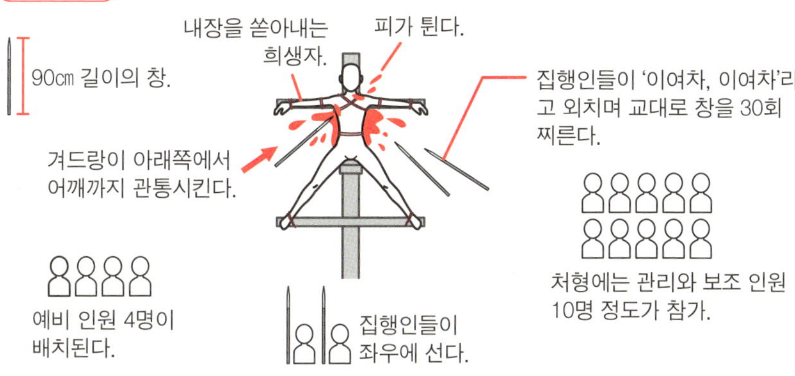

집행의 마무리(とどめ槍) ➡ 갈퀴로 얼굴을 들어 올린 후, 턱에 창을 꽂아 형을 종료.

관련 항목

- 관통형→No.091

히데요시의 고문·처형

전국 시대의 무장 도요토미 히데요시는 고문 및 처형의 세계에서도 잔혹함으로 널리 알려진 인물이다. 코와 귀를 자르는 형벌을 자주 사용한 것으로도 유명하다.

●히데요시의 공과

주라쿠다이(聚楽第)에서 히데요시에 대한 비방 낙서가 발견되자, 문지기 7명이 그 책임을 물어 처형되었다. 첫째 날에는 코를 베고, 둘째 날에는 귀를 잘랐으며, 셋째 날에는 기둥에 거꾸로 매다는 역(逆) 책형에 처했다. 코와 귀를 베는 것은 사형을 감면해주는 의미로 시행되기도 했으나, 이 경우는 추가적인 형벌이자 본보기의 의미였다.

예수회 선교사를 추방하는 바테렌 추방령을 내렸을 때는, 외국인 선교사 카를로스 스피노라를 포함한 25명을 체포해 양쪽 귀 또는 코를 베어 형장으로 데려갔다.

화형 집행 시에는 물을 끼얹는 등 일부러 불길을 약하게 만들거나, 평소보다 불길과 죄수의 거리를 멀리 떨어뜨려 오랫동안 고통 받다 죽게 만들었다.

하지만 외국인 선교사가 의지만 있으면 얼마든지 도망칠 수 있게끔 느슨하게 결박해둔 상태였다. 국제 문제로 발전할 가능성이 있었기 때문에, 위정자로서는 도망치는 편이 편했던 것이다. 그러나 스피노라는 도망치지 않고 형을 받아들였다. 공개 처형이었기 때문에 신자들은 더욱 열렬하게 그들을 칭송했으며 결과적으로 기독교가 더욱 번성해 최종적으로는 118명의 순교자를 배출하는 '대순교'라는 역사적 사건으로 남게 되었다. 오히려 역효과가 난 셈이다.

히데요시의 치세 하에서, 대도적 이시카와 고에몬(石川五右衛門)이 **팽형**에 처해졌다. 삶아 죽인다기보다는 기름에 튀겨 죽이는 방식이었다.

당시 히데요시의 가신들은 다양한 처형법을 제안했다. 우키타 히데이에(宇喜多秀家)가 **역(逆) 책형**, 이시다 미쓰나리(石田三成)가 **거열형**, 나쓰카 마사이에(長束正家)가 **톱질형**, 가모 히데유키(蒲生秀行)는 **팽형**을 제안했다. 히데요시는 그 중 가장 눈에 띄는 팽형을 선택한 것이다. 팽형은 지옥도에서 영감을 얻은 처형 방식으로, 마침 승병들이 밥을 짓던 커다란 솥이 있었기 때문에 그것을 이용했다고 한다.

히데요시가 관여한 고문·처형 사건

효 과	삭(削) 소(燒) 여(茹) 자(刺) 열(裂) 절(切)
용 도	사(死)
시대와 지역	아즈치 모모야마 시대의 일본

도요토미 히데요시
1537~1598

주라쿠다이 낙서 사건
비방 낙서를 막지 못한 문지기 7명이 태만 죄를 물어 극형에 처해졌다.

첫째 날 코 베기 ▶ 둘째 날 귀 베기 ▶ 셋째 날 역(逆) 책형

대순교 사건
바테렌 추방령을 위반한 기독교도를 처형했다.

· 귀나 코를 베어 형장까지 연행했다.
· 약화된 화형 집행.→오랫동안 고통 받는다.
· 도망치기 쉬운 환경에서도 형을 받아들여 순교했다.
· 신도들을 감동시켜, 오히려 순교자가 늘어났다.

이시카와 고에몬의 처형
· 여러 처형 방식 중, 히데요시는 가장 눈에 띄는 '팽형'을 선택했다.
· 승병들의 밥을 짓는 데 사용된 큰 솥을 이용했다.

조선 출병
수급 대신 코나 귀를 잘라서 가져와도 공적으로 인정했기 때문에, 죄 없는 현지 민중들의
코와 귀를 베어 가지고 돌아가는 자가 많았다.

◆'팽형'을 좋아한 가모 히데유키

기발한 갑주로도 유명한 아이즈의 번주 가모 히데유키(蒲生秀行)는 팽형을 아주 좋아했다.
죄수의 손발을 묶어 솥에 넣고, 구멍이 뚫린 뚜껑으로 머리만 내놓게 한 후 천천히 익혀
죽이는 것을 구경했다고 한다. 또 죄수의 가족에게 불을 지키게 했다고도 한다. 그 밖에
미노국의 사이토 히데다쓰(斎藤秀龍)도 팽형을 즐겼다고 한다.

관련 항목

●거열형 →No.017/090/095

●역(逆) 책형→No.095

가마 고문 / 운젠 지옥 고문

비공식적으로 이루어진 희귀한 고문 방식으로, 집행 시간을 비롯한 기준이나 정도가 없었기 때문에 자세한 내용은 알 수 없으며, 사망자도 있었던 것으로 보인다.

●기독교도에 대한 법제 외의 고문

일본의 독자적인 압박형 고문으로 추정되는 **가마 고문**은, 쌀가마에 사람을 넣고 하천 등에 겹겹이 쌓는 방식이다.

가장 큰 특징은 많은 사람을 동시에 고문할 수 있다는 점으로, 오히려 여러 명의 희생자가 없으면 성립하지 않는다. 기독교도 탄압 당시에는 다수의 신도를 한정된 인원의 집행인이 고문해야 했기 때문에 이 고문이 사용되었다고 한다. 에도 시대의 오사카, 사카이, 교토 등지에서 한겨울 또는 한여름에 시행되었다.

기록에 따르면, 한 번에 30~50명을 쌓았다고 한다. 그 장면을 묘사한 그림도 남아 있는데, 보통 3~4단으로 포개어 쌓아 올린 듯하다. 사람 한 명을 약 50kg이라고 가정하고 4단으로 쌓았다면, 맨 밑에 깔린 사람에게 가해지는 하중은 한계를 넘는 수준일 것이다. 막부는 기독교도에 대해 다른 범죄와 달리 엄격한 조치를 취했다.

희생자들은 가마 안에서 움직이지 못하는 상태로, 동료들의 체중에 눌리며 배교를 강요당했다.

또 일본 최초의 여성 수도회 '베아타스회'의 수녀 18명도 가마 고문을 당했다. 여성이 그나마 체중이 가볍겠지만, 남성이든 여성이든 사망자가 있었을 것이라는 사실은 상상하기 어렵지 않다.

배교하지 않는 신자들은 결국 화형에 처해졌는데, 고문 중 사망하는 사람도 많았다. 그 중에서도 가장 잔혹한 방식이 **운젠 지옥 고문**일 것이다. 규슈의 운젠 지방으로 연행된 희생자들은 등을 칼로 가른 후, 국자로 유황이 섞인 뜨거운 물을 붓는 고문을 받는다. 유황물이 살점을 녹여 뼈가 드러났으며, 그 뼈마저 녹였다고 한다. 그럼에도 비명을 지르지 않으면, 상처를 치료한 후 또 다시 상처에 유황물을 부었다.

이 고문에 의한 배교자가 60여명에 달했으며, 순교자도 33명에 이르렀다. 그와 별개로 운젠에서는 외국인 선교사를 포함한 신도들의 처형도 이루어졌다.

가마 고문의 실태

효 과	압(壓) 질(窒) 열(熱)
용 도	고(拷) 사(死)
시대와 지역	일본의 에도 시대

가마 고문

하천이나 마장(馬場) 등에서 집행.

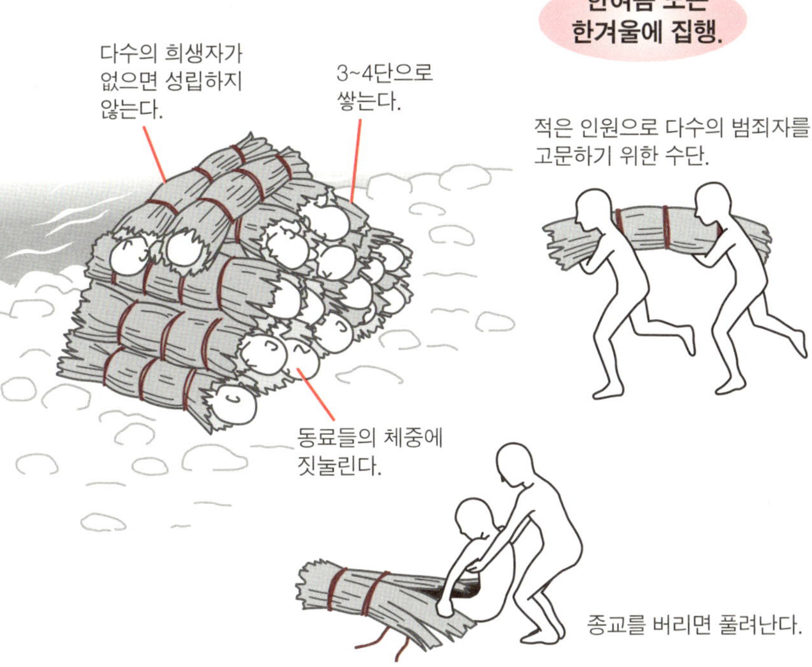

●**쌀가마** 쌀을 가득 채우면 높이 75㎝, 지름 50㎝, 무게는 60㎏ 정도가 된다. 메이지 시대까지는 지역마다 차이가 있었지만, 성인 한 명이 들어갈 수 있는 정도의 크기였다고 한다.

◆운젠의 이교도 처형

도쿠가와 이야미쓰의 시대인 1672년 마쓰쿠라 시게마사(松倉重政)의 지휘로 신도 16명을 살해. 2년 후에는 64명, 1631년에는 선교사 바르톨로메오와 갈바리오를 포함한 4명과 여성 2명이 처형되었다.

호키지리

봉행소(奉行所)에서의 취조는 3단계의 심문을 거쳐 고문이 진행되는데, 호키지리는 첫 심문에서 사용되는 경량 채찍이다. 그러나 출혈 등의 손상은 피할 수 없다.

●대나무, 삼끈, 종이로 만든 일본 고유의 경량 채찍

에도 시대의 형법에 규정된 **채찍질, 석판 고문, 새우 고문**의 3단계는 **책문** 혹은 **뇌문**(牢問)이라고 불리는 심문의 부류에 해당된다. 이것이 효과가 없을 경우, 고문 단계로 진행되며 **매달기 고문** 등의 더 가혹한 고문이 가해진다.

이 중 채찍질에 사용된 것이 **호키지리**(箒尻)라는 전용 **채찍**이다.

길이 58㎝, 지름 9㎜의 대나무를 세로로 쪼개 합친 후, 삼끈으로 감고 그 위에 다시 종이를 감싼다. 끝부분에는 실을 꼬아서 만든 지승(紙繩)을 달고 자루에는 흰 가죽을 둘렀다. 가볍고 다루기 쉽지만, 20~30회 정도만 때려도 피가 튈 정도의 위력을 지녔다. 피부가 찢기지만 상처가 깊지 않아 희생자가 사망할 위험이 적다.

호키지리는 등의 피부를 겨냥해 휘두른다. 희생자의 상반신을 드러낸 후, 팔을 뒤로 묶고 밧줄을 연장해 앞뒤에서 잡아당겨 움직이지 못하게 고정한다. 그러면 등에 살이 모이는데, 그곳을 수차례 내리치는 것이다.

처음에는 관리 한 명이 집행하지만, 죄수의 태도가 완강하면 두 사람이 교대로 내리쳤다. 피가 터지면 모래를 뿌려 지혈하고, 전체가 부어오르면 하인이 물을 뿌려 피부가 터지는 것을 방지했다. 처음에는 60회로 정해져 있지만, 점차 늘어나 한 번의 고문에서 150~160회의 채찍질을 당했으며 그럼에도 효과가 없으면 다음 단계인 석판 고문으로 넘어간다.

이 채찍은 **고형**(敲刑)이라는 형벌에도 사용되었다. 경범죄에 대한 처벌로, 50회와 100회를 때리는 두 종류가 있었다.

호키지리는 막부에서 일정 수량을 지급하는 관급품이었지만, 실제로는 피차별 계층이 모여 사는 촌락에서 만들어졌다. 에타(穢多) 단자에몬이라는 세습 장인과 그 제자들이 제작해, 매년 봉행소에 납품했다. 다만, 내구성이 좋지 않아 금방 망가졌다. 재고가 바닥나면 직접 만드는 경우도 있었다고 한다. 사용자의 취향에 따라 개조하거나 자작하는 경우도 많았다.

개인의 주문 제작도 많았던 경량 채찍

효 과	타(打)
용 도	고(拷) 형(刑)
시대와 지역	일본의 에도 시대

호키지리

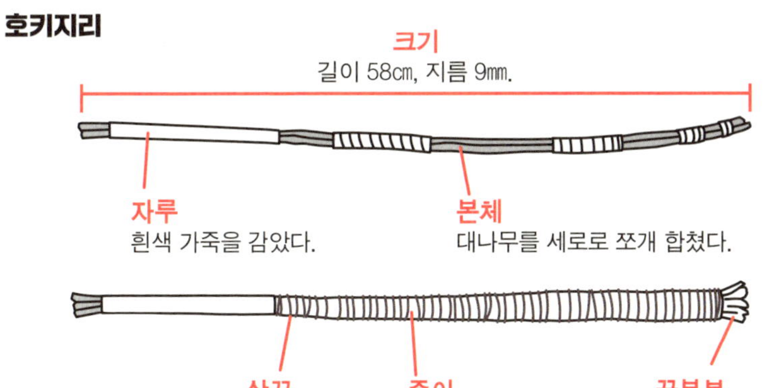

채찍질

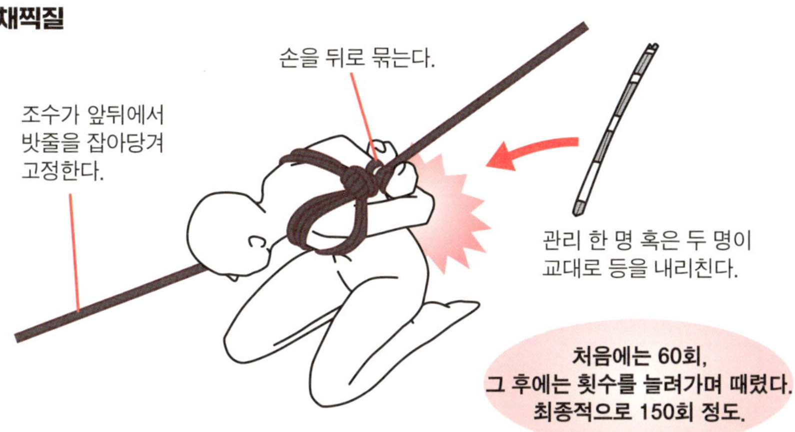

고형

· 형벌로서 50회, 100회 때린다.
· 자백할 필요가 없으며, 책문보다 고통이 약하다.

관련 항목

- 채찍→No.021
- 새우 고문→No.101
- 매달기 고문→No.102
- 석판 고문→No.103

새우 고문

인간을 구속하는 것 자체는 고대부터 세계 각지에서 이루어진 행위이지만, 특히 일본에는 결박 고문이 많고, 독자적인 결박 방식도 다수 고안되었다.

●신체를 접은 상태로 결박하는 고문

에도 시대 일본에서는 죄인의 자백을 중시했으며, 그 수단으로 고문이 이루어졌다. 억지로 자백을 받아내는 것을 경계하여, 엄밀한 규정을 바탕으로 의사의 입회하에 죄수를 관찰했다. 남녀노소를 가리지 않고 채찍질 등의 가벼운 고문인 **뇌문**이 주로 사용되었으며, 생리 중인 여성은 면제되었다.

자백하면 풀려나고, 조서를 작성한 후 지장을 찍는다. 의식이 분명치 않은 경우, 관리가 인주를 묻혀 찍어주기도 했다. 고통에서 벗어나기 위해 자백한 억울한 희생자도 있었을 것이다.

공식적인 고문에는 3단계가 있었으며, 그 중 최종 단계가 **새우 고문**이다. 고문 희생자의 잔뜩 움츠린 몸이 새우처럼 보인 데서 이런 이름이 붙었다. 1683년 방화나 강도 같은 중범죄를 단속하는 관리였던 나카야마 카게유(中山勘解由)가 발안한 고문으로, 에도에서는 고덴마초 감옥의 고문실에서 집행되었다.

책상다리로 앉은 죄수의 양 발목이 겹쳐지게 친친 감는다. 양팔은 뒤로 젖혀 묶고, 발목과 목에 밧줄을 감아 앞으로 구부린 상태를 만든다. 이렇게 하면 몸을 움직일 수 없을뿐더러 가슴이 눌려 호흡하기 힘들어진다. 10분~1시간쯤 지나면 온몸이 벌겋게 달아오르고, 식은 땀이 줄줄 흐른다. 이대로 3~4시간 심문하거나 채찍으로 등을 내리치기도 했다. 피부가 창백해질 때까지 방치하면 죽을 수도 있기 때문에 밧줄을 풀고 냉수나 약을 먹였다. 다만, 생사를 확인하기 어려워 숙련된 관리가 아니면 집행할 수 없었다.

에도 시대의 고문에는 위와 같은 규정이 있었지만, 기독교도 박해 시기에는 예외적으로 **구덩이 매달기** 등의 가혹한 고문이 이루어졌다. 희생자의 관자놀이를 베어 피가 흐르게 한 후, 미리 파놓은 구덩이 안에 거꾸로 매다는 것이다. 이는 머리에 피가 쏠려 의식이 혼미해지는 즉, 편해지는 것을 막기 위해서였다.

공식 고문 중 가장 무거운 새우 고문

효 과	굴(屈) 압(壓)
용 도	고(拷)
시대와 지역	일본의 에도 시대

새우 고문

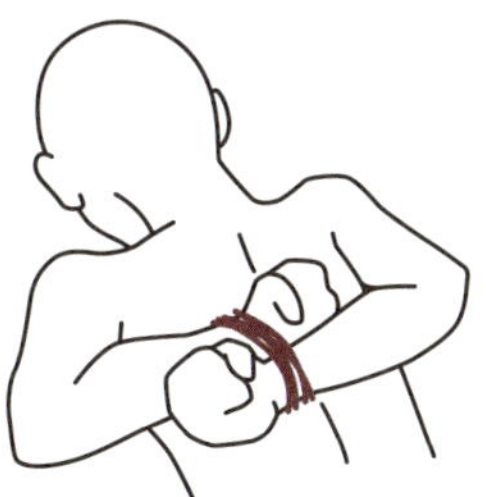

❶ 팔을 등 뒤로 묶는다.

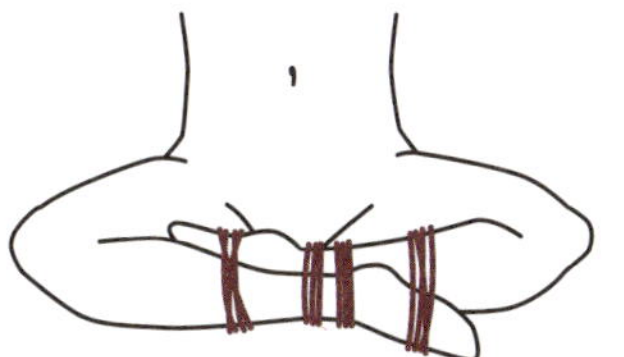

❷ 책상다리로 앉힌 후, 양 발목이 겹쳐지게 묶는다.

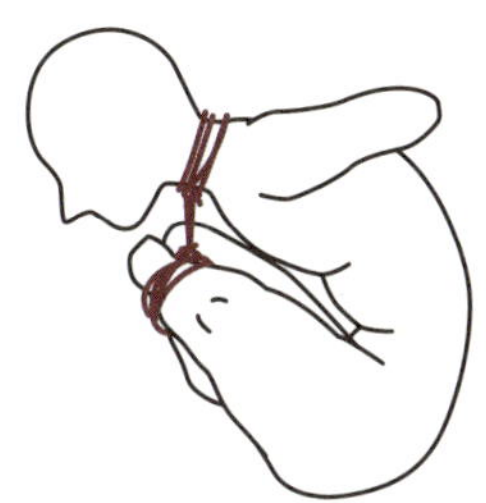

❸ 목과 다리를 줄로 묶어, 몸을 앞으로 구부린다.

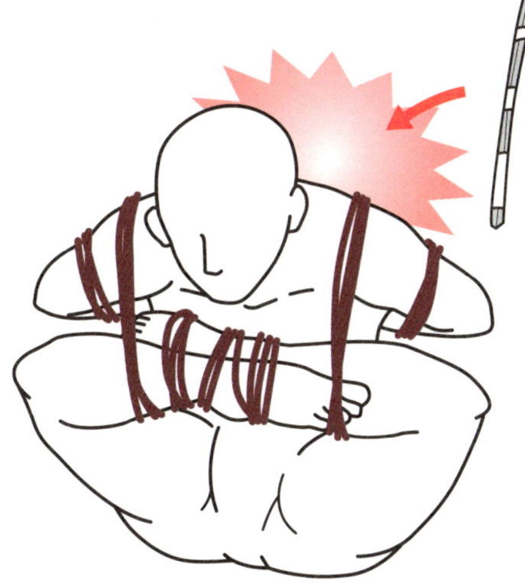

· 목과 가슴이 눌려 고통스럽다.
· 쉬어가며 여러 번 집행한다.
· 판단이 어려워 자칫하면 죄수가 사망한다.

10분~1시간 경과

온몸이 벌겋게 달아오르고, 식은땀이 흐른다.

심문하거나 채찍으로 등을 내리친다.

3~4시간 경과

피부가 창백해지면 사망할 수 있으니, 밧줄을 풀어주고 냉수나 약을 먹였다.

매달기 고문과 스루가제메

에도 시대의 매달기 고문은 살인, 방화, 도적, 부정 통행, 모반 등의 중범죄자 대상의 고문으로, 사전에 허가를 받아야만 집행할 수 있었다.

●돌을 얹어 무게를 더하는 매달기 고문

매달기 고문은 죄수의 손을 뒤로 묶고, 밧줄로 들보에 매달아 채찍질한다. 미리 준비된 전용 고문실에 죄수를 매달기 위한 전용 형구도 설치되어 있었다.

서양의 매달기 고문은 일부러 어깨 관절이 탈구되도록 매달았지만 일본의 경우, 주목적은 채찍질이었다. 팔은 몸에 고정된 상태로, 어깨 관절이 빠지거나 부러지지 않도록 매달았다. 시간도 2시간으로 제한되어 있었다. 그럼에도 희생자가 정신을 잃고 실금할 정도의 고문이었다.

시간제한을 두지 않는 경우, 밧줄의 매듭이 살을 파고들어 어깨뼈가 튀어나오기도 했다. 4~5시간이면 발톱 끝에서 피가 뚝뚝 떨어진다고 한다. 이 정도까지 견딜 수 있는 사람이 드문 가혹한 고문이었기 때문에 29년간 집행되지 않은 시기도 있었다.

매달기 고문의 변형으로, 더 큰 고통을 가하는 고문도 존재했다. 사지를 결박해 매다는 방식으로, 몸 앞쪽에서 손발을 묶어 매다는 **부리부리**(ぶりぶり) 또는 **요쓰테즈리**(四つ手吊り)라고 불리는 고문과 사지를 젖혀 몸 뒤쪽에서 묶는 **역**(逆) **새우 매달기**가 있다.

거꾸로 매달린 희생자의 등에 돌을 얹는 고문은 **스루가제메**(駿河責め)라고 불린다. 무게 약 37.5kg의 둥근 돌을 얹는데, 이것만으로 뼈가 으스러지는 듯한 고통을 느낀다고 한다. 그것도 모자라 밧줄을 꼬아 희생자를 빙글빙글 돌리거나, 곤장이나 채찍으로 때리기도 했다. 『경장견문집(慶長見聞集)』에 따르면, 스루가 봉행소의 히코사카 큐베(彦坂 九兵衛)가 고안했기 때문에 붙여진 이름으로, 일찍이 규슈의 기독교도 탄압에 이용된 것으로 보아 규슈에서 탄생한 것으로 추정된다.

돌을 얹는 기법은 **이시다키**(石抱き)라고 불리었으며, 스루가제메 외의 다른 매달기 고문에서도 등에 돌을 얹는 경우가 있었다. 가혹한 비공식 고문으로, 방화나 강도와 같은 중범죄를 담당하는 관청이나 기독교도 탄압과 같은 특별한 상황에서만 집행되었다.

매달기 고문과 그 변형

효 과	조(吊) 타(打) 압(壓)
용 도	고(拷)
시대와 지역	일본의 에도 시대

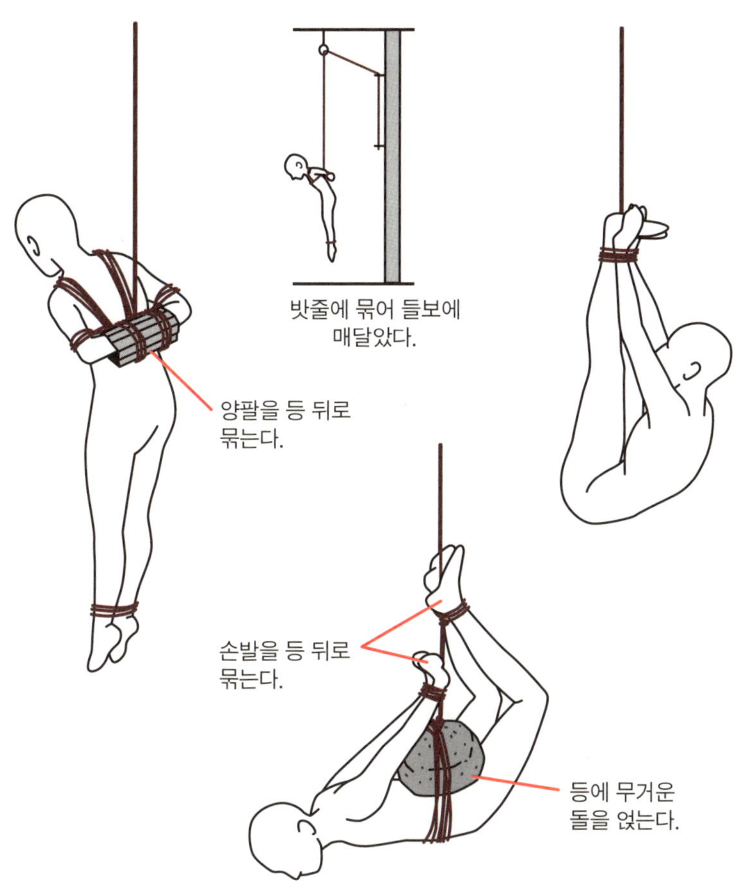

매달기 고문
· 주목적은 채찍질.
· 어깨 관절이 빠지거나 부러지지 않도록 조절.
· 2시간으로 제한했다.

부리부리
· 매달기 고문보다
  고통이 심하다.

스루가제메
· 가장 고통이 심한 고문.
· 반역자나 기독교도 등 반체제주의자에게만
  적용된 비공식 형벌.

석판 고문

평평한 석판 위에 앉히고, 무릎에 석판을 얹는 석판 고문은 시대극 등에도 등장한다. 거꾸로 매달아 등에 돌을 얹는 이시다키와는 다르므로 주의하기 바란다.

●고통의 석판

가압 고문의 일종으로, 서양의 **프레스 야드**와 비슷한 수준의 정도 조절이 가능했다. 에도 시대의 대표적인 고문으로, 발안자는 방화 및 강도 등의 중범죄를 담당하는 관청의 요코타 곤주로(橫田権十郎)라고 전해진다.

희생자의 팔을 등 뒤로 묶고, 나키바시라(泣き柱)라고 불리는 기둥에 고정한다. 석판에 가슴이 눌리면 사망할 위험이 있기 때문에 등을 젖히기 위한 조치이다. 그런 후, 울퉁불퉁한 석판이나 송판 5장을 삼각뿔 형태로 붙인 목제 깔판 위에 무릎을 꿇은 자세로 앉힌다. **장작** 또는 **주판**이라고도 불린 이런 포석은 일반적으로 길이 약 90㎝, 너비 약 30㎝, 두께는 약 9㎝로 무게는 약 49kg에 달했다.

이렇게 앉기만 해도 석판의 뾰족한 모서리가 정강이에 박혀 고통스럽다. 집행인은 죄수를 위협하며 무릎 위에 무거운 석판을 하나씩 얹는다. 석판의 크기와 무게는 포석과 동일하며, 청회색 안산암이 사용되었다. 때에 따라 등에 채찍질을 하거나 석판을 흔들기도 했다. 2~3장 정도 얹으면, 희생자는 고통을 참지 못하고 입에 거품을 물거나 콧물, 침, 피까지 흘렸다. 그렇기 때문에 가장 위에 올린 석판에는 짚을 깔았다. 또 석판이 떨어지지 않도록 굵은 밧줄로 묶어 고정했다.

5~6장을 얹으면, 대부분의 희생자가 정신을 잃거나 죽음의 문턱을 넘나든다. 3~5시간 이상 지나면 다리 아래쪽부터 피부가 푸른빛을 띠는데 이런 상태가 복부까지 다다르면 목숨이 위험하기 때문에 그 전에 중지했다. 다음 날, 다시 장수를 늘려 고문하거나 더 높은 단계의 **새우 고문** 등으로 이행했다.

간혹 7~10장 정도의 석판을 견디는 사람도 있었다. 석판은 10장까지만 얹게 되어 있었지만, 규정이 지켜졌을지는 의문이다.

효 과	압(壓) 쇄(碎) 타(打)
용 도	고(拷)
시대와 지역	일본의 에도 시대

석판 고문의 절차

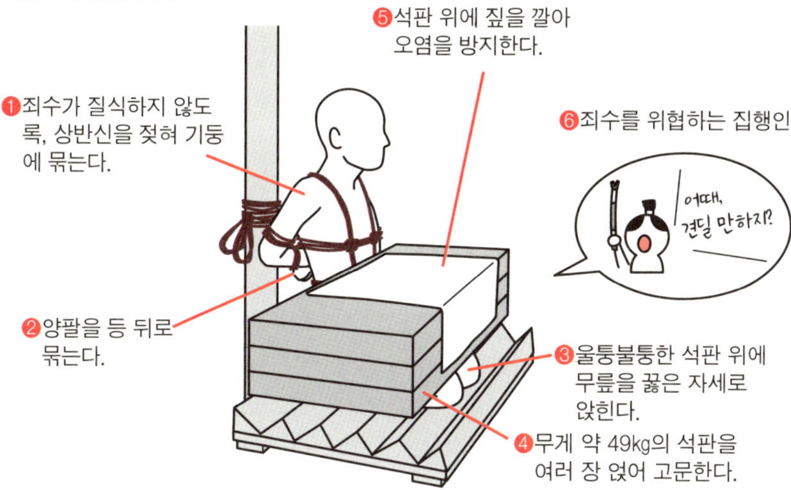

포석

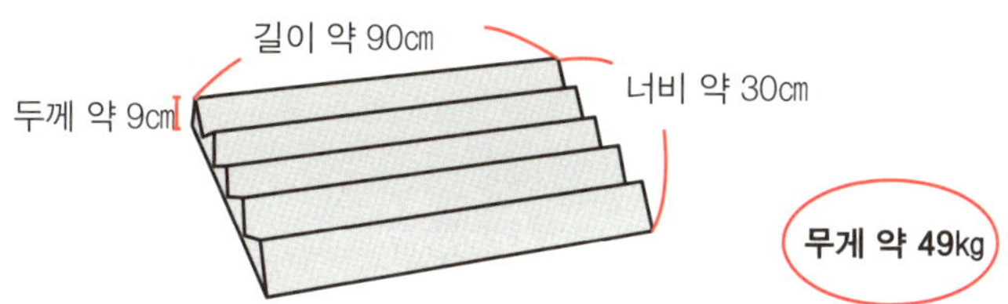

목제 깔판

· 적당한 포석이 없으면, 나무로 제작했다.
· 포석과 동일한 90×30㎝의 목판.
· 송판 5장을 삼각뿔 형태로 이어 붙인다.

석판

포석과 같은 크기의 평평한 돌로, 안산암이라는 청회색 돌이 사용되었다. 현대에 남아 있는 것 중 크기가 조금 작은 것도 있는데, 이는 여성용이었을 가능성도 있다.

●프레스 야드→No.011　　　●새우 고문→No.101

연기 고문

연기 고문은 불 고문과 동시에 일어나기 때문에, 연기만 피워 고문하는 경우는 드물다. 고문의 흔적을 남기고 싶지 않은 경우 선택된다.

●유녀 · 승병 · 촌민에 대한 처벌의 일종

에도 시대 유곽에서 행해진 고문이나 처벌은 특별한 경우가 많다. 유녀는 몸이 상품이었기 때문에, 상처를 남기지 않고 벌을 주어야 했다. 그런 이유로 고안된 것 중 하나가 **연기 고문**이다.

희생자의 양팔을 뒤로 묶고, 눈앞에서 부추, 고추, 솔잎 등을 태운다. 이때 연기가 얼굴로 향하게 하거나, 도구를 이용해 연기를 뿜는다.

숨이 막힌 희생자가 기침을 심하게 해도 고문은 계속된다. 정신을 잃으면, 콧구멍에 고춧가루를 넣어 깨웠다. 정신을 차리면, 또 다시 연기 고문을 재개한다. 도중에 혀를 깨물지 않도록 입에 대나무를 물려 끈으로 고정하고, 그 끈은 머리 뒤쪽에서 묶었다.

이 고문은 유곽에서 도망치거나 남자와 눈이 맞아 도망치려다 붙잡힌 유녀에게 주로 행해졌다.

유곽 외에, 죄를 지은 사찰의 승병이나 창부 등에 대해서도 **구베로**(燻べ牢)라는 연기 고문이 시행되었다고 한다.

독특한 연기 고문의 사례로, 과거 나라 현에서 시행된 경범죄자에 대한 형벌을 들 수 있다. 유곽 등에서 이루어진 방식과는 차이가 있다.

'연기 감옥'이라는 2층짜리 전용 가옥의 2층 방 하나에 결박한 희생자를 집어넣는다. 1층에서 불을 피우고 연기를 내 심문하거나 고문하는 방식이다. 2층에는 남성용과 여성용 방이 하나씩 있었는데, 연기가 피어오르는 바로 위쪽이 남성용이었으며 여성용은 약간 벗어난 위치에 있었다. 여성에 대한 고문이 비교적 가벼웠던 듯하다.

나라 현 아스카무라에는 지금도 연기 감옥으로 쓰였던 건물이 남아 있으며, 견학도 가능하다.

한편, 중국에는 **츠옌관**(吃咽管)이라는 연기 고문용 도구가 있다. 이것은 청죽을 구운 연기로 희생자를 고문하는 도구이다.

연기 고문의 실태

효 과	훈(燻) 질(窒)
용 도	협(脅) 고(拷)
시대와 지역	에도 시대의 일본 / 중국

연기 고문

도망친 유녀의 몸에 상처가 남지 않도록 연기를 피워 고문했다.

연기 감옥

경범죄자에
대한 형벌.

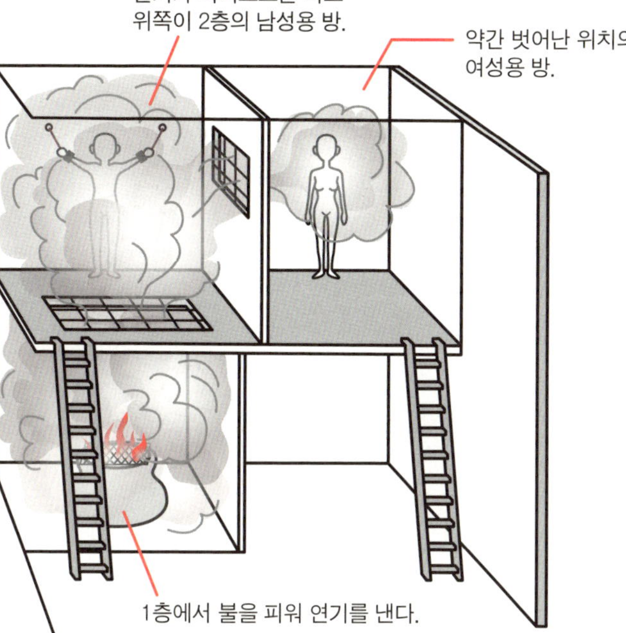

『고문의 역사(拷問の歴史)』다카히라 나루미 고문사 연구소 저 / 신키겐샤, 2001

『고문하거나, 당하거나(拷問するなら、されるなら)』다카히라 나루미 저 / 미디어팩토리, 2010

『코와 귀를 베는 일본사(耳鼻削ぎの日本史)』시미즈 가쓰유키 저 / 요센샤 역사신서, 2015

『오에도 포물집의 세계(太江戸捕物帳の世界)』이요쿠 히데아키 저 / 아스키미디어웍스, 2010

『암흑·중국에서의 탈출(暗黒·中国からの脱出)』옌보쥔 저 / 야스다 미네토시 역 / 분게이슌주, 2016

『일본의 고문과 처형사(日本の拷問と処刑史)』나와 유미오 편 / 일본문예사, 1995

『단두대: 처형의 문화사(ギロチン:処刑の文化史)』요시다 야쓰오 저 / 호쿠에이샤, 1991

『공포의 역사(恐怖の歴史)』폴 뉴먼 저 / 다나카 마사시 역 / 산코샤, 2006

『세계의 지옥과 극락을 알 수 있는 책(世界の地獄と極楽がわかる本)』다나카 지로 저 / PHP 연구소, 2010

『잔혹화로 보는 암흑의 서양사(残酷絵で見る暗黒の西洋史)』이케가미 히데히로 감수 / 다카라지마샤, 2012

『처형대로 본 세계사(処刑台から見た世界史)』기류 미사오 저 / 안즈도, 2006

『도해 세계 감옥사 사전(図説 世界監獄史事典)』시게마쓰 카즈요시 저 / 가시와쇼보, 2005

『고문의 역사: 유럽 중세 범죄 박물관(拷問の歴史:ヨーロッパ中世犯罪博物館)』가와바타 히로시 감수 / 가와데쇼보신샤, 1997

『세계사 고문 처형 박물관(世界史拷問処刑博物館)』기류 미사오 저 / 다이아몬드사, 1997

『세계 고문사(世界拷問史)』브라이언 이니스 저 / 모토조노 마사오키 역 / 세이도샤, 1999

『처형·고문 기구 대사전(処刑·拷問具大全)』무라노 카오루 저 / 도분쇼인, 1997

『현대의 고문 기술 증보판(今どきの拷問術 増補版)』아이자와 후미오 저 / 데이터하우스, 2001

『도해 고문 전집(図説 拷問全書)』아키야마 히로미 저 / 하라쇼보, 1997

『도해 사형 전집(図説 処刑全書)』마르탱 모네스티에 저 / 요시다 하루미, 오쓰카 히로코 역 / 하라쇼보, 1996

『처형·고문 기구 대전집: 일러스트 사전(処刑·拷問具大全:イラスト事典)』무라노 카오루 저 / 도분쇼인, 1997

『고문 형벌사(拷問刑罰史)』나와 유미오 저 / 유잔카쿠 출판, 1966

『고문·처형·학살 전집(拷問·処刑·虐殺全書)』야나이 신사쿠 저 / 베스트셀러즈, 1999

『세계의 고문·처형 잔혹사: 왜 인간은 잔혹해지는가?(世界拷問·処刑残酷史:なぜ人は残酷になれるのか)』오카다 히데오 저 / 일본문예사, 2000

『극도로 잔혹한 고문의 세계(あまりに残酷な拷問の世界)』가와바타 히로시 감수 / 세이슌 출판사, 1999

『죄와 벌의 법문화사(罪と罰の法文化史)』니시야마 요이치, 닛타 이치로, 미즈바야시 타케시 편 / 도쿄대학출판회, 1995

『고문(拷問)』후타가와 키이치 저 / 일본평론신사, 1957

『아름다운 고문(美しき拷問の本)』기류 미사오 저 / KADOKAWA, 1994

『정조대의 문화사(貞操帯の文化史)』코페논 박사, 프레디에 변호사 공저 / 나미키 사와코, 요시다 하루미 역 / 세이큐샤, 1995

『도해 사형 이야기(図説 死刑物語)』칼 B. 레더 저 / 니시무라 카쓰히코, 호라쿠 카즈히코 역 / 하라쇼보, 1989

『형벌의 역사(刑罰の歴史)』이시이 요스케 저 / 아카이시쇼텐, 1992

『서양 고문 형벌사(西洋拷問刑罰史)』오바 세이지 저 / 유잔카쿠출판, 1991

『서양 중세의 죄와 벌 망령의 사회사(西洋中世の罪と罰 亡霊の社会史)』아베 킨야 저 / 고분도, 1989

『서양 고문·처형 잔혹사(西洋拷問·処刑残酷史)』야나이 신사쿠 저 / 일본문예사, 1998

『고문과 형벌의 중세사(拷問を刑罰の中世史)』앨리스 모스 얼 저 / 가미토리 나오코, 사에키 고이치 역 / 세이큐샤, 1995

『중세 도시와 폭력(中世都市と暴力)』니콜 곤티에 저 / 후지타 토모히사, 후지타 나치코 역 / 하쿠스이샤, 1999

『교황청 어둠의 배후: 그리스도의 대리인들(教皇庁の闇の奥:キリストの代理人たち)』피터 드 로사 저 / 엔도 토시쿠니 역 / 리브로포트, 1993

『로마의 역대 교황들(ローマ教皇歴代誌)』P.G. 맥스웰 스튜어트 저 / 다카하시 마사오 감수 / 쓰키모리 사치 역 / 소간샤, 1999

『고대 중국의 형벌(古代中国の刑罰)』도미야 이타루 저 / 주오코론샤, 1995

『극형: 피와 전율의 중국 형벌사(酷刑:血と戦慄の中国刑罰史)』왕 영관 저 / 오와시 다쿠히코 역 / 도쿠마쇼텐, 1997

『중국 고문 처형 잔혹사(中国拷問·処刑残酷史)』야나이 신사쿠 저 / 일본문예사, 1999

『도해 일본 고문형벌사(図説 日本拷問刑罰史)』사사키 요시히코 저 / 가시와쇼보, 1996

『고증 에도 초 봉행의 세계(考証 江戸町奉行の世界)』이나가키 시세이 저 / 신진부쓰오라이샤, 1997

『에도의 형벌(江戸の刑罰)』이시이 료스케 저 / 주오코론신샤, 1964

●정답

Q1 b. 랙

Q2 a. 내부에 가시가 박혀 있는 여인상

Q3 c. 가롯

Q4 a. 새우 고문

Q5 c. 고양이 수염

Q6 b. 수레바퀴로 머리를 짓이겨 즉사시킨다.

Q7 a. 루이 박사

Q8 b. 이단자의 입안에 밀어 넣어 고문하는 도구

Q9 엄지손가락 분쇄기

Q10 크누트(전갈 채찍 또는 가시 채찍도 가능)

Q11 페르난도 7세. 페르디난트 7세도 가능

Q12 황새

●정답 수별 칭호

0~3 D급 처형인　잭 케치급

4~6 C급 이단 심문관　매튜 홉킨스급

7~9 B급 처형인　야마다 아사에몬급

10~11 A급 이단심문관　토마스 데 토르케마다급

12 S급 처형인　샤를 앙리 상송급

잭 케치(Jack Ketch) ——————————————————————————————————————

참수형 집행 당시 긴장해서 네 번이나 실패한 것으로 유명해지며, 영국 처형인의 대명사가 되었다. 채찍질을 가장 좋아했다고 한다.

매튜 홉킨스(Matthew Hopkins) ——————————————————————————————————

영국의 마녀 3분의 1을 처형했다고 전해진다. 각지를 돌며 마녀를 사냥하고, 교회에 모인 사람들 중에서 마녀를 찾아내 체포했다고 한다.

야마다 아사에몬(山田 淺右衛門) ——————————————————————————————————

에도의 처형인으로, 구비키리(首切り, 참수) 아사에몬이라고도 불리었다. 대를 이어 아사에몬이라는 이름을 사용했다.

토마스 데 토르케마다(Tomás de Torquemada) ————————————————————————————

악명 높은 스페인 이단 심문소를 개설했다. 직접 개입하진 않았지만 그의 임기 중 97,321명이 고문을 받고 100,220명이 화형대로 보내졌다.

샤를 앙리 상송(Charles-Henri Sanson) ——————————————————————————————

대대로 사형 집행인이었던 상송 가문의 4대. 프랑스 혁명 시기, 단두대로 국왕을 비롯한 2,700명 이상을 처형한 세계적으로도 유명한 처형인.

고문과 처형의 역사

초판 1쇄 인쇄 2025년 12월 10일
초판 1쇄 발행 2025년 12월 15일

저자 : 다카히라 나루미
번역 : 김효진

펴낸이 : 이동섭
편집 : 이민규
디자인 : 조세연
기획 · 편집 : 송정환
영업 · 마케팅 : 조정훈
e-BOOK : 홍인표, 김은혜, 정희철
라이츠 : 서찬웅
관리 : 이윤미

㈜에이케이커뮤니케이션즈
등록 1996년 7월 9일(제302-1996-00026호)
주소 : 08513 서울특별시 금천구 디지털로 178, B동 1805호
TEL : 02-702-7963~5 FAX : 0303-3440-2024
http://www.amusementkorea.co.kr

ISBN 979-11-274-9732-3 03900

ZUKAI GOUMONTO SHOKEINO REKISHI
written by Narumi Takahira, illustrated by Takako Fukuchi
Text copyright © Narumi Takahira 2024
Illustrations copyright © Takako Fukuchi
All rights reserved.
Original Japanese edition published by SHINKIGENSHA Co Ltd, Tokyo
This Korean edition is published by arrangement with SHINKIGENSHA Co Ltd, Tokyo
in care of Tuttle-Mori Agency, Inc.,Tokyo.

-AK TRIVIA SPECIAL